2019年安徽省高校质量工程教学研究项目（2019jyxm1
2019年安徽省高校质量工程体操精品线下开放课程（20

体育绘图

主编 王建涛 邵 斌 克 峰

顾 问 邵 斌（上海体育学院）
主 编 王建涛（淮北师范大学）
邵 斌（上海体育学院）
克 峰（淮北师范大学）
副主编 裴德超（淮北师范大学）
王 俊（淮北师范大学）
吕 恒（淮北师范大学）

上海三联书店

前　　言

　　手工绘制体育图示是培养体育教师教学基本功、提高教学质量和效率、提高体育教师艺术审美能力的重要手段。自 1986 年国内部分体育院系开设体育绘图课程以来，国内已有多本体育绘图教材问世，其绘图水平不断提高，为培养体育师资做出了重要的贡献，但在一些方面还有进一步完善的空间，因而重新编写体育绘图教材具有一定的必要性。与以往的体育绘图教材相比，本书具有以下特点。

　　第一、图例制作更为规范。大部分单线图例在比例横格中规范绘制，并对每个图例的定义、头高比例、画图顺序、注意事项进行详细介绍，有助于初学者快速入门，掌握造型能力。

　　第二、突出绘图术语的基础作用。在介绍透视规律之前增加绘图术语章节。绘图术语是绘图的专门用语，是用精炼的语言概括或标识视觉形成过程中的重要概念，增加绘图术语章节有助于读者更好地理解透视规律。

　　第三、透视规律介绍更为全面。首先根据透视的定义阐明透视与投影之间的关系，然后根据达芬奇对透视分类的总结，依次介绍色彩透视、消逝透视和线透视，并重点对线透视即平行透视、成角透视和斜角透视的定义、特征、规律和应用进行具体叙述。透视规律是绘图的重点，全面重点地介绍透视规律对提高读者的图像观察力和理解力有极其重要的作用。

　　第四、重点突出应用性强。选择体育教育专业主干课程规定的运动项目,并以这些项目的术语和重点动作为基础绘制图例,另外提供这些项目的场地器械图、队列队形图、教学组织图和绘图应用范例,有助于读者巩固体育教育专业主干课程的重要知识点,有助于读者联系体育教学训练实际应用。

　　在编写过程中,个别引用的图示,出处都列入了参考文献,对他们的贡献表示感谢!另外感谢编写组成员在教材编写过程中的鼎力支持和团结合作!最后感谢上海三联出版社提出的宝贵修改意见!

　　限于能力和学识,本书难免存在疏漏之处,欢迎广大读者批评指正!

编写组

2021 年 4 月 18 日

目　　录

第一章　绘图概述

本章导言: 历史可以启发人的智力,历史能让人审时度势,历史能感动人心。体育绘图源远流长,本章通过介绍体育绘图的起源、发展简史以及中国古代体育绘图的成果,有助于增进读者对这门课程的认识,体会中国体育绘图的发展成就。

学习目标: 掌握绘图的定义;了解体育绘图的起源以及中国绘画发展简史;提高对中国古代体育绘图成果的欣赏力,增强对传统体育绘图成果的兴趣。

绘图是采用画笔、刷子、海绵、布条、软件等工具在岩壁、陶器、纸张、布料等物体表面上表现主客观事物形状、颜色、体积等特征的艺术行为,也称绘画。

从史前岩壁画可以看出,绘画历史悠久。法国肖维岩洞的岩壁画最早可追溯到32000年前,岩石壁画在世界各地均十分常见。古希腊、古埃及、古印度、古中国等地方的岩石壁画都有不少涉及人体运动方面的内容,这是体育绘图的最早起源。

绘画是反映古代生产生活实践的重要形式。东方与西方的生产生活实践活动存在很大的差异,导致各自绘画的内容和特点存在很大的差异。东西方绘画虽各成体系,但互相影响,对人类文明都做出了重要贡献。

　　中国绘画的起源最早可追溯到新石器时代,距今已有七千余年。彩陶纹饰、岩画等原始绘画技巧虽然简单,但当时画者已初步掌握造型能力。先秦绘画已经达到较高的水平。以后各朝代既有继承,也有发展,形成了内容丰富、特点鲜明的东方绘画体系。中国画内容涉及人物、山水、动物等多个方面。在人物画中有不少涉及人体运动的图示,如导引图、五禽戏、八段锦、太极拳等。

　　导引图是1974年湖南长沙马王堆3号汉墓出土的帛画,通过该帛画可以了解汉代导引术的发展情况,帛画中有44个彩绘人物导引形象。形式多样的导引形象反映了当时的导引术已经达到了很高的水平,有立式的、步式的和坐式的;有徒手的、有持轻器械的;有配合呼吸运动的、有纯属肢体运动的;还有大量摹仿动物姿势的导引术。

1-1　导引图

　　五禽戏是模仿虎、鹿、熊、猿、鸟五种动物动作和神态的一套导引术,由东汉末年著名医学家华佗根据中医原理创编。禽指禽兽,古代泛指动物。戏在古代是指歌舞杂技之类的活动,在此指特殊的运动方式。

　　八段锦是一套具有祛病健身效果的、编排精致的健身功法。此功法分为八段,每段由若干个动作组成,故名为八段锦。八段锦起源于北宋,

1-2　五禽戏

至今已有八百多年的历史。古人把这套动作比喻为锦，视为五颜六色，美而华贵的健身功法。现代的八段锦在内容与名称上均有所改变。

太极拳是一种集颐养性情、强身健体、技击对抗等多种功能为一体的内外兼修、刚柔相济的拳术。太极拳融合了中国儒家、道家哲学理念，并结合易经的阴阳五行变化、中医经络学以及古代的导引术和吐纳术等文化经典形成的拳术，目前已列为国家非物质文化遗产。

在多媒体蓬勃发展的今天，虽然摄影摄像制图逐渐代替手工制图成为体育书籍报刊出版印刷的主要形式，但手工绘制体育图示仍然是培养

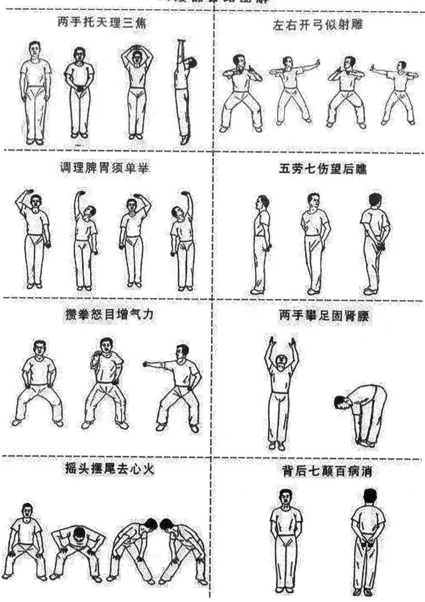

1-3　八段锦

1-4 太极拳

体育教师教学基本功、提高教学质量和教学效率、提高体育教师艺术审美能力的重要手段。1986 年体育绘图作为一门工具课在国内部分体育院系开始开设。1991 年全国体育绘图研究会在上海成立,其后体育绘图的相关教研活动有力地促进了体育绘图的发展。体育绘图作为一门培养体育教师基本功的课程主要讲述人体运动图、队列队形图、教学组织图和场地器械图。人体运动可以用多种绘图形式表示,本书主要用单线图表示。

思考问题

1. 什么是绘图?

2. 中西方绘图各有什么特点?

3. 中国古代有哪些体育绘图成果?

4. 学习体育绘图对体育教师有什么意义?

参考文献

[1] 百度百科.中国绘画简史 [BD/OL].https://wenku.baidu.com/.

[2] 百度百科.导引术 [BD/OL].https://wenku.baidu.com/.

[3] 百度图片.导引图 [BD/OL].https://image.baidu.com/.

[4] 百度文库.五禽戏 [BD/OL].https://wenku.baidu.com/.

[5] 百度图片. 五禽戏图 [BD/OL].https://image.baidu.com/.

[6] 百度百科. 八段锦 [BD/OL].https://baike.baidu.com/.

[7] 百度图片. 八段锦图 [BD/OL].https://image.baidu.com/.

[8] 百度百科. 太极拳 [BD/OL].https://baike.baidu.com/.

[9] 百度图片. 太极拳图 [BD/OL].https://image.baidu.com/.

[10] 雷咏时. 体育绘图 [M]. 高等教育出版社,2010.

第二章　绘图术语

本章导言：绘图术语是绘图的专门用语，是用精炼的语言概括或标识视觉形成过程中的重要概念。学习术语有助于读者更好地理解透视规律，有助于绘图成果的交流。本章介绍了绘图术语的作用和内容。

学习目标：掌握每个绘图术语的含义；理解绘图的基本原理；认识到掌握和理解绘图术语的重要性。

第一节　绘图术语的作用

透视图的形成是在画者和被画物体之间假设存在一面玻璃，固定住眼睛的位置，用一只眼睛看，连接物体的关键点与观察者的眼睛形成视线，视线与假设玻璃的交点就是你要画的三维物体在二维平面上的点。

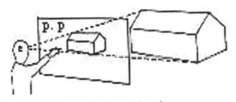

2-1　透视图的形成

透视图的形成过程与中心投影相似，只是中心投影的光线发射方向相反，如下图，中心投影的光源是 S，光源 S 发出的光照射三角形 ABC，在底板上形成三角形 ABC 的投影三角形 abc。

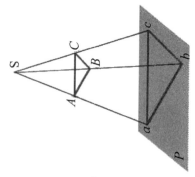

2-2　中心投影

绘图规律是从中心投影的过程中总结出来的。为了更好地理解绘图规律，掌握绘图术语是必要的。绘图术语是绘图的专门用语，是用精炼的语言概括或标识视觉形成这一物理过程中的重要概念。概念是进行判断和推理的基础。绘图术语涉及绘图规律中的重要概念。因此，只有掌握了绘图术语，才有可能理解绘图规律，才有可能准确地绘图。

第二节　绘图术语的内容

一、画面：在观察者与被观察物体之间的假设透明平面，该透明平面通常垂直于地面平行于观察者。

二、画面线：假设透明平面与地面的交线。

三、地面：被观察物体所在的地平面。

四、站点：观察者所站的位置，又称足点、停点。

五、基面：被观察物体的放置平面，一般指地面。

六、视点：观察者眼睛所在的位置。

七、视角：由被观察物体两端射出的两条光线在眼球内交叉而成的角，即视线之间夹角。物体越小，距离越远，视角越小，反之越大。

八、视高：视点或视平线到地面或基面的垂直距离。

九、视中心点：过视点作假设透明平面的垂线，该垂线与假设透明平面的交点，亦称心点。

十、视距: 视点到假设透明平面的垂直距离, 或者视点到心点的垂直距离。

十一、视线: 被观察物体上各点与视点的连线。

十二、视域: 观察者眼睛所能看到的空间范围。

十三、视锥: 视点与无数条视线构成的圆锥体。

十四、视中线: 视锥的中心轴, 是过视点垂直于假设透明平面的线。

十五、视平面: 观察者眼睛高度所在的水平面。

十六、视平线: 视平面与假设透明平面的交线。平视前方, 视平线与观察者眼睛等高, 没有物体阻挡视线, 视平线与地平线等高。

十七、地平线: 平视前方, 远处天与地的交界线, 与视平线等高。可以以地平线为依据确定俯视、仰视、平视。

十八、俯视: 被观察物体低于地平线, 或视点高于被观察物体。

十九、仰视: 被观察物体高于地平线, 或视点低于被观察物体。

二十、平视: 被观察物体平于地平线, 或视点平于被观察物体。

二十一、原线: 与假设透明平面平行的线, 这些线在画面上保持原方向, 无消逝。

二十二、变线: 与假设透明平面不平行的线, 这些线在画面上改变方向, 有消逝。

二十三、消逝点: 与假设透明平面不平行的成角物体, 在画面上成角线的延长线延伸到远处的地平线上, 与地平线的交点, 亦称灭点。

二十四、距点: 与假设透明平面不平行的成角物体, 两侧成角线与画面成 45 度时, 两侧成角线的延长线延伸到远处的地平线上, 与地平线的交点, 称为距点。

二十五、余点: 与假设透明平面不平行的成角物体, 在地平线上的消逝点, 除心点、距点外, 其它的消逝点统称为余点。

二十六、主点: 与假设透明平面平行的方形物体, 与画面垂直的平行线延伸到远处的地平线 上, 与地平线的交点, 称为主点。

二十七、天点: 在斜角透视中, 消逝在地平线上方的点。

二十八、地点: 在斜角透视中, 消逝在地平线下方的点。

二十九、一维：点组成线，线具有一维性。

三十、二维：两条直线相交构成面，面具有二维性。

三十一、三维：面与其不重合的线组成空间，空间具有三维性。

三十二、四维：三维物体随时间的变化，即时空四维。

三十三、平面图：当被观察物体离视点的距离足够远时，被观察物体上的每一个点发出的光线到视点的距离，可以近似地被认为是相等的，这时在透明画面上呈现的图是平面的。通常把人体直立的正面、侧面、背面画成平面图，就是基于人体直立时身体上的每一个点发出的光线到视点的距离，被近似地认为是相等的缘故。当被观察物体离视点的距离不够远时，被观察物体上的每一个点发出的光线到视点的距离是不相等的，这时在透明画面上呈现的图是立体的。

三十四、正面图：是指人体前面的轮廓与假设画面平行时在假设平面上的投影。当被观察人体前面的轮廓距离观察者的眼睛足够远时，此时被观察人体前面轮廓上每一个点发出的光线到观察者眼睛的距离可以近似地认为是相等的，画成正面平面图。当被观察人体前面的轮廓距离观察者的眼睛不够远时，此时被观察人体前面轮廓上每一个点发出的光线到观察者眼睛的距离可以认为是不相等的，画成正面立体图。

三十五、背面图：是指人体背面的轮廓与假设画面平行时在假设平面上的投影。当被观察人体背面的轮廓距离观察者的眼睛足够远时，此时被观察人体背面轮廓上每一个点发出的光线到观察者眼睛的距离可以近似地认为是相等的，画成背面平面图。当被观察人体背面的轮廓距离观察者的眼睛不够远时，此时被观察人体背面轮廓上每一个点发出的光线到观察者眼睛的距离可以认为是不相等的，画成背面立体图。

三十六、侧面图：是指人体侧面的轮廓与假设画面平行时在假设平面上的投影。当被观察人体侧面的轮廓距离观察者的眼睛足够远时，此时被观察人体侧面轮廓上每一个点发出的光线到观察者眼睛的距离可以近似地认为是相等的，画成侧面平面图。当被观察人体侧面的轮廓距离观察者的眼睛不够远时，此时被观察人体侧面轮廓上每一个点发出的光线到观察者眼睛的距离可以认为是不相等的，画成侧面立体图。

对正方体来说,前后、左右、上下六个面,大小形状一样,正面、背面、侧面是相对于观察者的视点来定的,没有绝对的前后、左右、上下。

三十七、斜面图:对人体而言,斜面是指人体所在的面与假设透明平面成一定的角度时所形成的透视图。人体直立时斜对视点时,通常不画成平面图,因为身体上的每一个点发出的光线到视点的距离是不相等的。

思考问题

1. 透视图是怎样形成的?

2. 掌握绘图术语有什么作用?

3. 视点、视角、视高、视距、视域、视线、视锥各指什么?

4. 俯视、平视、仰视各指什么?如何确定俯视、平视、仰视?

5. 余点、距点、主点各指什么?

参考文献

[1] 百度文库. 透视法则 [BD/OL].https: //wenku.baidu.com/.

[2] 百度图片. 中心投影 [BD/OL].https: //baike.baidu.com/.

[3] 百度百科. 透视术语 [BD/OL].https: //baike.baidu.com/.

[4] 安琳莉,南溪.设计透视方法 [M]. 北京理工大学出版社,2018.

第三章　平面图的画法与头高比例

本章导言：平面图是人体图像的一种特例。绘制平面图虽然简单但很重要。通过平面图的练习可以使读者掌握人体各部分的比例长度及其相互关系，提高读者的图像观察能力和构图能力。本章介绍了正面平面图、背面平面图、侧面平面图的画法和头高比例。

学习目标：掌握头高比例；理解正面、背面和侧面平面图的定义；学会正面、背面和侧面平面图的画法；提高图像观察力和绘图造型能力。

平面图：当被观察物体离视点的距离足够远时，被观察物体上的每一个点发出的光线到视点的距离，可以近似地被认为是相等的，这时在透明画面上呈现的图是平面的。通常把人体直立的正面、侧面、背面画成平面图，就是基于人体直立时身体上的每一个点发出的光线到视点的距离，被近似地认为是相等的缘故。

当被观察物体离视点的距离不够远时，被观察物体上的每一个点发出的光线到视点的距离是不相等的，这时在透明画面上呈现的图是立体的。人体直立时斜对视点时，通常不画成平面图，因为身体上的每一个点发出的光线到视点的距离是不相等的，通常用斜面图表示。本章主要介绍人体直立的正面平面图、背面平面图、侧面平面图的画法和头高比例。

第一节 正面平面图

1. 直立正面平面图

直立正面平面图是指人体直立时前面的轮廓与假设平面平行,并且当被观察人体前面的轮廓距离观察者的眼睛足够远时,被观察人体前面的轮廓在假设平面上的投影。此时被观察人体前面轮廓上每一个点发出的光线到观察者眼睛的距离可以近似地认为是相等的,画成平面图。

2. 图例

3-1 直立正面平面图

3. 比例

(1)比例横线:九线八格。(2)头高比例约为1:8。头高1.0,颈0.5,肩宽1.2,腰宽0.5,髋宽0.8,躯干长2.5,腿长4.0,大腿长2.0,小腿长2.0,脚长1.0,手臂长3.0,上臂长1.0,前臂长1.0,手长1.0。

4. 画图顺序

按头、躯干、下肢、上肢的顺序绘图。

5. 注意事项

整体左右对称,重心在中线上,左右不偏离。线实,用力均匀,指尖、脚尖勿钝,留尖。

第二节 背面平面图

1. 直立背面平面图

直立背面平面图是指人体直立时背面的轮廓与假设平面平行,并且当被观察人体背面的轮廓距离观察者的眼睛足够远时,被观察人体背面的轮廓在假设平面上的投影。此时被观察人体背面轮廓上每一个点发出的光线到观察者眼睛的距离可以近似地认为是相等的,画成平面图。

2. 图例

3-2 直立背面平面图

3. 比例

(1)比例横线:九线八格。(2)头高比例约为1∶8。头高1.0,颈0.5,肩宽1.2,腰宽0.5,髋宽0.8,躯干长2.5,腿长4.0,大腿长2.0,小腿长2.0,脚长1.0,手臂长3.0,上臂长1.0,前臂长1.0,手长1.0。

4. 画图顺序

按头、躯干、下肢、上肢的顺序绘图。

5.注意事项

整体左右对称,重心在中线上,左右不偏离。线实,用力均匀,指尖、脚尖、辫尖勿钝,留尖。画出背面的四个标志:辫子、背脊线、臀线、脚后跟。

第三节 侧面平面图

1.直立侧面平面图

直立侧面平面图是指人体直立时侧面的轮廓与假设平面平行,并且当被观察人体侧面的轮廓距离观察者的眼睛足够远时,被观察人体侧面的轮廓在假设平面上的投影。此时被观察人体侧面轮廓上每一个点发出的光线到观察者眼睛的距离可以近似地认为是相等的,画成平面图。

2.图例

3-3 直立侧面平面图

3.比例

(1)比例横线:九线八格。(2)头高比例约为1:8。头高1.0,颈0.5,躯干长2.5,腿长4.0,大腿长2.0,小腿长2.0,脚长1.0,手臂长3.0,上臂长1.0,前臂长1.0,手长1.0。

4.画图顺序

按头、躯干、下肢、上肢的顺序绘图。

5. 注意事项

整体重心在支撑面的中点上,前后不偏离。线实,用力均匀,指尖,脚尖、辫尖勿钝,留尖。画出人体的曲线:注意胸、臀、大腿、小腿的弧线方向。

思考问题

1. 请回答正面平面图的定义、头高比例、画图顺序和画图注意事项?

2. 请回答背面平面图的定义、头高比例、画图顺序和画图注意事项?

3. 请回答侧面平面图的定义、头高比例、画图顺序和画图注意事项?

参考文献

[1] 雷咏时. 体育绘图 [M]. 高等教育出版社 ,2010.

第四章　透视规律与斜面图的画法

本章导言: 运动时人体所在的面并不总是与画面平行, 而是经常与画面存在一定的角度, 因而需要用斜面图表现人体的立体感。为了正确表现人体的立体感, 需要读者掌握透视的相关理论知识。本章首先根据透视的定义阐明透视与投影之间的关系。其次根据达芬奇对透视分类的总结, 依次介绍色彩透视、消逝透视和线透视, 并重点对线透视即平行透视、成角透视和斜角透视的定义、特征、规律和应用进行具体叙述。最后介绍了斜面图的画法和头高比例。

学习目标: 掌握透视的定义和划分; 理解透视的规律和应用; 学会俯视斜面图、仰视斜面图和平视斜面图的画法; 提高图像观察力和绘图造型能力。

外界物体在视网膜上成像原理展示了视觉的形成过程。从光学的角度来看, 视觉形成过程是一种客观的物理过程, 其光源来自被观察的物体, 而不是人的眼睛。

从信息论的角度来说, 视觉形成过程是信息输入的过程。绘图过程是信息输入(视觉形成)、信息处理(中枢神经加工处理)和信息输出(动作反应)的过程。要把形成的视觉表象画出来, 还要经过中枢神经系统各个部分的整合处理, 信息被加工处理后输出, 由运动中枢支配和控制绘图动作。

不同的人虽然从同一角度看同一物体，但由于知识经验等方面的不同，在中枢神经系统对同一视觉表象的整合处理不同，以及运动中枢支配和控制绘图动作的熟练程度不同，绘出的图像会千差万别，有的准确，有的不准确。

绘图主要是以平面为载体通过人的视觉观察来反映空间结构的艺术。三维物体具有立体感。如何把三维物体准确地画到二维平面上？让它显示出立体感呢？本章要介绍的透视规律，就是为了提高绘图者的图像观察能力和理解能力，准确地把三维物体画到二维平面上，让它显示出立体感。首先来看透视的定义及其划分。

第一节　透　　视

一、透视的定义

透视源自拉丁文 perspclre，是透而视之、看透的意思。文艺复兴时期由达·芬奇总结发展并传承下来。透视是在平面或曲面上描绘物体空间关系的方法或技术。透视学是通过一层透明的平面去研究后面物体的视觉科学，是在平面上根据投影原理用线条、颜色等来显示物体的形状、色彩和体积等属性的科学。在绘图中观察者通过假设的透明平面观察物体，并借此研究在一定视觉空间范围内物体图形产生的原理、变化规律以及作图方法的一门学科。

狭义透视学特指 14 世纪逐步确立的描绘物体再现空间的线性透视方法。现代则由于对人的视知觉的研究，拓展了透视学的范畴。广义透视学可指各种空间表现的方法。线性透视学方法是文艺复兴时代的产物，即合乎科学规则地再现物体的实际空间位置。这种系统总结研究物体形状变化和规律的方法，是线性透视的基础。15 世纪意大利画家 L.B. 阿尔贝蒂的画论叙述了绘画的数学基础，论述了透视的重要性。同期的意大利画家皮耶罗·德拉弗兰切斯卡对透视学最有贡献。德国画家 A. 丢勒把几何学运用到艺术中来，使这一门科学获得理论上的发展。18 世纪末,法国工程师蒙许创立的直角投影画法,完成了正确描绘几何物体及其空间位置的作图方法,即线性透视。L. 达·芬奇还通过实例研究,创造了科学的空气透视和隐形透视,这些成果丰富了透视学。

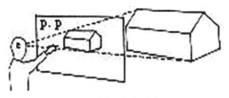

4-1　透视图的形成

被观察物体与观察者之间假设有一透明平面,被观察物体各点射出视线集中于观察者的眼睛(视点),视线与透明平面相交的点相连所形成的图形,称为透视图。透视图的形成过程与中心投影相似,只是中心投影的光线发射方向相反,如下图,中心投影的光源是 S,光源发出的光照射三角形 ABC,在底板上形成三角形 ABC 的投影三角形 abc。

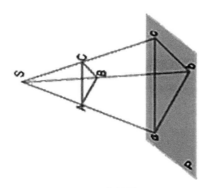

4-2　点投影

透视规律是从中心投影的过程中总结出来的,而与平行投影无关,原因是与被观察物体的大小相比,观察者的眼睛相对较小,透视图的形成过程与中心投影的逆向过程类似。

根据投射线的类型(平行或汇交)、投影面与投射线的相对位置(垂直或倾斜)、物体的主要轮廓与投影面的相对关系(平行、垂直或倾斜),投影分类如下图。

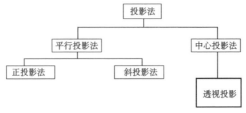

4-3　投影分类

按投射方向与投影面是否垂直,平行投影可分为斜投影和正投影两种,平行投影的分类如下图:

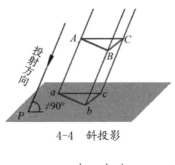

4-4　斜投影

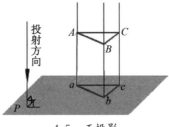

4-5　正投影

投射线汇交一点的投影称为中心投影,如下图:

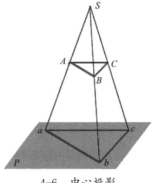

4-6　中心投影

二、透视的划分

达芬奇对透视的总结划分如下图。画单线图常用到的是线条透视。

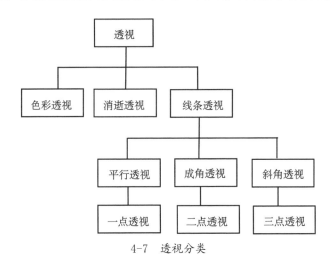

4-7　透视分类

第二节　透视规律

透视是在平面上表现物体空间深度和立体感的方法,视点、假设平面和被观察物体是透视的三要素。规律是变量之间必然、本质、稳定和反复出现的关系。透视规律是视点、假设平面和被观察物体的某些变量之间必然、本质、稳定和反复出现的关系。

三维物体在二维平面上的投影,因投影线不是互相平行集中于视点,所以显示物体的大小,并非真实的大小,有近大远小的特点,如下图。透视的基本规律是近大远小,但不同的透视形式又表现出各自的特点。俯视时,地平线在物体远处的上方,物体上纵深方向线段的延长线由下向上消失在远处的地平线上,出现了物体上等高的两点在二维平面上的投影近低远高的透视现象。仰视时,地平线在物体远处的下方,物体上纵深方向线段的延长线由上向下消失在远处的地平线上,形成了物体上等高的两点在二维平面上的投影近高远低的透视现象。平视时,地平线与物体等高,物体上纵深方向线段的延长线消逝在远处的地平线上,物体上等高的两点在二维平面上的投影没有高低的透视变化。

4-8 透视投影

在透视投影中物体的色彩、影像和大小因距离远近不同呈现给观察者的空间深度和立体感不同。随着距离的推远物体颜色变淡、影像变模糊、体积变小。根据透视的分类,下面分别介绍色彩透视、消逝透视和线条透视。

一、色彩透视

色彩透视是指色彩在不同距离的空间里色感由鲜转灰、由暖转冷的自然现象。色彩透视又名空气透视、大气透视,是指物体由于受大气或空气的阻隔造成色彩冷暖的变化,进而影响到物体立体感变化的现象。

自然界中的物体与观察者的视点之间,无论距离远近,总存在着一层空气,物体反射的色光必需通过空气这个介质才能传递到观察者的眼睛。随着眼睛与物体距离的远近变化,空气厚度发生变化,从而使物体的色彩在观察者视觉上发生了变化,这种变化就叫做色彩透视,也叫空间色。

因空气阻隔,同颜色的物体距离近则鲜明,距离远则色彩灰淡。或一定距离外物体偏蓝,越远越偏色重。物体距离越远,形象越模糊。例如下图树木和草,它们都是绿色,但是我们看到的却是不同的绿色,近处的树叶呈亮绿色,逐渐远去便变成青绿色,更远的则变成青灰色。这种现象在登山远眺时也是十分明显的,远处的山峰和近处的山峰相比,色彩变化很大。了解色彩透视的变化规律有助于表现景物的空间层次和远近距离。

4-9　绿色变化图

　　形体的一般透视规律是近大远小,而色彩透视首先体现在形体的明暗效果和色彩效果上。色彩透视的主要规律是近处色彩对比强,色相明显,色彩纯度高,固有色强,比较暖;远处色彩对比减弱,轮廓模糊,明暗色调差别小,色彩纯度弱而且概括,固有色变弱,趋向灰色调,一般呈青、蓝、紫的冷灰色调。空气阻隔与景物的色彩透视变化有密切的关系。空气的厚与薄、脏与净直接影响到色彩的变化。而空气的厚、薄、脏、净又常常与地域、季节、气候有关。例如高原地区空气洁净、稀薄,那里的色彩透视变化现象就不大显著,远处景物的色彩都很鲜艳。在工业污染严重的城市情况就相反。了解这一点对表现不同的地域、季节、气候有很大的帮助。

　　掌握色彩透视规律、准确表现色彩是营造空间的重要手段。色彩的透视规律在风景写生中最为常见,也是用色彩表现空间最常用的手段。选景时近处的树木、建筑色彩关系明确而强烈,远处的山由于空气厚度作用变成蓝灰色,与远山相接的地平线或天际间的色彩朦胧而概括,这样的色彩处理既符合人们的视觉感受,又能在画面上表现出一定的三维空间。有时画室内某个角落也需要运用色彩透视的原理，只不过这种色彩的透视不像野外那样明显，而是运用色彩透视中的色彩渐变去完成，同样能产生自然的深远感、空间感。

二、消逝透视

消逝透视是指物体由于距离的增加而造成明暗对比和清晰度减弱的现象。物体在不同距离上的消逝透视规律，近处对比强烈、清晰度高，而远处对比模糊概括、清晰度低。

4-10　湖景

三维物体具有立体感。在素描中要画出物体的立体感并不容易。画出物体的立体感，以下几点可以借鉴。在观察物体，首先考虑物体的体积，然后才考虑物体的面，最后考虑物体的线。也就是遵循从整体到部分的顺序，局部要基于整体去表现。用点线构造出面后，再由深入浅的画出明暗对比的区别来。

有些物体的表面比较复杂，如人的面部，深陷的眼窝、突出的鼻子，平坦的颧骨等等，这些较难画出立体感，但如果把这些概括为有明确面的几何体就不难了。物体由不同的面组成，在光照下不同的面会留下不同的深浅，要善于用明暗和轮廓线相结合的方式显示立体感。轮廓线指的结构线，以结构线为主，以明暗为辅。或者以明暗线为主，以结构线为辅。用变化的结构线表现立体感,用粗细、轻重、虚实等线条画出物体的立体感。总之,在把握整体的基础上运用消逝透视规律才能画好素描作品。

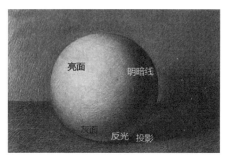

4-11　素描球体

三、线条透视

线条透视是指在一定的空间范围内向远处延伸的平行线,会随着距离的推远越聚越拢并最终集于一点的现象,称之为直线透视,又称线透视。物体具有空间结构是物体的固有属性。三维空间是由不重合的相交线面组成。三维物体具有立体感,线透视是广泛表现三维物体立体感的透视方法。下面以正方体为例介绍不同类型线透视的定义、特征、规律和应用。依据正方体与假设平面的位置关系,线透视分为平行透视、成角透视和斜角透视。

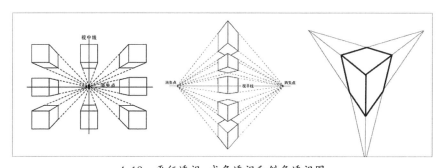

4-12　平行透视、成角透视和斜角透视图

(一)平行透视

1.定义

平行透视是正方体的一个面与假设平面平行时该正方体在假设平面上所形成的投影。

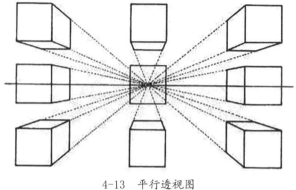

4-13　平行透视图

2.特征

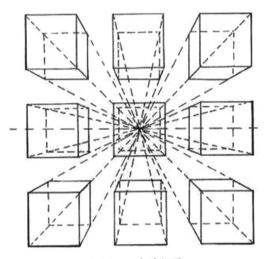

4-14　一点透视图

正方体上与假设平面平行的平行线在假设平面上投影仍然平行,没有发生角度的变化,只有近大远小的变化。正方体上与假设平面垂直的平行线在假设平面上投影不再平行,发生角度的变化,其延长线聚集在远处的地平线上,只有一个消失点,称为主点。平行透视又叫一点透视。

俯视时正方体上纵深方向上等高的两个点在假设平面上的投影呈现近低远高的变化。仰视时正方体上纵深方向上等高的两个点在假设平面上的投影呈现近高远低的变化。平视时正方体上纵深方向上等高的两个点在假设平面上的投影仍然等高,其延长线消逝在远处的地平线上。

3. 规律

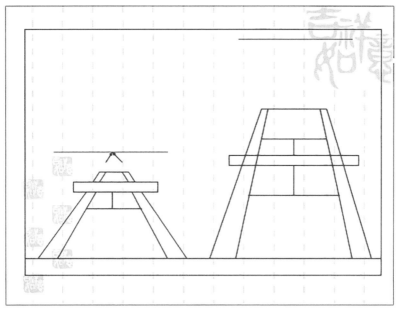

4-15　网球场

　　正方体上与假设平面垂直的平行线在假设平面上投影不再平行，发生透视变形。透视变形是指角度的变化、长度的变化或高低的变化。透视变形的大小与视高点的高低有关。透视变形通过正方体上与假设平面垂直平行线的延长线在消失点上形成夹角的大小来表示。

　　当俯视物体时，视高点越低，视平线距物体越近，消失点夹角则越大，透视变形就越大。反之，视高点越高，视平线距物体越远，消失点夹角则越小，透视变形就越小。当视高点与物体形成垂直角度时（从上垂直向下观察正方体并且距离足够远时），物体在假设平面上投影就成为没有透视变化的平面图。

　　当仰视物体时，视高点越高，视平线距物体越近，消失点夹角则越大，透视变形就越大。反之，视高点越低，视平线距物体越远，消失点夹角则越小，透视变形就越小。当视高点与物体形成垂直角度时（从下垂直向上观察正方体并且距离足够远时），物体在假设平面上投影就成为没有透视变化的平面图。

4. 应用

平行透视的优点是表现范围广,纵深感强,适合表现庄重、严肃的空间。缺点是比较呆板,与真实效果有一定距离。"最后的晚餐"是根据平行透视的规律布局的。

"最后的晚餐"是意大利艺术家列奥纳多·达·芬奇所创作,以《圣经》中耶稣跟十二门徒共进最后一次晚餐为题材。"最后的晚餐"宽4.20米,长9.10米。在画面布局上达·芬奇别具新意,改变了以前耶稣弟子们坐成一排,耶稣独坐一端的画面布局。新的布局是让12个门徒分坐于耶稣两边,耶稣孤寂地坐在中间,他的脸被身后明亮的窗户映照,显得庄严肃穆。背景强烈的对比让人们把所有的注意力全部集中于耶稣身上。耶稣旁边是那些躁动的弟子们,每个人的表情各不相同,尤其是慌乱的犹大。

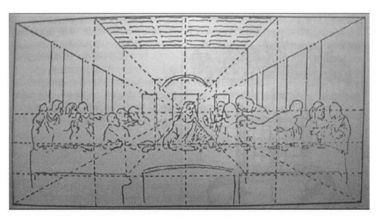

4-16 最后的晚餐

在体育绘图中,平行透视规律主要应用于场地透视图和队形透视图。场地透视图。在场地透视图中要根据平行透视规律,使与假设平面呈纵向关系的所有线条的延长线均消失在主点上。同时,与画幅平行的所有线段,又要根据近大远小的一般透视原理,区别近端线段间距和远端线段间距的大小和宽窄。如画一个纵向的网球场地,中场线就不能画在场地中段,而要画在偏上部分,使近端的半场面积大于端场地面积。同时,还要处理好场地各段的比例关系。

队形透视图。在队形透视图中，应把队形作为一个立方体对待，每个人的头或肩边线连成立方体的上沿线，形成上平面。每个人的脚连成立方体的下沿线，形成立方体的底面，人体的高为立方体的高度线，最后形成立方体。在这个立方体中，根据平行透视的原理，在合适的位置标出相应的人体的部分，就可画出准确的平行透视队形图。

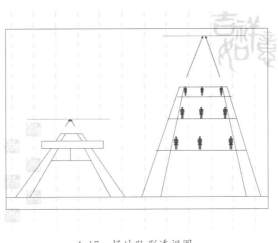

4-17　场地队形透视图

（二）成角透视

1. 定义

成角透视是正方体的一个边角与假设平面平行时该正方体在假设平面上所形成的投影。

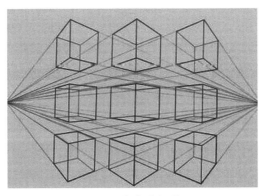

4-18　成角透视图

2.特征

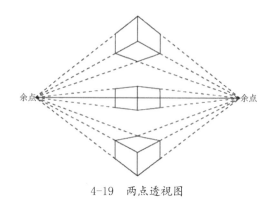

4-19 两点透视图

正方体上与假设平面平行的平行线在假设平面上投影仍然平行,没有发生角度的变化,只有近大远小的变化。正方体上与假设平面有一定角度的平行线在假设平面上投影不再平行,发生角度的变化,其延长线聚集在远处的地平线上,有两个消失点,称为余点。与假设平面交角为45度时的消失点称为距点。成角透视又叫两点透视。

俯视时正方体上纵深方向上等高的两个点在假设平面上的投影呈现近低远高的变化。仰视时正方体上纵深方向上等高的两个点在假设平面上的投影呈现近高远低的变化。平视时正方体上纵深方向上等高的两个点在假设平面上的投影仍然等高,其延长线消逝在远处的地平线上。

3.规律

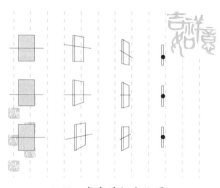

4-20 成角透视变化图

正方体上与假设平面有一定角度的线段在假设平面上投影会与假设平面有一定角度,角度的大小决定了余点在地平线上所处的位置及透视变化的大小。平视时,角度越小时,余点在地平线上所处的位置距正前方的地平线越远、透视变形越小。角度为零时,余点在地平线上所处的位置消失、透视变形为零,也就是正方体的一个面与假设平面平行,在假设平面上投影与假设平面重合。角度越大时,余点在地平线上所处的位置距正前方的地平线越近、透视变形越大。角度为90度时,余点在地平线上所处的位置变为一个点、透视变形最大。

仰视和俯视时的透视变形大于平视,除长度变化外,还有高低的变化。也就是视高点的高低影响透视变形的大小。俯视时,近低远高。视高点越高,透视变形越大,反之越小。仰视时,近高远低。视高点越低,透视变形越大,反之越小。

4.应用

成角透视的优点是透视投影效果比较自由、活泼,能比较真实地反映空间。缺点是角度选择不好易产生变形。

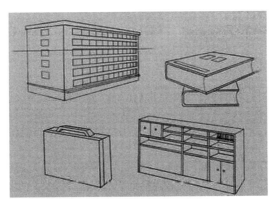

4-21　成角透视应用图

在单线图透视中,此透视原理应用在除平行透视和斜角透视以外的任何透视图中。重点是表现人体在运动状态中所产生的不同透视变化。具体有以下几个方面。

在体育动作的技术训练和战术训练中,可以不受平行透视在动作场地图中单一方向的限制,而根据实际需要运用成角透视原理,随意而灵活地画出不同部位和角度方向的运动场地图。

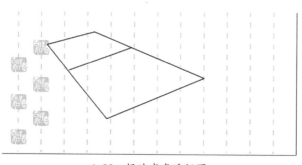

4-22   场地成角透视图

在运动人体绘画中,可以将整个身体或每个部分的运动形成和立体空间状态准确地表现出来,如下图。

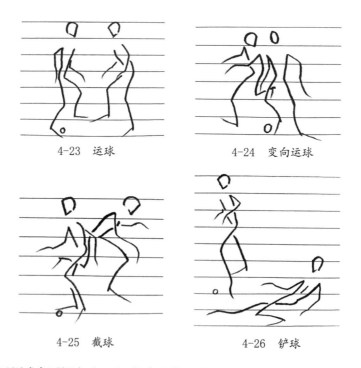

4-23   运球   4-24   变向运球

4-25   截球   4-26   铲球

运用成角透视方法,可以提高人体运动图的表现力。例如同一技术动作图,改变表现人体动作的视高点位置,加大透视变化,就可以不借助任何辅助符号来表现动作形态的高度,增加技术动作的力度,使其更加生动形象。

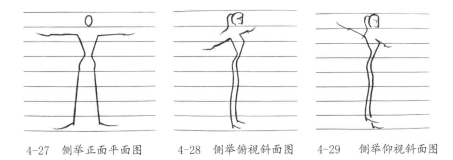

4-27　侧举正面平面图　　　4-28　侧举俯视斜面图　　　4-29　侧举仰视斜面图

　　相反,为了减少绘图难度,可根据成角透视的基本原理,缩小人体运动图的透视变化,以适应实际工作的需要。两臂侧平举,两脚开立的运动人体,运用仰视和俯视图来表现,动作形态虽然生动,但透视变形较大,有一定难度。根据成角透视中同样物体平视图的透视变化均小于仰视和俯视图的原理,将该运动人体处理成平视状态,就缩小了该图的透视变形;物体距离的远近,同样影响透视变形的大小。近距离的物体虽然处于平视状态,但其中含有仰视和俯视因素,上端为仰视,下端为俯视。将物体推远,可以减小角度的透视变化。

　　交角越小透视变化越小的原理,可以通过选择合适的视角,缩小运动人体主要横轴(如向两个方向伸展的上肢等)与画幅的交角,达到缩小运用人体透视变形的目的。

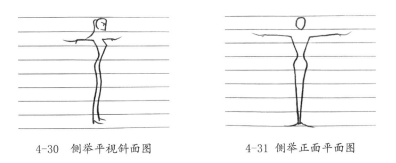

4-30　侧举平视斜面图　　　　　4-31 侧举正面平面图

(三)斜角透视

1.定义

　　斜角透视是正方体的一个角正对假设平面时该正方体在假设平面上所形成的投影。

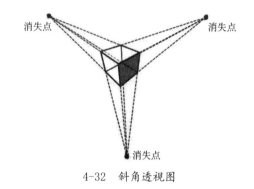

4-32　斜角透视图

2.特征

正方体上与假设平面正对的角对应的三条线段均与假设平面成一角度,三条线段的延长线有三个消逝点。斜角透视又叫三点透视。将上图旋转90度、180度、270度得到如下图示。

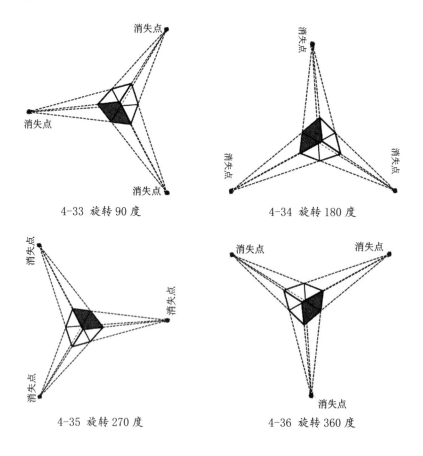

4-33　旋转90度　　　　　　　　　　4-34　旋转180度

4-35　旋转270度　　　　　　　　　　4-36　旋转360度

从这四个图可以看出,三个消逝点的位置具有相对性。以视平线为参照,每个消逝点既可能在视平线以上,也可能在视平线以下,也可能在视平线上。以通过正方体上与假设平面正对的角的垂线为参照,每个消逝点既可能在垂线左侧,也可能垂线右侧,也可能消逝在垂线的远处。

3. 规律

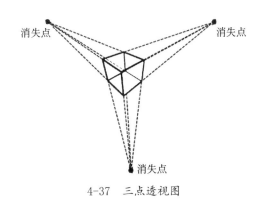

4-37 三点透视图

正方体上与假设平面正对的角对应的三条线段,每一条线都与假设平面存在一定的角度。角度的大小决定了在假设平面上投影透视变形的大小。角度越小时,透视变形越小。角度越大时,透视变形越大。仰视和俯视时的透视变形大于平视,除长度变化外,还有高低的变化。也就是视高点的高低影响透视变形的大小。俯视时,近低远高。视高点越高,透视变形越大,反之越小。仰视时,近高远低。视高点越低,透视变形越大,反之越小。

4. 应用

斜角透视多用于表现高层建筑,有仰视图和鸟瞰图两种。仰视图是当假设平面倾斜于基面并且与高层建筑的一个底角相对时在假设平面上形成的投影。这时两侧与假设平面成角度的线段的延长线消失在远处的地平线上。另外一条与假设平面成角度的线段的延长线消失在天上,这个消失点称为天点。

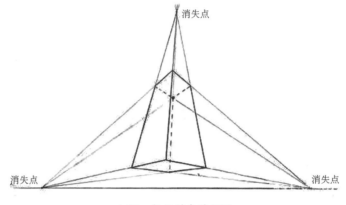

4-38 仰视斜角透视图

　　鸟瞰图是当假设平面倾斜于基面并且与高层建筑的一个顶角相对时在假设平面上形成的投影。这时两侧与假设平面成角度的线段的延长线消失在远处的地平线上。另外一条与假设平面成角度的线段的延长线消失在地下,这个消失点称为地点。

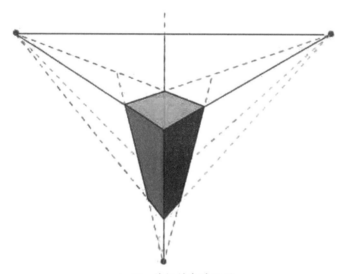

4-39 俯视斜角透视图

第三节　斜面图的画法与头高比例

　　斜面图:对人体而言,斜面是指人体所在的面与假设透明平面成一定的角度时所形成的透视图。本章根据成角透视规律以人体直立的斜面图为例介绍斜面图的画法与头高比例。成角透视是正方体的一个边角与假设平面平行时该正方体在假设平面上所形成的投影。

一、俯视斜面图

1.定义

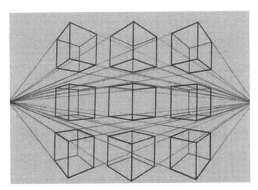

4-40　成角透视图

俯视是被观察物体低于地平线,或视点高于被观察物体,如上图最下方三个正方体。纵深方向线段的延长线向上消失在远处地平线的两侧。正方体上等长的两条线段在假设平面上的投影呈现出近大远小的规律。正方体上等高的两个点在假设平面上的投影呈现近低远高的透视特点。根据这一透视规律人体俯视斜面图的画法如下。

2.图例

4-41 俯视开立斜面图

4-42 俯视直立斜面图

4-43 俯视侧举斜面图

3.比例

（1）比例横线：九线八格。（2）头高比例约为1∶8。头高1.0，颈0.5，躯干长2.5，腿长4.0，大腿长2.0，小腿长2.0，脚长1.0，手臂长3.0，上臂长1.0，前臂长1.0，手长1.0。

4.画图顺序

先画右侧单线图，再画左侧单线图。按头、右侧躯干、下肢、脚、左侧躯干、下肢、脚、上肢、眼睛、辫子的顺序绘图。

5.注意事项

整体重心在支撑面的中点上，前后不偏离。整体结构优美。线实，两点之间一笔完成，忌多次描画。用力均匀，忌粗细不均。指尖、脚尖、辫尖勿钝，留尖。画出人体的曲线，注意胸、臀、大腿、小腿的弧线方向。透视变形：近大远小。俯视透视图的特点：近低远高。

二、仰视斜面图
1.定义

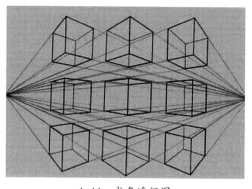

4-44　成角透视图

仰视是被观察物体高于地平线，或视点低于被观察物体，如上图最上方三个正方体。纵深方向线段的延长线向下消失在远处地平线的两侧。正方体上等长的两条线段在假设平面上的投影呈现出近大远小的规律。正方体上等高的两个点在假设平面上的投影呈现近高远低的透视特点。根据这一透视规律人体仰视斜面图的画法如下。

2. 图例

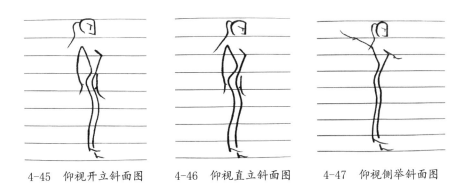

4-45 仰视开立斜面图 　　 4-46 仰视直立斜面图 　　 4-47 仰视侧举斜面图

3. 比例

(1)比例横线:九线八格。(2)头高比例约为1:8。头高1.0,颈0.5,躯干长2.5,腿长4.0,大腿长2.0,小腿长2.0,脚长1.0,手臂长3.0,上臂长1.0,前臂长1.0,手长1.0。

4. 画图顺序

先画右侧单线图,再画左侧单线图。按头、右侧躯干、下肢、脚、左侧躯干、下肢、脚、上肢、眼睛、辫子的顺序绘图。

5. 注意事项

整体重心在支撑面的中点上,前后不偏离。整体结构优美。线实,两点之间一笔完成,忌多次描画。用力均匀,忌粗细不均。指尖、脚尖、辫尖勿钝,留尖。画出人体的曲线,注意胸、臀、大腿、小腿的弧线方向。透视变形:近大远小。仰视透视图的特点:近高远低。

三、平视斜面图

1. 定义

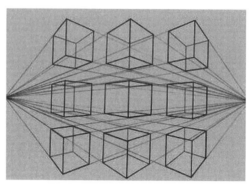

4-48 成角透视图

平视是被观察物体平于地平线,或视点平于被观察物体,如上图横向中间三个正方体。正方体上与地平线等高的两点连线的延长线消失在远处地平线的两侧。正方体上与假设平面平行的等长的两条线段在假设平面上的投影呈现出近大远小的规律。正方体上与地平线等高的两点在假设平面上的投影等高,没有远近高低的透视变化。正方体上在地平线以上等高的两点在假设平面上的投影不等高,呈现近高远低的透视变化。正方体上在地平线以下等高的两点在假设平面上的投影不等高,呈现近低远高的透视变化。根据这一透视规律平视人体手斜面图的画法如下。

2. 图例

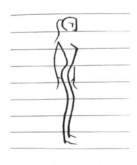

4-49 平视开立斜面图

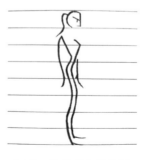

4-50 平视直立斜面图

4-51 平视侧举斜面图

3. 比例

（1）比例横线：九线八格。（2）头高比例约为1∶8。头高1.0，颈0.5，躯干长2.5，腿长4.0，大腿长2.0，小腿长2.0，脚长1.0，手臂长3.0，上臂长1.0，前臂长1.0，手长1.0。

4. 画图顺序

先画右侧单线图，再画左侧单线图。按头、右侧躯干、下肢、脚、左侧躯干、下肢、脚、上肢、眼睛、辫子的顺序绘图。

5. 注意事项

整体重心在支撑面的中点上，前后不偏离。整体结构优美。线实，两点之间一笔完成，忌多次描画。用力均匀，忌粗细不均。指尖、脚尖、辫尖勿钝，留尖。画出人体的曲线，注意胸、臀、大腿、小腿的弧线方向。透视变形：近大远小。视点与手的高度等高，两手等高。手以上：近高远低。手以下：近低远高。

思考问题

1. 什么是透视？如何划分？

2. 平行透视的特征、规律是什么？说明其应用？

3. 成角透视的特征、规律是什么？说明其应用？

4. 斜角透视的特征、规律是什么？说明其应用？

5. 请回答俯视斜面图的定义、头高比例、画图顺序和画图注意事项？

6. 请回答仰视斜面图的定义、头高比例、画图顺序和画图注意事项？

7. 请回答平视斜面图的定义、头高比例、画图顺序和画图注意事项？

参考文献

[1] 百度文库. 透视法则 [BD/OL].https：//wenku.baidu.com/.

[2] 百度图片. 中心投影 [BD/OL].https：//baike.baidu.com/.

[3] 安琳莉, 南溪. 设计透视方法 [M]. 北京理工大学出版社,2018.

[4] 百度百科. 透视 (绘画理论术语) [BD/OL].https：//baike.baidu.com/.

[5] 百度百科. 透视学 [BD/OL].https：//baike.baidu.com/.

[6] 百度. 最后的晚餐 [BD/OL].http：//www.baidu.com/.

[7] 雷咏时. 体育绘图 [M]. 高等教育出版社,2010.

第五章　体操动作简图的画法

本章导言: 体操课程是体育教育专业的主干课程之一,对培养体育教师具有非常重要的作用。通过练习绘制体操动作简图不仅可以帮助学生巩固动作技能,而且为将来编写教案和体操教学打下绘图基础。本章介绍了徒手操、器械体操和技巧动作简图的画法。

学习目标: 掌握徒手操、器械体操和技巧动作简图的头高比例、绘图顺序和注意事项;学会徒手操、器械体操和技巧动作简图的画法;提高图像观察力和绘图造型能力。

第一节　徒手操动作简图的画法

一、立

(一)直立

1. 直立正面平面图

立是人体站立的姿势。直立与立正基本相同,但五指并拢伸直。直立正面平面图是指人体直立时前面的轮廓与假设平面平行,并且当被观察人体前面的轮廓距离观察者的眼睛足够远时,被观察人体前面的轮廓在假设平面上的投影。此时被观察人体前面轮廓上每一个点发出的光线到观察者眼睛的距离可以近似地认为是相等的,画成平面图。

2.图例

5-1 直立

3.比例

(1)比例横线:九线八格。(2)头高比例约为1:8。头高1.0,颈0.5,肩宽1.2,腰宽0.5,髋宽0.8,躯干长2.5,腿长4.0,大腿长2.0,小腿长2.0,脚长1.0,手臂长3.0,上臂长1.0,前臂长1.0,手长1.0。

4.画图顺序

按头、躯干、下肢、上肢的顺序绘图。

5.注意事项

整体左右对称,重心在中线上,左右不偏离。线实,用力均匀,指尖、脚尖勿钝,留尖。

(二)并立

1.定义

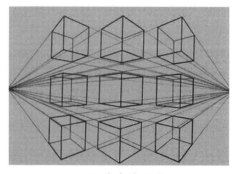

5-2 成角透视图

并立与直立相同,但两脚并拢,用俯视斜面图表示。俯视是被观察物体低于地平线,或视点高于被观察物体,如上图最下方三个正方体。纵深方向线段的延长线向上消失在远处地平线的两侧。正方体上等长的两条线段在假设平面上的投影呈现出近大远小的规律。正方体上等高的两个点在假设平面上的投影呈现近低远高的透视特点。根据这一透视规律人体俯视斜面图的画法如下。

2. 图例

5-3 并立

3. 比例

(1)比例横线:九线八格。(2)头高比例约为1:8。头高1.0,颈0.5,躯干长2.5,腿长4.0,大腿长2.0,小腿长2.0,脚长1.0,手臂长3.0,上臂长1.0,前臂长1.0,手长1.0。

4. 画图顺序

先画右侧单线图,再画左侧单线图。按头、右侧躯干、下肢、脚、左侧躯干、下肢、脚、上肢、眼睛、辫子的顺序绘图。

5. 注意事项

整体重心在支撑面的中点上,前后不偏离。整体结构优美。线实,两点之间一笔完成,忌多次描画。用力均匀,忌粗细不均。指尖、脚尖、辫尖勿钝,留尖。画出人体的曲线,注意胸、臀、大腿、小腿的弧线方向。
透视变形:近大远小。俯视透视图的特点:近低远高。

(三)左右开立

1. 左右开立正面平面图

开立两脚左右分开同肩宽,重心在重心垂线上。左右开立正面平面
图是指人体左右开立时前面的轮廓与假设平面平行,并且当被观察人体
前面的轮廓距离观察者的眼睛足够远时,被观察人体前面的轮廓在假设
平面上的投影。此时被观察人体前面轮廓上每一个点发出的光线到观
察者眼睛的距离可以近似地认为是相等的,画成平面图。

2. 图例

5-4　左右开立

3. 比例

(1)比例横线:九线八格。(2)头高比例约为1:8。头高1.0,颈0.5,
肩宽1.2,腰宽0.5,髋宽0.8,躯干长2.5,腿长4.0,大腿长2.0,小腿长2.0,
脚长1.0,手臂长3.0,上臂长1.0,前臂长1.0,手长1.0。

4. 画图顺序

按头、躯干、下肢、上肢的顺序绘图。

5. 注意事项

整体左右对称,重心在中线上,左右不偏离。线实,用力均匀,指尖、脚尖勿钝,留尖。

(四) 前后开立

1. 前后开立侧面平面图

前后开立侧面平面图是指人体前后开立时侧面的轮廓与假设平面平行,并且当被观察人体侧面的轮廓距离观察者的眼睛足够远时,被观察人体侧面的轮廓在假设平面上的投影。此时被观察人体侧面轮廓上每一个点发出的光线到观察者眼睛的距离可以近似地认为是相等的,画成平面图。

2. 图例

5-5 前后开立

3. 比例

(1)比例横线:九线八格。(2)头高比例约为1:8。头高1.0,颈0.5,躯干长2.5,腿长4.0,大腿长2.0,小腿长2.0,脚长1.0,手臂长3.0,上臂长1.0,前臂长1.0,手长1.0。

4. 画图顺序

按头、躯干、下肢、上肢的顺序绘图。

5. 注意事项

整体重心在支撑面的中点上,前后不偏离。线实,用力均匀,指尖、脚尖、辫尖勿钝,留尖。画出人体的曲线,注意胸、臀、大腿、小腿的弧线方向。

(五)侧点地立

1. 侧点地正面平面图

点地立是一脚侧出脚尖点地、重心落在另一腿上的立。有侧、前、后点地立等。侧点地正面平面图是指人体侧点地时前面的轮廓与假设平面平行,并且当被观察人体前面的轮廓距离观察者的眼睛足够远时,被观察人体前面的轮廓在假设平面上的投影。此时被观察人体前面轮廓上每一个点发出的光线到观察者眼睛的距离可以近似地认为是相等的,画成平面图。

2. 图例

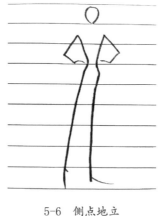

5-6　侧点地立

3. 比例

(1)比例横线:九线八格。(2)头高比例约为1:8。头高1.0,颈0.5,

肩宽 1.2, 腰宽 0.5, 髋宽 0.8, 躯干长 2.5, 腿长 4.0, 大腿长 2.0, 小腿长 2.0, 脚长 1.0, 手臂长 3.0, 上臂长 1.0, 前臂长 1.0, 手长 1.0。

4. 画图顺序

按头、躯干、下肢、上肢的顺序绘图。

5. 注意事项

整体左右对称, 重心在中线上, 左右不偏离。线实, 用力均匀, 指尖、脚尖勿钝, 留尖。

（六）后点地立

1. 后点地侧面平面图

后点地侧面平面图是指人体后点地时侧面的轮廓与假设平面平行, 并且当被观察人体侧面的轮廓距离观察者的眼睛足够远时, 被观察人体侧面的轮廓在假设平面上的投影。此时被观察人体侧面轮廓上每一个点发出的光线到观察者眼睛的距离可以近似地认为是相等的, 画成平面图。

2. 图例

5-7 后点地立

3. 比例

（1）比例横线：九线八格。（2）头高比例约为1∶8。头高1.0，颈0.5，躯干长2.5，腿长4.0，大腿长2.0，小腿长2.0，脚长1.0，手臂长3.0，上臂长1.0，前臂长1.0，手长1.0。

4. 画图顺序

按头、躯干、下肢、上肢的顺序绘图。

5. 注意事项

整体重心在支撑面的中点上，前后不偏离。线实，用力均匀，指尖、脚尖、辫尖勿钝，留尖。画出人体的曲线，注意胸、臀、大腿、小腿的弧线方向。

（七）前点地立

1. 前点地侧面平面图

前点地侧面平面图是指人体前点地时侧面的轮廓与假设平面平行，并且当被观察人体侧面的轮廓距离观察者的眼睛足够远时，被观察人体侧面的轮廓在假设平面上的投影。此时被观察人体侧面轮廓上每一个点发出的光线到观察者眼睛的距离可以近似地认为是相等的，画成平面图。

2. 图例

5-8　前点地立

3. 比例

（1）比例横线：九线八格。（2）头高比例约为 1∶8。头高 1.0，颈 0.5，躯干长 2.5，腿长 4.0，大腿长 2.0，小腿长 2.0，脚长 1.0，手臂长 3.0，上臂长 1.0，前臂长 1.0，手长 1.0。

4. 画图顺序

按头、躯干、下肢、上肢的顺序绘图。

5. 注意事项

整体重心在支撑面的中点上，前后不偏离。线实，用力均匀，指尖、脚尖、辫尖勿钝，留尖。画出人体的曲线：注意胸、臀、大腿、小腿的弧线方向。

（八）起踵立

1. 起踵立侧面平面图

起踵立时两脚跟提起。起踵立侧面平面图是指人体起踵立时侧面的轮廓与假设平面平行，并且当被观察人体侧面的轮廓距离观察者的眼睛足够远时，被观察人体侧面的轮廓在假设平面上的投影。此时被观察人体侧面轮廓上每一个点发出的光线到观察者眼睛的距离可以近似地认为是相等的，画成平面图。

2. 图例

5-9　起踵立

3. 比例

（1）比例横线：九线八格。（2）头高比例约为 1∶8。头高 1.0，颈 0.5，躯干长 2.5，腿长 4.0，大腿长 2.0，小腿长 2.0，脚长 1.0，手臂长 3.0，上臂长 1.0，前臂长 1.0，手长 1.0。

4. 画图顺序

按头、躯干、下肢、上肢的顺序绘图。

5. 注意事项

整体重心在支撑面的中点上，前后不偏离。线实，用力均匀，指尖、脚尖、辫尖勿钝，留尖。画出人体的曲线：注意胸、臀、大腿、小腿的弧线方向。

二、蹲

（一）全蹲

1. 全蹲侧面平面图

蹲指两膝并拢同时屈膝的一种姿势。成蹲时，一般指两腿并拢，全脚掌着地，其它应指明。全蹲指大腿与小腿夹角小于 45 度。全蹲侧面平面图是指人体全蹲时侧面的轮廓与假设平面平行，并且当被观察人体侧面的轮廓距离观察者的眼睛足够远时，被观察人体侧面的轮廓在假设平面上的投影。此时被观察人体侧面轮廓上每一个点发出的光线到观察者眼睛的距离可以近似地认为是相等的，画成平面图。

2. 图例

5-10　全蹲侧面图

3. 比例

(1)比例横线:四线三格。(2)头高比例约为1:8。头高1.0,颈0.5,躯干长2.5,腿长4.0,大腿长2.0,小腿长2.0,脚长1.0,手臂长3.0,上臂长1.0,前臂长1.0,手长1.0。

4. 画图顺序

按头、躯干、上肢、下肢的顺序绘图。

5. 注意事项

整体重心在支撑面的中点上,前后不偏离。线实,用力均匀,指尖、脚尖、辫尖勿钝,留尖。画出人体的曲线,注意胸、臀、大腿、小腿的弧线方向。肢体交叉时先画近肢。

(二)全蹲正面图
1. 全蹲正面图

全蹲正面图是指人体全蹲时前面的轮廓在假设平面上的投影。此时被观察人体前面轮廓上每一个点发出的光线到观察者眼睛的距离是不相等的,存在透视变形。

2. 图例

5-11　全蹲正面图

3. 比例

(1)比例横线:三线两格。(2)头高比例约为1:8。头高0.2,颈0,肩宽1.2,腰宽0.5,髋宽0.8,躯干长12.5,腿长小于4.0,大腿长小于2.0,

小腿长小于2.0,脚长1.0,手臂长3.0,上臂长1.0,前臂长1.0, 手长1.0。

4. 画图顺序

按头、躯干、下肢、上肢的顺序绘图。

5. 注意事项

整体左右对称,重心在中线上,左右不偏离。线实,用力均匀,指尖、脚尖勿钝,留尖。与假设平面有角度的线要缩短。肢体交叉时先画近肢。

(三)半蹲

1. 半蹲侧面平面图

半蹲时大腿与小腿夹角约为90度。半蹲侧面平面图是指人体半蹲时侧面的轮廓与假设平面平行,并且当被观察人体侧面的轮廓距离观察者的眼睛足够远时,被观察人体侧面的轮廓在假设平面上的投影。此时被观察人体侧面轮廓上每一个点发出的光线到观察者眼睛的距离可以近似地认为是相等的,画成平面图。

2. 图例

5-12 半蹲

3. 比例

(1)比例横线:八线七格。(2)头高比例约为1:8。头高1.0,颈0.5,

躯干长 2.5,腿长 4.0,大腿长 2.0,小腿长 2.0,脚长 1.0,手臂长 3.0,上臂长 1.0,前臂长 1.0,手长 1.0。

4.画图顺序

按头、躯干、下肢、上肢的顺序绘图。

5.注意事项

整体重心在支撑面的中点上,前后不偏离。线实,用力均匀,指尖、脚尖、辫尖勿钝,留尖。画出人体的曲线,注意胸、臀、大腿、小腿的弧线方向。

三、跪

(一)双膝跪立

1.双膝跪立侧面平面图

跪是膝盖与小腿前面着地,两腿并拢,上体与地面垂直,其它如单膝跪立等应指明。双膝跪立侧面平面图是指人体双膝跪立时侧面的轮廓与假设平面平行,并且当被观察人体侧面的轮廓距离观察者的眼睛足够远时,被观察人体侧面的轮廓在假设平面上的投影。此时被观察人体侧面轮廓上每一个点发出的光线到观察者眼睛的距离可以近似地认为是相等的,画成平面图。

2.图例

5-13 双膝跪立

3. 比例

（1）比例横线：七线六格。（2）头高比例约为1∶8。头高1.0,颈0.5,躯干长2.5,腿长4.0,大腿长2.0,小腿长2.0,脚长1.0,手臂长3.0,上臂长1.0,前臂长1.0,手长1.0。

4. 画图顺序

按头、躯干、下肢、上肢的顺序绘图。

5. 注意事项

整体重心在支撑面靠前的位置。线实,用力均匀,指尖、脚尖、辫尖勿钝,留尖。画出人体的曲线,注意胸、臀、大腿、小腿的弧线方向。

（二）单膝跪立
1. 单膝跪立侧面平面图

单膝跪立侧面平面图是指人体单膝跪立时侧面的轮廓与假设平面平行,并且当被观察人体侧面的轮廓距离观察者的眼睛足够远时,被观察人体侧面的轮廓在假设平面上的投影。此时被观察人体侧面轮廓上每一个点发出的光线到观察者眼睛的距离可以近似地认为是相等的,画成平面图。

2. 图例

5-14 单膝跪立

3. 比例

(1)比例横线：七线六格。(2)头高比例约为 1:8。头高 1.0,颈 0.5,躯干长 2.5,腿长 4.0,大腿长 2.0,小腿长 2.0,脚长 1.0,手臂长 3.0,上臂长 1.0,前臂长 1.0,手长 1.0。

4. 画图顺序

按头、躯干、下肢、上肢的顺序绘图。

5. 注意事项

线实,用力均匀,指尖、脚尖、辫尖勿钝,留尖。画出人体的曲线,注意胸、臀、大腿、小腿的弧线方向。

四、撑

(一)俯撑

1. 俯撑侧面平面图

撑指两手支撑在地上的姿势,有俯撑、仰撑、侧撑、蹲撑、跪撑等。俯撑侧面平面图是指人体俯撑时侧面的轮廓与假设平面平行,并且当被观察人体侧面的轮廓距离观察者的眼睛足够远时,被观察人体侧面的轮廓在假设平面上的投影。此时被观察人体侧面轮廓上每一个点发出的光线到观察者眼睛的距离可以近似地认为是相等的,画成平面图。

2. 图例

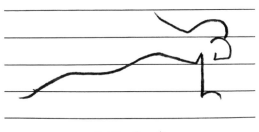

5-15　俯　撑

3. 比例

(1)比例横线：五线四格。(2)头高比例约为1∶8。头高1.0,颈0.5,躯干长2.5,腿长4.0,大腿长2.0,小腿长2.0,脚长1.0,手臂长3.0,上臂长1.0,前臂长1.0,手长1.0。

4. 画图顺序

按头、躯干、下肢、上肢的顺序绘图。

5. 注意事项

线实,用力均匀,指尖、脚尖、辫尖勿钝,留尖。画出人体的曲线,注意胸、臀、大腿、小腿的弧线方向。

（二）仰撑

1. 仰撑侧面平面图

仰撑侧面平面图是指人体仰撑时侧面的轮廓与假设平面平行,并且当被观察人体侧面的轮廓距离观察者的眼睛足够远时,被观察人体侧面的轮廓在假设平面上的投影。此时被观察人体侧面轮廓上每一个点发出的光线到观察者眼睛的距离可以近似地认为是相等的,画成平面图。

2. 图例

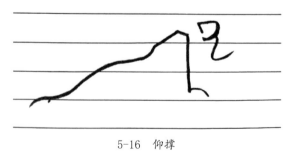

5-16　仰撑

3. 比例

(1)比例横线：五线四格。(2)头高比例约为1∶8。头高1.0,颈0.5,

躯干长 2.5, 腿长 4.0, 大腿长 2.0, 小腿长 2.0, 脚长 1.0, 手臂长 3.0, 上臂长 1.0, 前臂长 1.0, 手长 1.0。

4. 画图顺序

按头、躯干、下肢、上肢的顺序绘图。

5. 注意事项

线实, 用力均匀, 指尖、脚尖、辫尖勿钝, 留尖。画出人体的曲线: 注意胸、臀、大腿、小腿的弧线方向。

(三) 侧撑

1. 侧撑正面平面图

侧撑正面平面图是指人体侧撑时前面的轮廓与假设平面平行, 并且当被观察人体前面的轮廓距离观察者的眼睛足够远时, 被观察人体前面的轮廓在假设平面上的投影。此时被观察人体前面轮廓上每一个点发出的光线到观察者眼睛的距离可以近似地认为是相等的, 画成平面图。

2. 图例

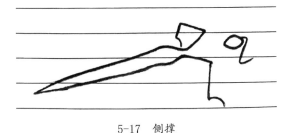

5-17　侧撑

3. 比例

(1) 比例横线: 五线四格。(2) 头高比例约为 1:8。头高 1.0, 颈 0.5, 肩宽 1.2, 腰宽 0.5, 髋宽 0.8, 躯干长 2.5, 腿长 4.0, 大腿长 2.0, 小腿长 2.0, 脚长 1.0, 手臂长 3.0, 上臂长 1.0, 前臂长 1.0, 手长 1.0。

4.画图顺序

按头、左上肢、躯干、下肢、右上肢的顺序绘图。

5.注意事项

躯干、下肢左右对称。线实,用力均匀,指尖、脚尖勿钝,留尖。

(四)屈体分腿立撑俯视斜面图

1.定义

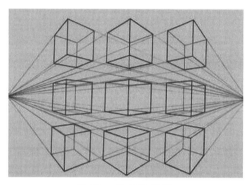

5-18　成角透视图

俯视是被观察物体低于地平线,或视点高于被观察物体,如上图最下方三个正方体。纵深方向线段的延长线向上消失在远处地平线的两侧。正方体上等长的两条线段在假设平面上的投影呈现出近大远小的规律。正方体上等高的两个点在假设平面上的投影呈现近低远高的透视特点。根据这一透视规律屈体分腿立撑俯视斜面图的画法如下。

2.图例

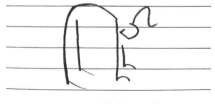

5-19　屈体分腿立撑

3. 比例

(1)比例横线:五线四格。(2)头高比例约为 1∶8。头高 1.0,颈 0.5,躯干长 2.5,腿长 4.0,大腿长 2.0,小腿长 2.0,脚长 1.0,手臂长 3.0,上臂长 1.0,前臂长 1.0,手长 1.0。

4. 画图顺序

按近侧下肢、躯干、近侧上肢、头、远侧肢体的顺序绘图。

5. 注意事项

重心在手脚之间。整体结构优美。线实,两点之间一笔完成,忌多次描画。用力均匀,忌粗细不均。指尖、脚尖、辫尖勿钝,留尖。透视变形:近大远小。俯视透视图的特点:近低远高。

(五)蹲撑

1. 蹲撑侧面平面图

蹲撑侧面平面图是指人体蹲撑时侧面的轮廓与假设平面平行,并且当被观察人体侧面的轮廓距离观察者的眼睛足够远时,被观察人体侧面的轮廓在假设平面上的投影。此时被观察人体侧面轮廓上每一个点发出的光线到观察者眼睛的距离可以近似地认为是相等的,画成平面图。

2. 图例

5-20 蹲 撑

3. 比例

（1）比例横线：六线四格。（2）头高比例约为1:8。头高1.0，颈0.5，躯干长2.5，腿长4.0，大腿长2.0，小腿长2.0，脚长1.0，手臂长3.0，上臂长1.0，前臂长1.0，手长1.0。

4. 画图顺序

按头、上肢、躯干、下肢的顺序绘图。

5. 注意事项

整体重心在支撑面的中点上，前后不偏离。线实，用力均匀，指尖、脚尖、辫尖勿钝，留尖。画出人体的曲线，注意胸、臀、大腿、小腿的弧线方向。肢体交叉时先画近肢。

（六）跪撑

1. 跪撑侧面平面图

跪撑侧面平面图是指人体跪撑时侧面的轮廓与假设平面平行，并且当被观察人体侧面的轮廓距离观察者的眼睛足够远时，被观察人体侧面的轮廓在假设平面上的投影。此时被观察人体侧面轮廓上每一个点发出的光线到观察者眼睛的距离可以近似地认为是相等的，画成平面图。

2. 图例

5-21　跪撑

3. 比例

（1）比例横线：五线四格。（2）头高比例约为1:8。头高1.0，颈0.5，躯干长 2.5,腿长 4.0,大腿长 2.0,小腿长 2.0,脚长 1.0,手臂长 3.0,上臂长 1.0,前臂长 1.0,手长 1.0。

4.画图顺序

按头、躯干、下肢、上肢的顺序绘图。

5.注意事项

线实,用力均匀,指尖、脚尖、辫尖勿钝,留尖。画出人体的曲线,注意胸、臀、大腿、小腿的弧线方向。

五、弓步

(一)前弓步

1.前弓步侧面平面图

一脚向某方向迈出一大步,膝关节弯曲成90度左右;另一腿伸直,上体正直。有前、侧、后弓步等。做弓步时,一般为全脚掌着地,其它应指明。前弓步侧面平面图是指人体前弓步时侧面的轮廓与假设平面平行,并且当被观察人体侧面的轮廓距离观察者的眼睛足够远时,被观察人体侧面的轮廓在假设平面上的投影。此时被观察人体侧面轮廓上每一个点发出的光线到观察者眼睛的距离可以近似地认为是相等的,画成平面图。

2.图例

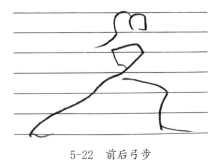

5-22　前后弓步

3. 比例

(1)比例横线:七线六格。(2)头高比例约为 1:8。头高 1.0,颈 0.5,躯干长 2.5,腿长 4.0,大腿长 2.0,小腿长 2.0,脚长 1.0,手臂长 3.0,上臂长 1.0,前臂长 1.0,手长 1.0。

4. 画图顺序

按头、躯干、下肢、上肢的顺序绘图。

5. 注意事项

线实,用力均匀,指尖、脚尖、辫尖勿钝,留尖。画出人体的曲线,注意胸、臀、大腿、小腿的弧线方向。

(二)侧弓步

1. 侧弓步正面图

侧弓步正面图是指人体侧弓步时前面的轮廓在假设平面上的投影。此时被观察人体前面轮廓上每一个点发出的光线到观察者眼睛的距离是不相等的。

2. 图例

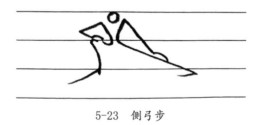

5-23 侧弓步

3. 比例

(1)比例横线:四线三格。(2)头高比例约为 1:8。头高 1.0,颈 0.5,肩宽 1.2,腰宽 0.5,躯干长小于 2.5,腿长 4.0,大腿长 2.0,小腿长 2.0,脚长 1.0,手臂长 3.0,上臂长 1.0,前臂长 1.0,手长 1.0。

4. 画图顺序

按头、躯干、下肢、上肢的顺序绘图。

5. 注意事项

线实，用力均匀，指尖、脚尖勿钝，留尖。头顶画圆形，躯干透视变短。

六、劈腿

(一) 左右劈腿

1. 左右劈腿正面平面图

劈腿是指两腿分开成 180 度的一种姿势。有左右劈腿、前后劈腿等。前后劈腿时必须指明哪条腿在前，如右腿在前的前后劈腿。左右劈腿正面平面图是指人体左右劈腿时前面的轮廓与假设平面平行，并且当被观察人体前面的轮廓距离观察者的眼睛足够远时，被观察人体前面的轮廓在假设平面上的投影。此时被观察人体前面轮廓上每一个点发出的光线到观察者眼睛的距离可以近似地认为是相等的，画成平面图。

2. 图例

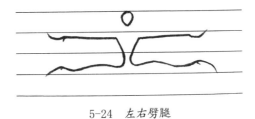

5-24　左右劈腿

3. 比例

(1) 比例横线：五线四格。(2) 头高比例约为 1:8。头高 1.0，颈 0.5，肩宽 1.2，腰宽 0.5，躯干长小于 2.5，腿长 4.0，大腿长 2.0，小腿长 2.0，脚长 1.0，手臂长 3.0，上臂长 1.0，前臂长 1.0，手长 1.0。

4. 画图顺序

按头、躯干、下肢、上肢的顺序绘图。

5. 注意事项

整体左右对称,重心在中线上,左右不偏离。线实,用力均匀,指尖、脚尖勿钝,留尖。

(二)前后劈腿

1. 前后劈腿侧面平面图

前后劈腿侧面平面图是指人体前后劈腿时侧面的轮廓与假设平面平行,并且当被观察人体侧面的轮廓距离观察者的眼睛足够远时,被观察人体侧面的轮廓在假设平面上的投影。此时被观察人体侧面轮廓上每一个点发出的光线到观察者眼睛的距离可以近似地认为是相等的,画成平面图。

2. 图例

5-25 前后劈腿

3. 比例

(1)比例横线:四线三格。(2)头高比例 1:8。头高 1.0,颈 0.5,躯干长 2.5,腿长 4.0,大腿长 2.0,小腿长 2.0,脚长 1.0,手臂长 3.0,上臂长 1.0,前臂长 1.0,手长 1.0。

4. 画图顺序

按头、躯干、下肢、上肢的顺序绘图。

5. 注意事项

整体重心在支撑面的中点上,前后不偏离。线实,用力均匀,指尖、脚尖、辫尖勿钝,留尖。画出人体的曲线,注意胸、臀、大腿、小腿的弧线方向。

七、坐

(一)直角坐

1. 坐侧面平面图

坐指坐在地上或器械上的姿势,有直角坐、跪坐(有单腿和双腿之分)。坐侧面平面图是指人体坐时侧面的轮廓与假设平面平行,并且当被观察人体侧面的轮廓距离观察者的眼睛足够远时,被观察人体侧面的轮廓在假设平面上的投影。此时被观察人体侧面轮廓上每一个点发出的光线到观察者眼睛的距离可以近似地认为是相等的,画成平面图。

2. 图例

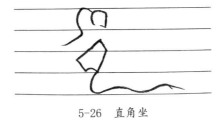

5-26　直角坐

3. 比例

(1)比例横线:五线四格。(2)头高比例约为1:8。头高1.0,颈0.5,躯干长2.5,腿长4.0,大腿长2.0,小腿长2.0,脚长1.0,手臂长3.0,上臂长1.0,前臂长1.0,手长1.0。

4. 画图顺序

按头、躯干、下肢、上肢的顺序绘图。

5.注意事项

线实,用力均匀,指尖、脚尖、辫尖勿钝,留尖。画出人体的曲线,注意胸、臀、大腿、小腿的弧线方向。

(二)跪坐

1.跪坐侧面平面图

跪坐侧面平面图是指人体跪坐时侧面的轮廓与假设平面平行,并且当被观察人体侧面的轮廓距离观察者的眼睛足够远时,被观察人体侧面的轮廓在假设平面上的投影。此时被观察人体侧面轮廓上每一个点发出的光线到观察者眼睛的距离可以近似地认为是相等的,画成平面图。

2.图例

5-27　跪坐

3.比例

(1)比例横线:五线四格。(2)头高比例约为1:8。头高1.0,颈0.5,躯干长2.5,腿长4.0,大腿长2.0,小腿长2.0,脚长1.0,手臂长3.0,上臂长1.0,前臂长1.0,手长1.0。

4.画图顺序

按头、躯干、下肢、上肢的顺序绘图。

5.注意事项

线实,用力均匀,指尖、脚尖、辫尖勿钝,留尖。画出人体的曲线,注意胸、臀、大腿、小腿的弧线方向。

八、卧

（一）俯卧

1. 俯卧侧面平面图

人体在地面上躺着的姿势,有俯、仰、侧卧等。俯卧侧面平面图是指人体俯卧时侧面的轮廓与假设平面平行,并且当被观察人体侧面的轮廓距离观察者的眼睛足够远时,被观察人体侧面的轮廓在假设平面上的投影。此时被观察人体侧面轮廓上每一个点发出的光线到观察者眼睛的距离可以近似地认为是相等的,画成平面图。

2. 图例

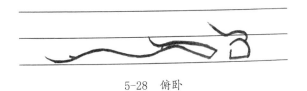

5-28 俯卧

3. 比例

（1）比例横线:三线两格。（2）头高比例约为1:8。头高1.0,颈0.5,躯干长2.5,腿长4.0,大腿长2.0,小腿长2.0,脚长1.0,手臂长3.0,上臂长1.0,前臂长1.0,手长1.0。

4. 画图顺序

按头、躯干、下肢、上肢的顺序绘图。

5. 注意事项

线实,用力均匀,指尖、脚尖、辫尖勿钝,留尖。画出人体的曲线,注意胸、臀、大腿、小腿的弧线方向。

（二）仰卧

1. 仰卧侧面平面图

仰卧侧面平面图是指人体仰卧时侧面的轮廓与假设平面平行，并且当被观察人体侧面的轮廓距离观察者的眼睛足够远时，被观察人体侧面的轮廓在假设平面上的投影。此时被观察人体侧面轮廓上每一个点发出的光线到观察者眼睛的距离可以近似地认为是相等的，画成平面图。

2. 图例

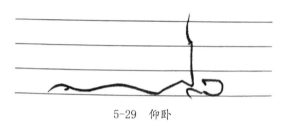

5-29　仰卧

3. 比例

（1）比例横线：四线三格。（2）头高比例约为 1∶8。头高 1.0，颈 0.5，躯干长 2.5，腿长 4.0，大腿长 2.0，小腿长 2.0，脚长 1.0，手臂长 3.0，上臂长 1.0，前臂长 1.0，手长 1.0。

4. 画图顺序

按头、躯干、下肢、上肢的顺序绘图。

5. 注意事项

线实，用力均匀，指尖、脚尖、辫尖勿钝，留尖。画出人体的曲线，注意胸、臀、大腿、小腿的弧线方向。

（三）侧卧

1. 侧卧正面平面图

侧卧正面平面图是指人体侧卧时前面的轮廓与假设平面平行，并且当被观察人体前面的轮廓距离观察者的眼睛足够远时,被观察人体前面的轮廓在假设平面上的投影。此时被观察人体前面轮廓上每一个点发出的光线到观察者眼睛的距离可以近似地认为是相等的,画成平面图。

2. 图例

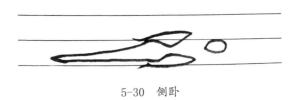

5-30　侧卧

3. 比例

(1)比例横线:三线两格。(2)头高比例约为1:8。头高1.0,颈0.5,肩宽1.2,腰宽0.5,髋宽0.8,躯干长2.5,腿长4.0,大腿长2.0,小腿长2.0,脚长1.0,手臂长3.0,上臂长1.0,前臂长1.0,手长1.0。

4. 画图顺序

按头、躯干、下肢、上肢的顺序绘图。

5. 注意事项

整体左右对称,左右不偏离。线实,用力均匀,指尖、脚尖勿钝,留尖。

九、倾

1. 直立侧面平面图

身体偏离垂直面又不失去平衡的姿势。是指人体直立时侧面的轮廓与假设平面平行,并且当被观察人体侧面的轮廓距离观察者的眼睛足够远时,被观察人体侧面的轮廓在假设平面上的投影。此时被观察人体侧面轮廓上每一个点发出的光线到观察者眼睛的距离可以近似地认为是相等的,画成平面图。

2. 图例

5-31　前倾

3. 比例

（1）比例横线：九线八格。（2）头高比例约为 1∶8。头高 1.0，颈 0.5，躯干长 2.5，腿长 4.0，大腿长 2.0，小腿长 2.0，脚长 1.0，手臂长 3.0，上臂长 1.0，前臂长 1.0，手长 1.0。

4. 画图顺序

按头、躯干、下肢、上肢的顺序绘图。

5. 注意事项

整体重心在支撑面的前部，向前偏离。线实，用力均匀，指尖、脚尖、辫尖勿钝，留尖。画出人体的曲线，注意胸、臀、大腿、小腿的弧线方向。

十、平衡

（一）俯平衡

1. 俯平衡侧面平面图

以身体某（些）关节支撑地面，保持一定时间的静止姿势。有单脚站立的俯平衡、仰平衡、侧平衡、搬腿平衡等。俯平衡侧面平面图是指人体俯平衡时侧面的轮廓与假设平面平行，并且当被观察人体侧面的轮廓距离观察者的眼睛足够远时，被观察人体侧面的轮廓在假设平面上的投影。此时被观察人体侧面轮廓上每一个点发出的光线到观察者眼睛的距离可以近似地认为是相等的,画成平面图。

2. 图例

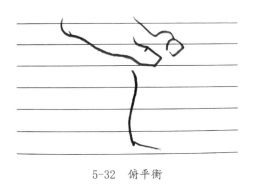

5-32　俯平衡

3. 比例

(1)比例横线:七线六格。(2)头高比例约为 1:8。头高 1.0,颈 0.5,躯干长 2.5,腿长 4.0,大腿长 2.0,小腿长 2.0,脚长 1.0,手臂长 3.0,上臂长 1.0,前臂长 1.0,手长 1.0。

4. 画图顺序

按头、躯干、下肢、上肢的顺序绘图。

5. 注意事项

整体重心在支撑面的中点上,前后不偏离。线实,用力均匀,指尖、脚尖、辫尖勿钝,留尖。画出人体的曲线,注意胸、臀、大腿、小腿的弧线方向。

(二)仰平衡

1. 直立侧面平面图

是指人体直立时侧面的轮廓与假设平面平行,并且当被观察人体侧面的轮廓距离观察者的眼睛足够远时,被观察人体侧面的轮廓在假设平面上的投影。此时被观察人体侧面轮廓上每一个点发出的光线到观察者眼睛的距离可以近似地认为是相等的,画成平面图。

2. 图例

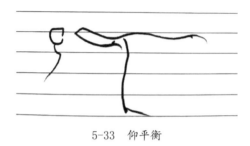

5-33 仰平衡

3. 比例

(1)比例横线:六线五格。(2)头高比例约为 1∶8。头高 1.0,颈 0.5,躯干长 2.5,腿长 4.0,大腿长 2.0,小腿长 2.0,脚长 1.0,手臂长 3.0,上臂长 1.0,前臂长 1.0,手长 1.0。

4. 画图顺序

按头、躯干、下肢、上肢的顺序绘图。

5. 注意事项

整体重心在支撑面的中点上,前后不偏离。线实,用力均匀,指尖、脚尖、辫尖勿钝,留尖。画出人体的曲线,注意胸、臀、大腿、小腿的弧线方向。

(三)侧平衡

1. 侧平衡正面平面图

侧平衡正面平面图是指人体侧平衡时前面的轮廓与假设平面平行,并且当被观察人体前面的轮廓距离观察者的眼睛足够远时,被观察人体前面的轮廓在假设平面上的投影。此时被观察人体前面轮廓上每一个点发出的光线到观察者眼睛的距离可以近似地认为是相等的,画成平面图。

2. 图例

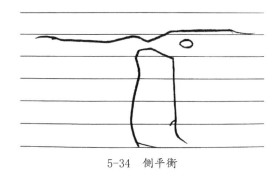

5-34　侧平衡

3. 比例

(1)比例横线:七线六格。(2)头高比例约为1:8。头高1.0,颈0.5,肩宽1.2,腰宽0.5,髋宽0.8,躯干长2.5,腿长4.0,大腿长2.0,小腿长2.0,脚长1.0,手臂长3.0,上臂长1.0,前臂长1.0,手长1.0。

4. 画图顺序

按头、躯干、下肢、上肢的顺序绘图。

5. 注意事项

重心在指支撑面上,左右不偏离。线实,用力均匀,指尖、脚尖勿钝,留尖。

(四)扳腿平衡

1. 扳腿平衡正面平面图

扳腿平衡正面平面图是指人体扳腿平衡时前面的轮廓与假设平面平行,并且当被观察人体前面的轮廓距离观察者的眼睛足够远时,被观察人体前面的轮廓在假设平面上的投影。此时被观察人体前面轮廓上每一个点发出的光线到观察者眼睛的距离可以近似地认为是相等的,画成平面图。

2.图例

5-35 扳腿平衡

3.比例

（1）比例横线：九线八格。（2）头高比例约为1：8。头高1.0,颈0.5,肩宽1.2,腰宽0.5,髋宽0.8,躯干长2.5,腿长4.0,大腿长2.0,小腿长2.0,脚长1.0,手臂长3.0,上臂长1.0,前臂长1.0,手长1.0。

4.画图顺序

按头、躯干、下肢、上肢的顺序绘图。

5.注意事项

重心在支撑面上,左右不偏离。线实,用力均匀,指尖、脚尖勿钝,留尖。

十一、桥

1.桥侧面平面图

桥指身体背向地面,手和脚支撑成弓形的一种姿势。桥侧面平面图是指人体坐桥时侧面的轮廓与假设平面平行,并且当被观察人体侧面的轮廓距离观察者的眼睛足够远时,被观察人体侧面的轮廓在假设平面上的投影。此时被观察人体侧面轮廓上每一个点发出的光线到观察者眼睛的距离可以近似地认为是相等的,画成平面图。

2. 图例

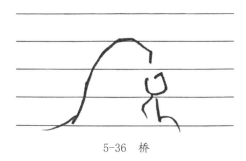

5-36　桥

3. 比例

（1）比例横线：五线四格。（2）头高比例约为 1∶8。头高 1.0，颈 0.5，躯干长 2.5，腿长 4.0，大腿长 2.0，小腿长 2.0，脚长 1.0，手臂长 3.0，上臂长 1.0，前臂长 1.0，手长 1.0。

4. 画图顺序

按头、躯干、下肢、上肢的顺序绘图。

5. 注意事项

线实，用力均匀，指尖、脚尖、辫尖勿钝，留尖。画出人体的曲线，注意胸、臀、大腿、小腿的弧线方向。

十二、伸

（一）伸臂

1. 伸臂侧面平面图

伸指关节角度扩展或伸直的动作，如伸臂、伸腿。伸臂侧面平面图是指人体伸臂时侧面的轮廓与假设平面平行，并且当被观察人体侧面的轮廓距离观察者的眼睛足够远时，被观察人体侧面的轮廓在假设平面上的投影。此时被观察人体侧面轮廓上每一个点发出的光线到观察者眼睛的距离可以近似地认为是相等的，画成平面图。

2. 图例

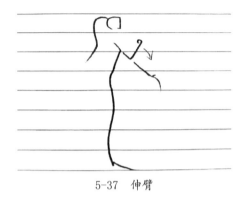

5-37   伸臂

3. 比例

(1)比例横线:九线八格。(2)头高比例约为1:8。头高1.0,颈0.5,躯干长2.5,腿长4.0,大腿长2.0,小腿长2.0,脚长1.0,手臂长3.0,上臂长1.0,前臂长1.0,手长1.0。

4. 画图顺序

按头、躯干、下肢、上肢的顺序绘图。

5. 注意事项

整体重心在支撑面上,前后不偏离。线实,用力均匀,指尖、脚尖、辫尖勿钝,留尖。画出人体的曲线,注意胸、臀、大腿、小腿的弧线方向。

(二)伸腿

1. 伸腿侧面平面图

伸腿侧面平面图是指人体伸腿时侧面的轮廓与假设平面平行,并且当被观察人体侧面的轮廓距离观察者的眼睛足够远时,被观察人体侧面的轮廓在假设平面上的投影。此时被观察人体侧面轮廓上每一个点发出的光线到观察者眼睛的距离可以近似地认为是相等的,画成平面图。

2. 图例

5-38　伸腿

3. 比例

（1）比例横线：九线八格。（2）头高比例约为 1 : 8。头高 1.0，颈 0.5，躯干长 2.5，腿长 4.0，大腿长 2.0，小腿长 2.0，脚长 1.0，手臂长 3.0，上臂长 1.0，前臂长 1.0，手长 1.0。

4. 画图顺序

按头、躯干、下肢、上肢的顺序绘图。

5. 注意事项

整体重心在支撑面的中点上，前后不偏离。线实，用力均匀，指尖、脚尖、辫尖勿钝，留尖。画出人体的曲线，注意胸、臀、大腿、小腿的弧线方向。

十三、屈

（一）肩侧屈

1. 两臂肩侧屈正面平面图

指关节角度缩小或弯曲的动作，如两臂肩侧屈、体前屈等。两臂肩侧屈正面平面图是指人体两臂肩侧屈时前面的轮廓与假设平面平行，并且当被观察人体前面的轮廓距离观察者的眼睛足够远时，被观察人体前面的轮

廓在假设平面上的投影。此时被观察人体前面轮廓上每一个点发出的光
线到观察者眼睛的距离可以近似地认为是相等的,画成平面图。

2. 图例

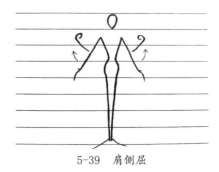

5-39 肩侧屈

3. 比例

(1)比例横线: 九线八格。(2)头高比例约为 1:8。头高 1.0,颈 0.5,
肩宽 1.2,腰宽 0.5,髋宽 0.8 躯干长 2.5,腿长 4.0,大腿长 2.0,小腿长 2.0,
脚长 1.0,手臂长 3.0,上臂长 1.0,前臂长 1.0, 手长 1.0。

4. 画图顺序

按头、躯干、下肢、上肢的顺序绘图。

5. 注意事项

整体左右对称,重心在中线上,左右不偏离。线实,用力均匀,指尖、
脚尖勿钝,留尖。

(二)胸前平屈

1. 俯视胸前平屈正面图

俯视是被观察物体低于地平线,或视点高于被观察物体。胸前平屈
正面图是指人体胸前平屈时前面的轮廓在假设平面上的投影。此时被
观察人体前面轮廓上每一个点发出的光线到观察者眼睛的距离是不相
等的,手臂存在透视变形。

2.图例

5-40　两臂胸前屈

3.比例

（1）比例横线：九线八格。（2）头高比例约为1:8。头高1.0,颈0.5,肩宽1.2,腰宽0.5,髋宽0.8,躯干长2.5,腿长4.0,大腿长2.0,小腿长2.0,脚长1.0,手臂长3.0,上臂长1.0,前臂长1.0,手长1.0。

4.画图顺序

按头、上肢、躯干、下肢的顺序绘图。

5.注意事项

整体左右对称,重心在中线上,左右不偏离。线实,用力均匀,指尖、脚尖勿钝,留尖。注意上臂透视缩短,近低远高。注意肢体交叉,先画近肢。

（三）体前屈

1.体前屈侧面平面图

体前屈侧面平面图是指人体体前屈时侧面的轮廓与假设平面平行,并且当被观察人体侧面的轮廓距离观察者的眼睛足够远时,被观察人体侧面的轮廓在假设平面上的投影。此时被观察人体侧面轮廓上每一个点发出的光线到观察者眼睛的距离可以近似地认为是相等的,画成平面图。

2. 图例

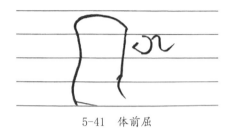

5-41 体前屈

3. 比例

(1)比例横线: 五线四格。(2)头高比例约为 1 : 8。头高 1.0, 颈 0.5, 躯干长 2.5, 腿长 4.0, 大腿长 2.0, 小腿长 2.0, 脚长 1.0, 手臂长 3.0, 上臂长 1.0, 前臂长 1.0, 手长 1.0。

4. 画图顺序

按下肢、躯干、上肢、头的顺序绘图。

5. 注意事项

整体重心在支撑面上, 前后不偏离。线实, 用力均匀, 指尖、脚尖、辫尖勿钝, 留尖。画出人体的曲线, 注意胸、臀、大腿、小腿的弧线方向。注意先画支撑腿。

十四、举

(一)前(平)举

1. 前(平)举侧面平面图

举是指四肢移动范围不超过 180 度而停止在某一部位的动作。如前举、上举、后举, 以及中间方向的举、侧举、侧下举、斜举。前(平)举侧面平面图是指人体前(平)举时侧面的轮廓与假设平面平行, 并且当被观察人体侧面的轮廓距离观察者的眼睛足够远时, 被观察人体侧面的轮廓在假设平面上的投影。此时被观察人体侧面轮廓上每一个点发出的光线到观察者眼睛的距离可以近似地认为是相等的，画成平面图。

2. 图例

5-42　前平举

3. 比例

（1）比例横线：九线八格。（2）头高比例约为 1:8。头高 1.0，颈 0.5，躯干长 2.5，腿长 4.0，大腿长 2.0，小腿长 2.0，脚长 1.0，手臂长 3.0，上臂长 1.0，前臂长 1.0，手长 1.0。

4. 画图顺序

按头、躯干、下肢、上肢的顺序绘图。

5. 注意事项

整体重心在支撑面的中点上，前后不偏离。线实，用力均匀，指尖、脚尖、辫尖勿钝，留尖。画出人体的曲线，注意胸、臀、大腿、小腿的弧线方向。

（二）侧（平）举

1. 侧（平）举正面平面图

侧（平）举正面平面图是指人体做侧（平）举时前面的轮廓与假设平面平行，并且当被观察人体前面的轮廓距离观察者的眼睛足够远时，被观察人体前面的轮廓在假设平面上的投影。此时被观察人体前面轮廓上每一个点发出的光线到观察者眼睛的距离可以近似地认为是相等的,画成平面图。

2. 图例

5-43   侧平举

3. 比例

(1)比例横线:九线八格。(2)头高比例约为 1:8。头高 1.0,颈 0.5,肩宽 1.2,腰宽 0.5,髋宽 0.8,躯干长 2.5,腿长 4.0,大腿长 2.0,小腿长 2.0,脚长 1.0,手臂长 3.0,上臂长 1.0,前臂长 1.0,手长 1.0。

4. 画图顺序

按头、躯干、下肢、上肢的顺序绘图。

5. 注意事项

整体左右对称,重心在中线上,左右不偏离。线实,用力均匀,指尖、脚尖勿钝,留尖。

(三)上举

1. 上举侧面平面图

上举侧面平面图是指人体做上举时侧面的轮廓与假设平面平行,并且当被观察人体侧面的轮廓距离观察者的眼睛足够远时,被观察人体侧面的轮廓在假设平面上的投影。此时被观察人体侧面轮廓上每一个点发出的光线到观察者眼睛的距离可以近似地认为是相等的,画成平面图。

2. 图例

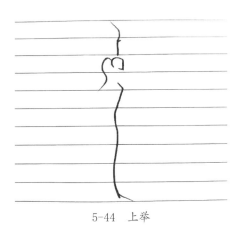

5-44　上举

3. 比例

(1)比例横线:十一线十格。(2)头高比例约为 1 : 8。头高 1.0,颈 0.5,躯干长 2.5,腿长 4.0,大腿长 2.0,小腿长 2.0,脚长 1.0,手臂长 3.0,上臂长 1.0,前臂长 1.0, 手长 1.0。

4. 画图顺序

按头、躯干、下肢、上肢的顺序绘图。

5. 注意事项

整体重心在支撑面的中点上,前后不偏离。线实,用力均匀,指尖、脚尖、辫尖勿钝,留尖。画出人体的曲线,注意胸、臀、大腿、小腿的弧线方向。

（四）前上举
1. 前上举侧面平面图

前上举侧面平面图是指人体做前上举时侧面的轮廓与假设平面平行,并且当被观察人体侧面的轮廓距离观察者的眼睛足够远时,被观察人体侧面的轮廓在假设平面上的投影。此时被观察人体侧面轮廓上每一个点发出的光线到观察者眼睛的距离可以近似地认为是相等的,画成平面图。

2. 图例

5-45 前上举

3. 比例

(1)比例横线:十线九格。(2)头高比例约为1:8。头高1.0,颈0.5,躯干长2.5,腿长4.0,大腿长2.0,小腿长2.0,脚长1.0,手臂长3.0,上臂长1.0,前臂长1.0,手长1.0。

4. 画图顺序

按头、躯干、下肢、上肢的顺序绘图。

5. 注意事项

整体重心在支撑面的中点上,前后不偏离。线实,用力均匀,指尖、脚尖、辫尖勿钝,留尖。画出人体的曲线,注意胸、臀、大腿、小腿的弧线方向。

(五)前下举

1. 前下举侧面平面图

前下举侧面平面图是指人体做前下举时侧面的轮廓与假设平面平行,并且当被观察人体侧面的轮廓距离观察者的眼睛足够远时,被观察人体侧面的轮廓在假设平面上的投影。此时被观察人体侧面轮廓上每一个点发出的光线到观察者眼睛的距离可以近似地认为是相等的,画成平面图。

2. 图例

5-46　前下举

3. 比例

(1)比例横线:九线八格。(2)头高比例约为 1∶8。头高 1.0,颈 0.5,躯干长 2.5,腿长 4.0,大腿长 2.0,小腿长 2.0,脚长 1.0,手臂长 3.0,上臂长 1.0,前臂长 1.0,手长 1.0。

4. 画图顺序

按头、躯干、下肢、上肢的顺序绘图。

5. 注意事项

整体重心在支撑面的中点上,前后不偏离。线实,用力均匀,指尖、脚尖、羊尖勿钝,留尖。画出人体的曲线,注意胸、臀、大腿、小腿的弧线方向。

(六)后(下)举

1. 后(下)举侧面平面图

后(下)举侧面平面图是指人体做后(下)举时侧面的轮廓与假设平面平行,并且当被观察人体侧面的轮廓距离观察者的眼睛足够远时,被观察人体侧面的轮廓在假设平面上的投影。此时被观察人体侧面轮廓上每一个点发出的光线到观察者眼睛的距离可以近似地认为是相等的,画成平面图。

2. 图例

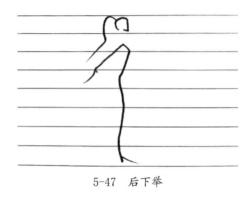

5-47　后下举

3. 比例

(1)比例横线:九线八格。(2)头高比例约为1∶8。头高1.0,颈0.5,躯干长2.5,腿长4.0,大腿长2.0,小腿长2.0,脚长1.0,手臂长3.0,上臂长1.0,前臂长1.0,手长1.0。

4. 画图顺序

按头、躯干、下肢、上肢的顺序绘图。

5. 注意事项

整体重心在支撑面的中点上,前后不偏离。线实,用力均匀,指尖、脚尖、辫尖勿钝,留尖。画出人体的曲线,注意胸、臀、大腿、小腿的弧线方向。

(七)侧下举

1. 侧下举正面平面图

侧下举正面平面图是指人体做侧下举时前面的轮廓与假设平面平

行,并且当被观察人体前面的轮廓距离观察者的眼睛足够远时,被观察人体前面的轮廓在假设平面上的投影。此时被观察人体前面轮廓上每一个点发出的光线到观察者眼睛的距离可以近似地认为是相等的,画成平面图。

2. 图例

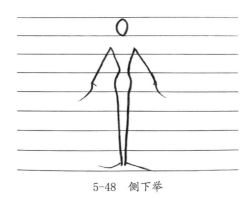

5-48　侧下举

3. 比例

(1)比例横线:九线八格。(2)头高比例约为1:8。头高1.0,颈0.5,肩宽1.2,腰宽0.5,髋宽0.8,躯干长2.5,腿长4.0,大腿长2.0,小腿长2.0,脚长1.0,手臂长3.0,上臂长1.0,前臂长1.0,手长1.0。

4. 画图顺序

按头、躯干、下肢、上肢的顺序绘图。

5. 注意事项

整体左右对称,重心在中线上,左右不偏离。线实,用力均匀,指尖、脚尖勿钝,留尖。

(八)侧上举

1. 侧上举正面平面图

侧上举正面平面图是指人体做侧上举时前面的轮廓与假设平面平

行,并且当被观察人体前面的轮廓距离观察者的眼睛足够远时,被观察人体前面的轮廓在假设平面上的投影。此时被观察人体前面轮廓上每一个点发出的光线到观察者眼睛的距离可以近似地认为是相等的,画成平面图。

2. 图例

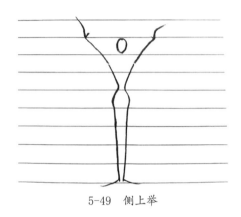

5-49　侧上举

3. 比例

(1)比例横线:十线九格。(2)头高比例约为1:8。头高1.0,颈0.5,肩宽1.2,腰宽0.5,髋宽0.8,躯干长2.5,腿长4.0,大腿长2.0,小腿长2.0,脚长1.0,手臂长3.0,上臂长1.0,前臂长1.0,手长1.0。

4. 画图顺序

按头、躯干、下肢、上肢的顺序绘图。

5. 注意事项

整体左右对称,重心在中线上,左右不偏离。线实,用力均匀,指尖、脚尖勿钝,留尖。

(九) 前斜上举

1. 俯视前斜上举斜面图

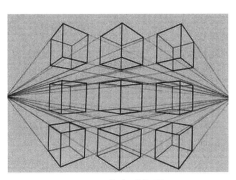

5-50 成角透视图

俯视是被观察物体低于地平线,或视点高于被观察物体,如上图最下方三个正方体。纵深方向线段的延长线向上消失在远处地平线的两侧。正方体上等长的两条线段在假设平面上的投影呈现出近大远小的规律。正方体上等高的两个点在假设平面上的投影呈现近低远高的透视特点。根据这一透视规律人体俯视斜面图的画法如下。

2. 图例

5-51 前斜上举

3. 比例

(1)比例横线:九线八格。(2)头高比例约为1∶8。头高1.0,颈0.5,躯干长2.5,腿长4.0,大腿长2.0,小腿长2.0,脚长1.0,手臂长3.0,上臂长1.0,前臂长1.0,手长1.0。

4. 画图顺序

先画右侧单线图, 再画左侧单线图。按头、右侧躯干、下肢、脚、左侧躯干、下肢、脚、上肢、眼睛、辫子的顺序绘图。

5. 注意事项

整体重心在支撑面的中点上, 前后不偏离。整体结构优美。线实, 两点之间一笔完成, 忌多次描画。用力均匀, 忌粗细不均。指尖、脚尖、辫尖勿钝, 留尖。画出人体的曲线, 注意胸、臀、大腿、小腿的弧线方向。

透视变形: 近大远小。俯视透视图的特点: 近低远高。右臂小于3.0。

十五、绕

1. 绕侧面平面图

绕指身体某环节做 180 度以上, 360 度以下的弧形动作。绕的方向由动作的开始姿势与身体的关系而定。绕时应指明结束姿势, 如从直立前下举绕至后下举。绕侧面平面图是指人体做绕时侧面的轮廓与假设平面平行, 并且当被观察人体侧面的轮廓距离观察者的眼睛足够远时, 被观察人体侧面的轮廓在假设平面上的投影。此时被观察人体侧面轮廓上每一个点发出的光线到观察者眼睛的距离可以近似地认为是相等的, 画成平面图。

2. 图例

5-52 绕

3. 比例

（1）比例横线：九线八格。（2）头高比例约为 1:8。头高 1.0，颈 0.5，躯干长 2.5，腿长 4.0，大腿长 2.0，小腿长 2.0，脚长 1.0，手臂长 3.0，上臂长 1.0，前臂长 1.0，手长 1.0。

4. 画图顺序

按头、躯干、下肢、上肢的顺序绘图。

5. 注意事项

整体重心在支撑面的中点上，前后不偏离。线实，用力均匀，指尖、脚尖、辫尖勿钝，留尖。画出人体的曲线，注意胸、臀、大腿、小腿的弧线方向。

十六、绕环

1. 绕环侧面平面图

绕环指身体某部位做 360 度或 360 度以上的圆形动作。绕环的方向与绕的要求相同，如由立正姿势或两臂上举姿势开始，可做两臂向前绕和绕环、向后绕和绕环、向内绕和绕环、向外绕和绕环；由两臂侧举姿势开始，可做两臂向下绕和绕环、向上绕和绕环。绕环侧面平面图是指人体做绕环时侧面的轮廓与假设平面平行，并且当被观察人体侧面的轮廓距离观察者的眼睛足够远时，被观察人体侧面的轮廓在假设平面上的投影。此时被观察人体侧面轮廓上每一个点发出的光线到观察者眼睛的距离可以近似地认为是相等的，画成平面图。

2. 图例

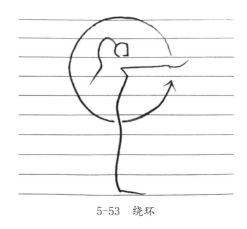

5-53　绕环

3. 比例

(1)比例横线:十线九格。(2)头高比例约为1:8。头高1.0,颈0.5,躯干长2.5,腿长4.0,大腿长2.0,小腿长2.0,脚长1.0,手臂长3.0,上臂长1.0,前臂长1.0,手长1.0。

4. 画图顺序

按头、躯干、下肢、上肢的顺序绘图。

5. 注意事项

整体重心在支撑面的中点上,前后不偏离。线实,用力均匀,指尖、脚尖、辫尖勿钝,留尖。画出人体的曲线,注意胸、臀、大腿、小腿的弧线方向。

十七、波浪

(一)手臂波浪

1. 手臂波浪正面平面图

波浪指身体某部分相邻的关节按顺序做屈伸的动作,有手臂波浪、身体波浪和跪波浪等。手臂波浪正面平面图是指人体手臂波浪时前面的轮廓与假设平面平行,并且当被观察人体前面的轮廓距离观察者的眼睛足够远时,被观察人体前面的轮廓在假设平面上的投影。此时被观察人体前面轮廓上每一个点发出的光线到观察者眼睛的距离可以近似地认为是相等的,画成平面图。

2. 图例

5-54　手臂波浪

3. 比例

(1)比例横线:九线八格。(2)头高比例约为1:8。头高1.0,颈0.5,肩宽1.2,腰宽0.5,髋宽0.8,躯干长2.5,腿长4.0,大腿长2.0,小腿长2.0,脚长1.0,手臂长3.0,上臂长1.0,前臂长1.0,手长1.0。

4. 画图顺序

按头、躯干、下肢、上肢的顺序绘图。

5. 注意事项

重心在中线上,左右不偏离。线实,用力均匀,指尖、脚尖勿钝,留尖。

(二)跪波浪

1. 直立侧面平面图

跪波浪是指人体跪立做波浪时侧面的轮廓与假设平面平行,并且当被观察人体侧面的轮廓距离观察者的眼睛足够远时,被观察人体侧面的轮廓在假设平面上的投影。此时被观察人体侧面轮廓上每一个点发出的光线到观察者眼睛的距离可以近似地认为是相等的,画成平面图。

2. 图例

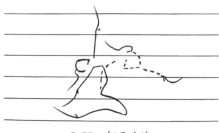

5-55　躯干波浪

3. 比例

(1)比例横线:六线五格。(2)头高比例约为1:8。头高1.0,颈0.5,躯干长2.5,腿长4.0,大腿长2.0,小腿长2.0,脚长1.0,手臂长3.0,上臂长1.0,前臂长1.0,手长1.0。

4. 画图顺序

按头、躯干、下肢、上肢的顺序绘图。

5. 注意事项

整体重心在支撑面的中点上,前后不偏离。线实,用力均匀,指尖 脚尖、辫尖勿钝,留尖。画出人体的曲线,注意胸、臀、大腿、小腿的弧线方向。

十八、踢腿

(一)前踢腿

1. 前踢腿侧面平面图

踢腿指腿由下向各方向做加速摆动的动作,如前踢腿、后踢腿、侧踢腿等。前踢腿侧面平面图是指人体做前踢腿时侧面的轮廓与假设平面平行,并且当被观察人体侧面的轮廓距离观察者的眼睛足够远时,被观察人体侧面的轮廓在假设平面上的投影。此时被观察人体侧面轮廓上每一个点发出的光线到观察者眼睛的距离可以近似地认为是相等的，画成平面图。

2. 图例

5-56　前踢腿

3. 比例

（1）比例横线：九线八格。（2）头高比例约为 1：8。头高 1.0，颈 0.5，躯干长 2.5，腿长 4.0，大腿长 2.0，小腿长 2.0，脚长 1.0，手臂长 3.0，上臂长 1.0，前臂长 1.0，手长 1.0。

4. 画图顺序

按头、躯干、下肢、上肢的顺序绘图。

5. 注意事项

整体重心在支撑面的中点上，前后不偏离。线实，用力均匀，指尖、脚尖、辫尖勿钝，留尖。画出人体的曲线，注意胸、臀、大腿、小腿的弧线方向。

（二）后踢腿

1. 后踢腿侧面平面图

后踢腿侧面平面图是指人体后踢腿时侧面的轮廓与假设平面平行，并且当被观察人体侧面的轮廓距离观察者的眼睛足够远时，被观察人体侧面的轮廓在假设平面上的投影。此时被观察人体侧面轮廓上每一个点发出的光线到观察者眼睛的距离可以近似地认为是相等的,画成平面图。

2.图例

5-57 后踢腿

3.比例

(1)比例横线:十线九格。(2)头高比例约为1∶8。头高1.0,颈0.5,躯干长2.5,腿长4.0,大腿长2.0,小腿长2.0,脚长1.0,手臂长3.0,上臂长1.0,前臂长1.0,手长1.0。

4.画图顺序

按头、躯干、下肢、上肢的顺序绘图。

5.注意事项

整体重心在支撑面的中点上,前后不偏离。线实,用力均匀,指尖,脚尖、辫尖勿钝,留尖。画出人体的曲线,注意胸、臀、大腿、小腿的弧线方向。注意远肢断开。

(三)侧踢腿

1.侧踢腿正面平面图

侧踢腿正面平面图是指人体侧踢腿时前面的轮廓与假设平面平行,

并且当被观察人体前面的轮廓距离观察者的眼睛足够远时,被观察人体前面的轮廓在假设平面上的投影。此时被观察人体前面轮廓上每一个点发出的光线到观察者眼睛的距离可以近似地认为是相等的,画成平面图。

2. 图例

5-58　侧踢腿

3. 比例

(1)比例横线:九线八格。(2)头高比例约为 1∶8。头高 1.0,颈 0.5,肩宽 1.2,腰宽 0.5,髋宽 0.8,躯干长 2.5,腿长 4.0,大腿长 2.0,小腿长 2.0,脚长 1.0,手臂长 3.0,上臂长 1.0,前臂长 1.0,手长 1.0。

4. 画图顺序

按头、躯干、下肢、上肢的顺序绘图。

5. 注意事项

躯干左右对称,重心在中线上,左右不偏离。线实,用力均匀,指尖、脚尖勿钝,留尖。

十九、振

振是臂或躯干做加速富有弹性的动作,如两臂胸前平屈后振,体侧屈侧振等。

（一）两臂胸前平屈后振

1. 俯视两臂胸前平屈后振正面图

俯视是被观察物体低于地平线,或视点高于被观察物体。两臂胸前平屈后振正面图是指人体做两臂胸前平屈后振时前面的轮廓在假设平面上的投影。此时被观察人体前面轮廓上每一个点发出的光线到观察者眼睛的距离是不相等的,手臂存在透视变形。

2. 图例

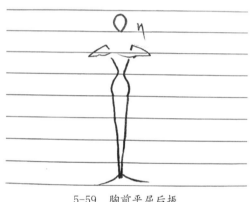

5-59　胸前平屈后振

3. 比例

（1）比例横线:九线八格。（2）头高比例约为 1:8。头高 1.0,颈 0.5,肩宽 1.2,腰宽 0.5,髋宽 0.8,躯干长 2.5,腿长 4.0,大腿长 2.0,小腿长 2.0,脚长 1.0,手臂长 3.0,上臂长 1.0,前臂长 1.0,手长 1.0。

4. 画图顺序

按头、躯干、下肢、上肢的顺序绘图。

5. 注意事项

整体左右对称,重心在中线上,左右不偏离。线实,用力均匀,指尖、脚尖勿钝,留尖。注意标出振动符号。

（二）体侧屈侧振

1. 体侧屈侧振正面平面图

体侧屈侧振正面平面图是指人体做体侧屈侧振时前面的轮廓与假设平面平行,并且当被观察人体前面的轮廓距离观察者的眼睛足够远时,被观察人体前面的轮廓在假设平面上的投影。此时被观察人体前面轮廓上每一个点发出的光线到观察者眼睛的距离可以近似地认为是相等的,画成平面图。

2. 图例

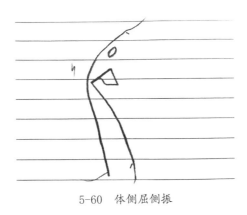

5-60　体侧屈侧振

3. 比例

（1）比例横线:九线八格。（2）头高比例约为 1:8。头高 1.0,颈 0.5,肩宽 1.2,腰宽 0.5,髋宽 0.8,躯干长 2.5,腿长 4.0,大腿长 2.0,小腿长 2.0,脚长 1.0,手臂长 3.0,上臂长 1.0,前臂长 1.0,手长 1.0。

4. 画图顺序

按头、躯干、下肢、上肢的顺序绘图。

5. 注意事项

重心在支撑脚上。线实,用力均匀,指尖、脚尖勿钝,留尖。注意突出腰部。注意标出振动符号。

第二节 器械体操与技巧动作简图的画法

一、悬垂

(一)单纯悬垂

1.单纯悬垂侧面平面图

悬垂指身体某(些)环节悬挂器械,低于器械轴,分为单纯悬垂和混合悬垂。单纯悬垂侧面平面图是指人体做单纯悬垂时侧面的轮廓与假设平面平行,并且当被观察人体侧面的轮廓距离观察者的眼睛足够远时,被观察人体侧面的轮廓在假设平面上的投影。此时被观察人体侧面轮廓上每一个点发出的光线到观察者眼睛的距离可以近似地认为是相等的,画成平面图。

2.图例

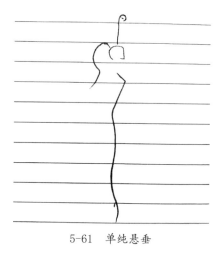

5-61 单纯悬垂

3.比例

(1)比例横线:十二线十一格。(2)头高比例约为1:8。头高1.0,颈0.5,躯干长2.5,腿长4.0,大腿长2.0,小腿长2.0,脚长1.0,手臂长3.0,上臂长1.0,前臂长1.0,手长1.0。

4. 画图顺序

按头、躯干、下肢、上肢的顺序绘图。

5. 注意事项

整体重心在支撑面的中点上,前后不偏离。线实,用力均匀,指尖、脚尖、辫尖勿钝,留尖。画出人体的曲线,注意胸、臀、大腿、小腿的弧线方向。

(二)混合悬垂

1. 混合悬垂侧面平面图

除手握器械外,还有身体其它部位接触器械或地面,如单挂膝悬垂。混合悬垂侧面平面图是指人体做混合悬垂时侧面的轮廓与假设平面平行,并且当被观察人体侧面的轮廓距离观察者的眼睛足够远时,被观察人体侧面的轮廓在假设平面上的投影。此时被观察人体侧面轮廓上每一个点发出的光线到观察者眼睛的距离可以近似地认为是相等的,画成平面图。

2. 图例

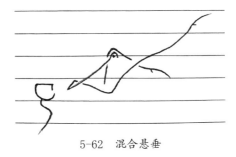

5-62 混合悬垂

3. 比例

(1)比例横线:六线五格。(2)头高比例约为1:8。头高1.0,颈0.5,躯干长2.5,腿长4.0,大腿长2.0,小腿长2.0,脚长1.0,手臂长3.0,上臂长1.0,前臂长1.0,手长1.0。

4. 画图顺序

按头、上肢、躯干、下肢的顺序绘图。

5. 注意事项

线实,用力均匀,指尖、脚尖、辫尖勿钝,留尖。画出人体的曲线,注意胸、臀、大腿、小腿的弧线方向。注意肢体交叉时先画近肢。

二、支撑

(一)单纯支撑

1. 单纯支撑侧面平面图

身体某(些)环节撑于器械,肩轴高于(或平于)器械轴,分为单纯支撑和混合支撑。单纯支撑侧面平面图是指人体做单纯支撑时侧面的轮廓与假设平面平行,并且当被观察人体侧面的轮廓距离观察者的眼睛足够远时,被观察人体侧面的轮廓在假设平面上的投影。此时被观察人体侧面轮廓上每一个点发出的光线到观察者眼睛的距离可以近似地认为是相等的,画成平面图。

2. 图例

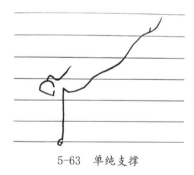

5-63   单纯支撑

3. 比例

(1)比例横线:七线六格。(2)头高比例约为1:8。头高1.0,颈0.5,躯干长2.5,腿长4.0,大腿长2.0,小腿长2.0,脚长1.0,手臂长3.0,上臂长 1.0, 前臂长 1.0, 手长 1.0。

4. 画图顺序

按头、躯干、下肢、上肢的顺序绘图。

5. 注意事项

重心在手上。线实, 用力均匀, 指尖、脚尖、辫尖勿钝, 留尖。画出人体的曲线, 注意胸、臀、大腿、小腿的弧线方向。

（二）单杠骑撑

1. 混合支撑侧面平面图

混合支撑用手与身体其它部分同时支撑器械或地面, 如单杠骑撑、双杠屈体挂臂撑等。混合支撑侧面平面图是指人体做混合支撑时侧面的轮廓与假设平面平行, 并且当被观察人体侧面的轮廓距离观察者的眼睛足够远时, 被观察人体侧面的轮廓在假设平面上的投影。此时被观察人体侧面轮廓上每一个点发出的光线到观察者眼睛的距离可以近似地认为是相等的, 画成平面图。

2. 图例

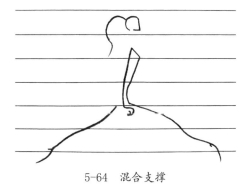

5-64　混合支撑

3. 比例

(1)比例横线: 七线六格。(2)头高比例约为1:8。头高 1.0, 颈 0.5,

躯干长 2.5,腿长 4.0,大腿长 2.0,小腿长 2.0,脚长 1.0,手臂长 3.0,上臂长 1.0,前臂长 1.0,手长 1.0。

4.画图顺序

按头、躯干、上肢、下肢的顺序绘图。

5.注意事项

整体重心在支撑面的中点上,前后不偏离。线实,用力均匀,指尖、脚尖、辫尖勿钝,留尖。画出人体的曲线:注意胸、臀、大腿、小腿的弧线方向。

(三)双杠屈体挂臂撑

1.双杠屈体挂臂撑侧面平面图

双杠屈体挂臂撑侧面平面图是指人体做双杠屈体挂臂撑时侧面的轮廓与假设平面平行,并且当被观察人体侧面的轮廓距离观察者的眼睛足够远时,被观察人体侧面的轮廓在假设平面上的投影。此时被观察人体侧面轮廓上每一个点发出的光线到观察者眼睛的距离可以近似地认为是相等的,画成平面图。

2.图例

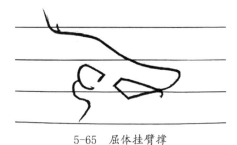

5-65　屈体挂臂撑

3.比例

(1)比例横线:五线四格。(2)头高比例约为1:8。头高1.0,颈0.5,躯干长2.5,腿长4.0,大腿长2.0,小腿长2.0,脚长1.0,手臂长3.0,上臂长1.0,前臂长1.0,手长1.0。

4. 画图顺序

按头、躯干、下肢、上肢的顺序绘图。

5. 注意事项

线实,用力均匀,指尖、脚尖、辫尖勿钝,留尖。画出人体的曲线,注意胸、臀、大腿、小腿的弧线方向。

三、摆动

1. 摆动侧面平面图

摆动是在悬垂或支撑中做向前、向后或向左右钟摆式的摆动动作,如单杠悬垂摆动。摆动侧面平面图是指人体做摆动时侧面的轮廓与假设平面平行,并且当被观察人体侧面的轮廓距离观察者的眼睛足够远时,被观察人体侧面的轮廓在假设平面上的投影。此时被观察人体侧面轮廓上每一个点发出的光线到观察者眼睛的距离可以近似地认为是相等的,画成平面图。

2. 图例

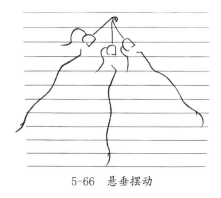

5-66　悬垂摆动

3. 比例

(1)比例横线:十二线十一格。(2)头高比例约为 1∶8。头高 1.0,颈 0.5,躯干长 2.5,腿长 4.0,大腿长 2.0,小腿长 2.0,脚长 1.0,手臂长 3.0,上臂长 1.0,前臂长 1.0,手长 1.0。

4. 画图顺序

按头、躯干、下肢、上肢的顺序绘图。

5. 注意事项

线实,用力均匀,指尖、脚尖、辫尖勿钝,留尖。画出人体的曲线,注意胸、臀、大腿、小腿的弧线方向。

四、摆荡

(一)前摆荡

1. 前摆荡侧面平面图

摆荡指身体和器械一同摆动的动作,如吊环或吊绳上的前摆荡、后摆荡、侧摆荡等。前摆荡侧面平面图是指人体做前荡时侧面的轮廓与假设平面平行,并且当被观察人体侧面的轮廓距离观察者的眼睛足够远时,被观察人体侧面的轮廓在假设平面上的投影。此时被观察人体侧面轮廓上每一个点发出的光线到观察者眼睛的距离可以近似地认为是相等的,画成平面图。

2. 图例

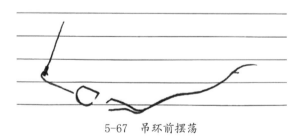

5-67　吊环前摆荡

3. 比例

(1)比例横线:六线五格。(2)头高比例约为1∶8。头高1.0,颈0.5,躯干长2.5,腿长4.0,大腿长2.0,小腿长2.0,脚长1.0,手臂长3.0,上臂长1.0,前臂长1.0,手长1.0。

4.画图顺序

按头、躯干、下肢、上肢的顺序绘图。

5.注意事项

线实,用力均匀,指尖、脚尖、辫尖勿钝,留尖。画出人体的曲线,注意胸、臀、大腿、小腿的弧线方向。

（二）后摆荡

1.后摆荡侧面平面图

后摆荡侧面平面图是指人体做后荡时侧面的轮廓与假设平面平行,并且当被观察人体侧面的轮廓距离观察者的眼睛足够远时,被观察人体侧面的轮廓在假设平面上的投影。此时被观察人体侧面轮廓上每一个点发出的光线到观察者眼睛的距离可以近似地认为是相等的,画成平面图。

2.图例

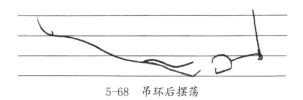

5-68　吊环后摆荡

3.比例

（1）比例横线:五线四格。（2）头高比例约为1∶8。头高1.0,颈0.5,躯干长2.5,腿长4.0,大腿长2.0,小腿长2.0,脚长1.0,手臂长3.0,上臂长1.0,前臂长1.0,手长1.0。

4.画图顺序

按头、躯干、下肢、上肢的顺序绘图。

5. 注意事项

线实, 用力均匀, 指尖、脚尖、辫尖勿钝, 留尖。画出人体的曲线: 注意胸、臀、大腿、小腿的弧线方向。

五、振浪

（一）前摆浪

1. 前摆浪侧面平面图

摆浪是利用髋关节有节奏地急速屈伸（甩腿或踢腿）、加速摆动的动作。振浪又称为鞭打式摆动。前摆浪侧面平面图是指人体前摆振浪时侧面的轮廓与假设平面平行, 并且当被观察人体侧面的轮廓距离观察者的眼睛足够远时, 被观察人体侧面的轮廓在假设平面上的投影。此时被观察人体侧面轮廓上每一个点发出的光线到观察者眼睛的距离可以近似地认为是相等的, 画成平面图。

2. 图例

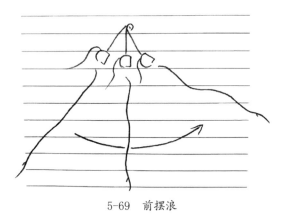

5-69　前摆浪

3. 比例

（1）比例横线: 十一线十格。（2）头高比例约为1:8。头高1.0, 颈0.5, 躯干长2.5, 腿长4.0, 大腿长2.0, 小腿长2.0, 脚长1.0, 手臂长3.0, 上臂长1.0, 前臂长1.0, 手长1.0。

4.画图顺序

按头、躯干、下肢、上肢的顺序绘图。

5.注意事项

线实,用力均匀,指尖、脚尖、辫尖勿钝,留尖。画出人体的曲线:注意胸、臀、大腿、小腿的弧线方向。

(二)后摆浪

1.后摆浪侧面平面图

后摆浪侧面平面图是指人体做后摆振浪时侧面的轮廓与假设平面平行,并且当被观察人体侧面的轮廓距离观察者的眼睛足够远时,被观察人体侧面的轮廓在假设平面上的投影。此时被观察人体侧面轮廓上每一个点发出的光线到观察者眼睛的距离可以近似地认为是相等的,画成平面图。

2.图例

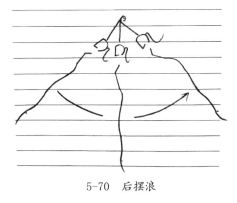

5-70　后摆浪

3.比例

(1)比例横线:十一线十格。(2)头高比例约为1∶8。头高1.0,颈0.5,躯干长2.5,腿长4.0,大腿长2.0,小腿长2.0,脚长1.0,手臂长3.0,上臂长1.0,前臂长1.0,手长1.0。

4. 画图顺序

按头、躯干、下肢、上肢的顺序绘图。

5. 注意事项

线实，用力均匀，指尖、脚尖、辫尖勿钝，留尖。画出人体的曲线：注意胸、臀、大腿、小腿的弧线方向。

六、弧形

（一）单杠支撑后倒弧形下

1. 单杠支撑后倒弧形下侧面平面图

由支撑或悬垂开始，利用髋关节的屈伸使身体重心沿抛物线轨迹运动的动作，如单杠支撑后倒弧形下、双杠弧形上成支撑等。单杠支撑后倒弧形下侧面平面图是指人体做单杠支撑后倒弧形下时侧面的轮廓与假设平面平行，并且当被观察人体侧面的轮廓距离观察者的眼睛足够远时，被观察人体侧面的轮廓在假设平面上的投影。此时被观察人体侧面轮廓上每一个点发出的光线到观察者眼睛的距离可以近似地认为是相等的，画成平面图。

2. 图例

5-71   支撑后倒弧形下

3. 比例

（1）比例横线：十三线十二格。（2）头高比例约为 1:8。头高 1.0，颈 0.5，躯干长 2.5，腿长 4.0，大腿长 2.0，小腿长 2.0，脚长 1.0，手臂长 3.0，上臂长 1.0，前臂长 1.0，手长 1.0。

4. 画图顺序

按头、躯干、下肢、上肢的顺序绘图。

5. 注意事项

整体重心在支撑面的中点上，前后不偏离。线实，用力均匀，指尖、脚尖、辫尖勿钝，留尖。画出人体的曲线：注意胸、臀、大腿、小腿的弧线方向。

（二）双杠支撑后倒弧形上成支撑

1. 双杠支撑侧面平面图

双杠支撑侧面平面图是指人体做双杠支撑时侧面的轮廓与假设平面平行，并且当被观察人体侧面的轮廓距离观察者的眼睛足够远时，被观察人体侧面的轮廓在假设平面上的投影。此时被观察人体侧面轮廓上每一个点发出的光线到观察者眼睛的距离可以近似地认为是相等的，画成平面图。

2. 图例

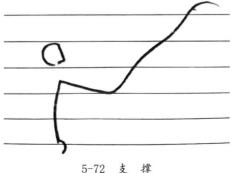

5-72　支　撑

3. 比例

（1）比例横线：八线七格。（2）头高比例约为 1∶8。头高 1.0，颈 0.5，躯干长 2.5，腿长 4.0，大腿长 2.0，小腿长 2.0，脚长 1.0，手臂长 3.0，上臂长 1.0，前臂长 1.0，手长 1.0。

4. 画图顺序

按头、躯干、下肢、上肢的顺序绘图。

5. 注意事项

整体重心在手上，前后不偏离。线实，用力均匀，指尖、脚尖、辫尖勿钝，留尖。画出人体的曲线，注意胸、臀、大腿、小腿的弧线方向。

（三）双杠支撑后倒

1. 双杠支撑后倒侧面平面图

双杠支撑后倒侧面平面图是指人体做双杠支撑后倒时侧面的轮廓与假设平面平行，并且当被观察人体侧面的轮廓距离观察者的眼睛足够远时，被观察人体侧面的轮廓在假设平面上的投影。此时被观察人体侧面轮廓上每一个点发出的光线到观察者眼睛的距离可以近似地认为是相等的，画成平面图。

2. 图例

5-73 后倒

3.比例

(1)比例横线:九线八格。(2)头高比例约为1:8。头高1.0,颈0.5,躯干长2.5,腿长4.0,大腿长2.0,小腿长2.0,脚长1.0,手臂长3.0,上臂长1.0,前臂长1.0,手长1.0。

4.画图顺序

按头、躯干、下肢、上肢的顺序绘图。

5.注意事项

整体重心在支撑手臂上,前后不偏离。线实,用力均匀,指尖、脚尖、辫尖勿钝,留尖。画出人体的曲线,注意胸、臀、大腿、小腿的弧线方向。

(四)双杠支撑后倒弧形

1.双杠支撑后倒弧形侧面平面图

双杠支撑后倒弧形侧面平面图是指人体做双杠支撑后倒弧形时侧面的轮廓与假设平面平行,并且当被观察人体侧面的轮廓距离观察者的眼睛足够远时,被观察人体侧面的轮廓在假设平面上的投影。此时被观察人体侧面轮廓上每一个点发出的光线到观察者眼睛的距离可以近似地认为是相等的,画成平面图。

2.图例

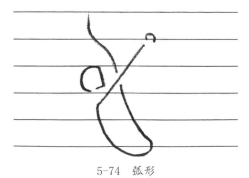

5-74　弧形

3. 比例

（1）比例横线：七线六格。（2）头高比例约为 1:8。头高 1.0，颈 0.5，躯干长 2.5，腿长 4.0，大腿长 2.0，小腿长 2.0，脚长 1.0，手臂长 3.0，上臂长 1.0，前臂长 1.0，手长 1.0。

4. 画图顺序

按头、上肢、躯干、下肢的顺序绘图。

5. 注意事项

线实，用力均匀，指尖、脚尖、辫尖勿钝，留尖。画出人体的曲线，注意胸、臀、大腿、小腿的弧线方向。注意肢体交叉时先画近肢。

（五）双杠支撑后倒弧形成支撑

1. 双杠支撑后倒弧形成支撑侧面平面图

双杠支撑后倒弧形成支撑侧面平面图是指人体做双杠支撑后倒弧形成支撑时侧面的轮廓与假设平面平行，并且当被观察人体侧面的轮廓距离观察者的眼睛足够远时，被观察人体侧面的轮廓在假设平面上的投影。此时被观察人体侧面轮廓上每一个点发出的光线到观察者眼睛的距离可以近似地认为是相等的，画成平面图。

2. 图例

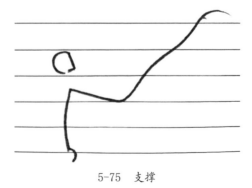

5-75   支撑

3. 比例

（1）比例横线：八线七格。（2）头高比例约为1:8。头高1.0，颈0.5，躯干长2.5，腿长4.0，大腿长2.0，小腿长2.0，脚长1.0，手臂长3.0，上臂长1.0，前臂长1.0，手长1.0。

4. 画图顺序

按头、躯干、下肢、上肢的顺序绘图。

5. 注意事项

整体重心在支撑手臂上，前后不偏离。线实，用力均匀，指尖、脚尖、辫尖勿钝，留尖。画出人体的曲线：注意胸、臀、大腿、小腿的弧线方向。

七、极点

1. 双杠支撑后摆（极点）下侧面平面图

极点是身体做摆动动作达到最大幅度的那一点。双杠支撑后摆（极点）下侧面平面图是指人体做双杠支撑后摆（极点）下时侧面的轮廓与假设平面平行，并且当被观察人体侧面的轮廓距离观察者的眼睛足够远时，被观察人体侧面的轮廓在假设平面上的投影。此时被观察人体侧面轮廓上每一个点发出的光线到观察者眼睛的距离可以近似地认为是相等的，画成平面图。

2. 图例

5-76　极点

3.比例

(1)比例横线:七线六格。(2)头高比例约为1:8。头高1.0,颈0.5,躯干长2.5,腿长4.0,大腿长2.0,小腿长2.0,脚长1.0,手臂长3.0,上臂长1.0,前臂长1.0,手长1.0。

4.画图顺序

按头、躯干、下肢、上肢的顺序绘图。

5.注意事项

整体重心在支撑手臂上,前后不偏离。线实,用力均匀,指尖、脚尖、辫尖勿钝,留尖。画出人体的曲线,注意胸、臀、大腿、小腿的弧线方向。注意左手与画面存在角度,发生透视变形,长度缩短。

八、转体

(一)纵跳转体

1.定义

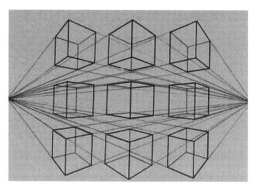

5-77　成角透视图

转体指绕身体纵轴转动的动作。仰视是被观察物体高于地平线,或视点低于被观察物体,如上图最上方三个正方体。纵深方向线段的延长线向下消失在远处地平线的两侧。正方体上等长的两条线段在假设平面上的投影呈现出近大远小的规律。正方体上等高的两个点在假设平面上的投影呈现近高远低的透视特点。根据这一透视规律人体跳转仰视斜面图的画法如下。

2. 图例

5-78　转体

3. 比例

（1）比例横线：十一线十格。（2）头高比例约为1:8。头高1.0,颈0.5,躯干长2.5,腿长4.0,大腿长2.0,小腿长2.0,脚长1.0,手臂长3.0,上臂长1.0,前臂长1.0,手长1.0。

4. 画图顺序

先画左侧单线图,再画右侧单线图。按头、左侧躯干、下肢、脚、右侧躯干、下肢、脚、上肢、眼睛、辫子的顺序绘图。

5. 注意事项

整体重心在垂线上,前后不偏离。整体结构优美。线实,两点之间一笔完成,忌多次描画。用力均匀,忌粗细不均。指尖、脚尖、辫尖勿钝,留尖。画出人体的曲线,注意胸、臀、大腿、小腿的弧线方向。

透视变形:近大远小。仰视透视图的特点:近高远低。

（二）双杠支撑后摆转体

1. 双杠支撑后摆转体背面平面图

双杠支撑后摆转体背面平面图是指人体做双杠支撑后摆转体时背面的轮廓与假设平面平行,并且当被观察人体背面的轮廓距离观察者的眼睛足够远时,被观察人体背面的轮廓在假设平面上的投影。此时被观察人体背面轮廓上每一个点发出的光线到观察者眼睛的距离可以近似地认为是相等的,画成平面图。

2. 图例

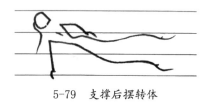

5-79　支撑后摆转体

3. 比例

比例横线: 四线三格。(2)头高比例约为 1:8。头高 1.0,颈 0.5,肩宽 1.2,腰宽 0.5,髋宽 0.8,躯干长 2.5,腿长 4.0,大腿长 2.0,小腿长 2.0,脚长 1.0,手臂长 3.0,上臂长 1.0,前臂长 1.0,手长 1.0。

4. 画图顺序

按头、躯干、下肢、上肢的顺序绘图。

5. 注意事项

整体左右对称,重心在中线上,左右不偏离。线实,用力均匀,指尖、脚尖、辫尖勿钝,留尖。画出背面的标志: 背脊线。

九、回环

（一）单杠挂膝后回环

1. 单杠挂膝后回环侧面平面图

回环指身体绕器械轴或握点的连线做由支撑经悬垂再到支撑或由

悬垂经支撑再到悬垂的圆形动作,如单杠挂膝后回环、单杠支撑后回环、骑撑前回环等。单杠挂膝后回环侧面平面图是指人体做单杠挂膝后回环时侧面的轮廓与假设平面平行,并且当被观察人体侧面的轮廓距离观察者的眼睛足够远时,被观察人体侧面的轮廓在假设平面上的投影。此时被观察人体侧面轮廓上每一个点发出的光线到观察者眼睛的距离可以近似地认为是相等的,画成平面图。

2. 图例

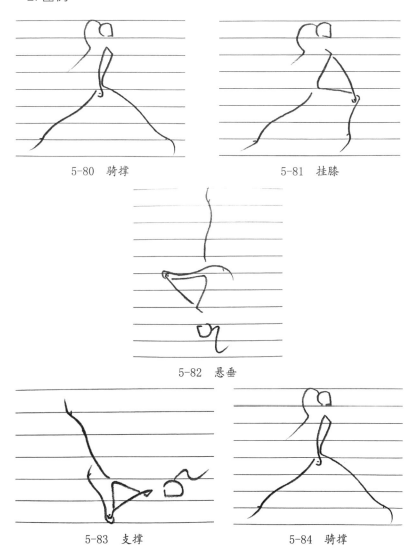

5-80　骑撑　　　　　　　　　　　　5-81　挂膝

5-82　悬垂

5-83　支撑　　　　　　　　　　　　5-84　骑撑

3. 比例

(1)比例横线: 九线八格、七线六格。(2)头高比例约为1∶8。头高1.0,颈0.5,躯干长2.5,腿长4.0,大腿长2.0,小腿长2.0,脚长1.0,手臂长3.0,上臂长1.0,前臂长1.0,手长1.0。

4. 画图顺序

按头、躯干、上肢、下肢的顺序绘图。

5. 注意事项

线实,用力均匀,指尖、脚尖、辫尖勿钝,留尖。画出人体的曲线,注意胸、臀、大腿、小腿的弧线方向。注意交叉时先画近肢。

(二)单杠支撑后回环
1. 单杠支撑后回环侧面平面图

单杠支撑后回环侧面平面图是指人体做单杠支撑后回环时侧面的轮廓与假设平面平行,并且当被观察人体侧面的轮廓距离观察者的眼睛足够远时,被观察人体侧面的轮廓在假设平面上的投影。此时被观察人体侧面轮廓上每一个点发出的光线到观察者眼睛的距离可以近似地认为是相等的,画成平面图。

2. 图例

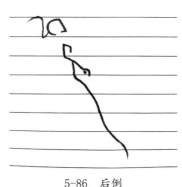

5-85　支撑　　　　　　　　5-86　后倒

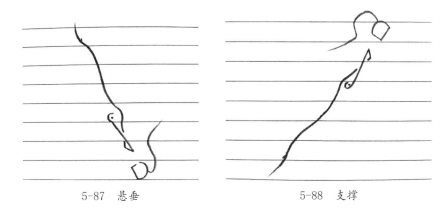

5-87　悬垂　　　　　　　　　　　5-88　支撑

3. 比例

（1）比例横线：九线八格。（2）头高比例约为 1∶8。头高 1.0，颈 0.5，躯干长 2.5，腿长 4.0，大腿长 2.0，小腿长 2.0，脚长 1.0，手臂长 3.0，上臂长 1.0，前臂长 1.0，手长 1.0。

4. 画图顺序

按头、上肢、躯干、下肢的顺序绘图。

5. 注意事项

线实，用力均匀，指尖、脚尖、辫尖勿钝，留尖。画出人体的曲线，注意胸、臀、大腿、小腿的弧线方向。

（三）单杠骑撑前回环

1. 单杠骑撑前回环侧面平面图

单杠骑撑前回环侧面平面图是指人体做单杠骑撑前回环时侧面的轮廓与假设平面平行，并且当被观察人体侧面的轮廓距离观察者的眼睛足够远时，被观察人体侧面的轮廓在假设平面上的投影。此时被观察人体侧面轮廓上每一个点发出的光线到观察者眼睛的距离可以近似地认为是相等的，画成平面图。

2. 图例

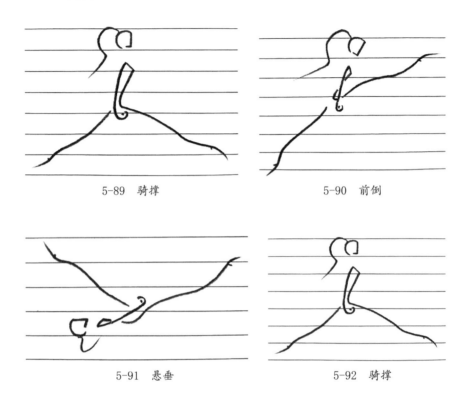

5-89　骑撑　　　　　　　　　　　　5-90　前倒

5-91　悬垂　　　　　　　　　　　　5-92　骑撑

3. 比例

(1)比例横线:八线七格、六线五格。(2)头高比例约为1:8。头高1.0,颈0.5,躯干长2.5,腿长4.0,大腿长2.0,小腿长2.0,脚长1.0,手臂长3.0,上臂长1.0,前臂长1.0, 手长1.0。

4. 画图顺序

按头、上肢、躯干、下肢的顺序绘图。

5. 注意事项

线实,用力均匀,指尖、脚尖、辫尖勿钝,留尖。画出人体的曲线,注意胸、臀、大腿、小腿的弧线方向。注意肢体交叉时先画近肢。

（四）单杠向后大回环

1. 单杠向后大回环侧面平面图

单杠向后大回环侧面平面图是指人体做单杠向后大回环时侧面的轮廓与假设平面平行，并且当被观察人体侧面的轮廓距离观察者的眼睛足够远时，被观察人体侧面的轮廓在假设平面上的投影。此时被观察人体侧面轮廓上每一个点发出的光线到观察者眼睛的距离可以近似地认为是相等的，画成平面图。

2. 图例

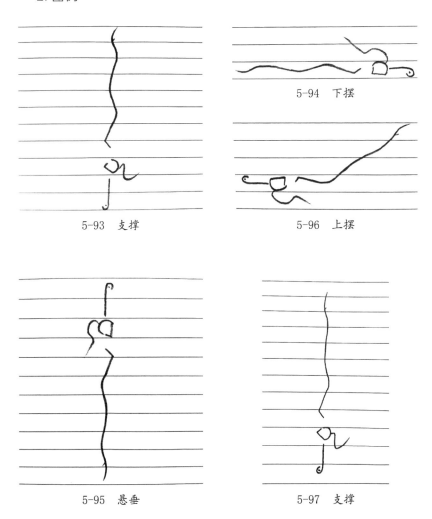

5-93　支撑

5-94　下摆

5-96　上摆

5-95　悬垂

5-97　支撑

3. 比例

（1）比例横线：十二线十一格、四线三格、五线四格。（2）头高比例约为1∶8。头高1.0，颈0.5，躯干长2.5，腿长4.0，大腿长2.0，小腿长2.0，脚长1.0，手臂长3.0，上臂长1.0，前臂长1.0，手长1.0。

4. 画图顺序

按头、躯干、下肢、上肢的顺序绘图。

5. 注意事项

线实，用力均匀，指尖、脚尖、辫尖勿钝，留尖。画出人体的曲线，注意胸、臀、大腿、小腿的弧线方向。注意髋关节的屈伸。

（五）单杠向前大回环

1. 单杠向前大回环侧面平面图

单杠向前大回环侧面平面图是指人体做单杠向前大回环时侧面的轮廓与假设平面平行，并且当被观察人体侧面的轮廓距离观察者的眼睛足够远时，被观察人体侧面的轮廓在假设平面上的投影。此时被观察人体侧面轮廓上每一个点发出的光线到观察者眼睛的距离可以近似地认为是相等的，画成平面图。

2. 图例

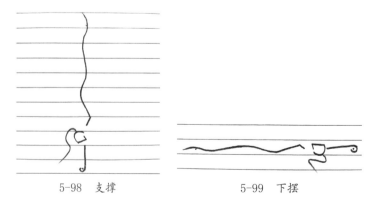

5-98　支撑　　　　　　　　5-99　下摆

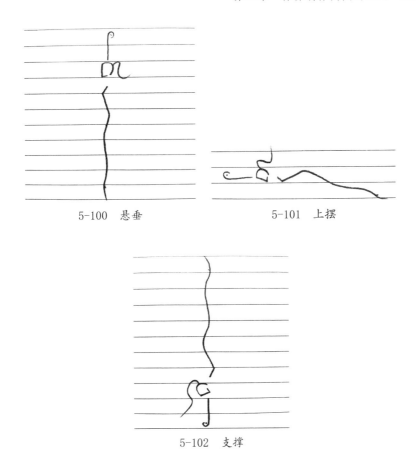

5-100 悬垂   5-101 上摆

5-102 支撑

3. 比例

（1）比例横线：十二线十一格、四线三格。（2）头高比例约为1∶8。头高1.0，颈0.5，躯干长2.5，腿长4.0，大腿长2.0，小腿长2.0，脚长1.0，手臂长3.0，上臂长1.0，前臂长1.0，手长1.0。

4. 画图顺序

按头、躯干、下肢、上肢的顺序绘图。

5. 注意事项

线实，用力均匀，指尖、脚尖、辫尖勿钝，留尖。画出人体的曲线，注意胸、臀、大腿、小腿的弧线方向。

十、摆越

1. 单杠支撑单腿摆越成骑撑背面平面图

摆越指腿从器械的上面或下面越过的动作,如单杠支撑单腿摆越成骑撑。单杠支撑单腿摆越成骑撑背面平面图是指人体做单杠支撑单腿摆越成骑撑时背面的轮廓与假设平面平行,并且当被观察人体背面的轮廓距离观察者的眼睛足够远时,被观察人体背面的轮廓在假设平面上的投影。此时被观察人体背面轮廓上每一个点发出的光线到观察者眼睛的距离可以近似地认为是相等的,画成平面图。

2. 图例

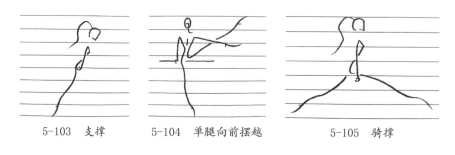

5-103　支撑　　　　5-104　单腿向前摆越　　　　　5-105　骑撑

3. 比例

(1)比例横线:九线八格、八线七格。(2)头高比例约为1∶8。头高1.0,颈0.5,肩宽1.2,腰宽0.5,髋宽0.8,躯干长2.5,腿长4.0,大腿长2.0,小腿长2.0,脚长1.0,手臂长3.0,上臂长1.0,前臂长1.0,手长1.0。

4. 画图顺序

按头、躯干、上肢、下肢的顺序绘图。

5. 注意事项

线实,用力均匀,指尖、脚尖、辫尖勿钝,留尖。画出背面的四个标志:辫子、背脊线。

十一、同侧

1. 右腿同侧全旋背面图

动作开始时的方向与做动作的上肢或下肢方向相同的动作,如鞍马单腿同侧全旋。右腿同侧全旋背面图是指人体做右腿同侧全旋时背面的轮廓在假设平面上的投影。此时被观察人体背面轮廓上每一个点发出的光线到观察者眼睛的距离是不相等的。

2. 图例

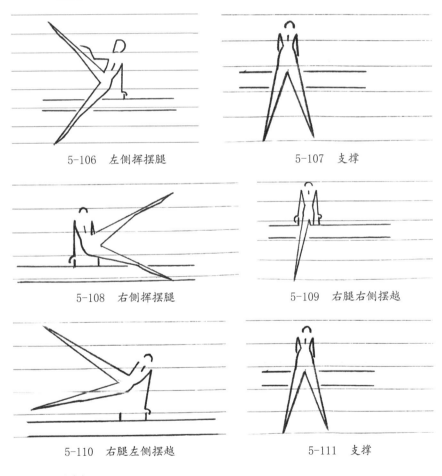

5-106　左侧挥摆腿　　　　　　　　5-107　支撑

5-108　右侧挥摆腿　　　　　　　　5-109　右腿右侧摆越

5-110　右腿左侧摆越　　　　　　　5-111　支撑

3. 比例

(1)比例横线:八线六格、六线五格、五线四格。(2)头高比例约为1:8。

头高小于 1.0,颈小于 0.5,肩宽 1.2,腰宽 0.5,髋宽 0.8,躯干长小于 2.5,腿长 4.0,大腿长 2.0,小腿长 2.0,脚长 1.0,手臂长 3.0,上臂长 1.0,前臂长 1.0,手长 1.0。

4.画图顺序

按头、躯干、下肢、上肢的顺序绘图。

5.注意事项

线实,用力均匀,指尖、脚尖、辫尖勿钝,留尖。画出背面的标志:背脊线。上体与假设平面存在一定的角度,注意透视变形。

十二、异侧
1. 右腿异侧摆越背面图

动作开始时的方向与做动作的上肢或下肢方向相反的动作,如鞍马单腿异侧全旋。右腿异侧摆越背面图是指人体做右腿异侧摆越时背面的轮廓在假设平面上的投影。此时被观察人体背面轮廓上每一个点发出的光线到观察者眼睛的距离是不相等的。

2. 图例

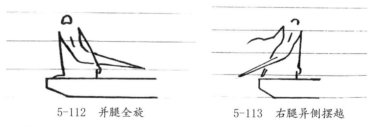

5-112　并腿全旋　　　　　5-113　右腿异侧摆越

3. 比例

(1)比例横线:五线四格。(2)头高比例约为 1∶8。头高小于 1.0,颈小于 0.5,肩宽 1.2,腰宽 0.5,髋宽 0.8,躯干长小于 2.5,腿长小于 4.0,大腿长小于 2.0,小腿长小于 2.0,脚长小于 1.0,手臂长 3.0,上臂长 1.0,前臂长 1.0,手长 1.0。

4. 画图顺序

按头、躯干、下肢、上肢的顺序绘图。

5. 注意事项

线实,用力均匀,指尖、脚尖、辫尖勿钝,留尖。画出背面的标志:背脊线。上体、下肢与假设平面存在一定的角度,注意透视变形。

十三、交叉

交叉指两腿在器械上同时做相反方向摆越的动作。由骑撑开始后腿向同侧摆越的称正交叉,向异侧摆越的称反交叉,如鞍马上的正、反交叉等。

1. 鞍马正交叉背面图

鞍马正交叉背面图是指人体做鞍马正交叉时背面的轮廓在假设平面上的投影。此时被观察人体背面轮廓上每一个点发出的光线到观察者眼睛的距离是不相等的。

2. 图例

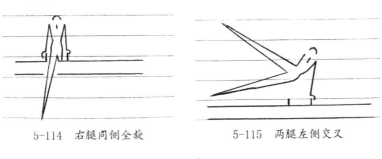

5-114　右腿同侧全旋　　　　　　5-115　两腿左侧交叉

5-116　骑撑挥摆腿

3.比例

（1）比例横线:六线五格、五线四格。(2)头高比例约为1:8。头高1.0,颈0.5,肩宽1.2,腰宽0.5,髋宽0.8,躯干长小于2.5,腿长4.0,大腿长2.0,小腿长2.0,脚长1.0,手臂长3.0,上臂长1.0,前臂长1.0，手长1.0。

4.画图顺序

按头、躯干、下肢、上肢的顺序绘图。

5.注意事项

重心在支撑手臂上。线实,用力均匀,指尖、脚尖、辫尖勿钝,留尖。画出背面的标志:背脊线。上体、下肢与假设平面存在一定的角度,注意透视变形。

十四、全旋

1.鞍马双腿全旋正面图

腿做一周或一周以上的绕环式动作,如鞍马单腿同侧全旋、双腿全旋、分腿全旋等。鞍马双腿全旋正面图是指人体做鞍马双腿全旋时前面的轮廓在假设平面上的投影。身体与假设平面存在一定的角度,此时被观察人体前面轮廓上每一个点发出的光线到观察者眼睛的距离是不相等的。

2.图例

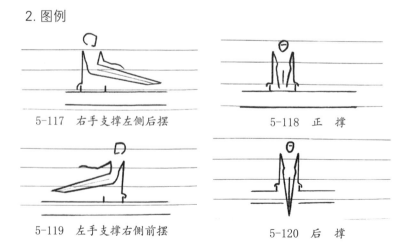

5-117　右手支撑左侧后摆　　　　　5-118　正　撑

5-119　左手支撑右侧前摆　　　　　5-120　后　撑

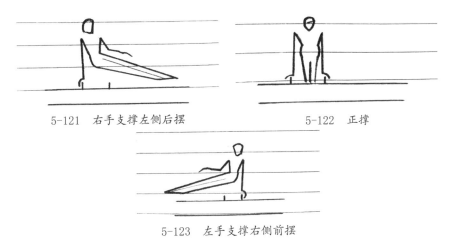

5-121　右手支撑左侧后摆　　　　5-122　正撑

5-123　左手支撑右侧前摆

3. 比例

(1)比例横线: 五线四格、四线三格。(2)头高比例约为1∶8。头高1.0,颈0.5,肩宽1.2,腰宽0.5,髋宽0.8,躯干长2.5,腿长4.0,大腿长2.0,小腿长2.0,脚长1.0,手臂长3.0,上臂长1.0,前臂长1.0,手长1.0。

4. 画图顺序

按头、躯干、下肢、上肢的顺序绘图。

5. 注意事项

线实,用力均匀,指尖、脚尖勿钝,留尖。身体与假设平面存在一定的角度时,注意透视变形。

十五、移位

身体在器械上的前后或左右移位动作,如鞍马环上全旋平移至一手撑环,另一手撑马身等。再如鞍马的马乔尔纵向前移或纵向后移等。

(一)鞍马环上全旋平移至一手撑环另一手撑马身

1. 环上平移至环外正面图

环上平移至环外正面图是指人体做鞍马双腿全旋环上平移至环外

时前面的轮廓在假设平面上的投影。身体与假设平面存在一定的角度，此时被观察人体前面轮廓上每一个点发出的光线到观察者眼睛的距离是不相等的。

2. 图例

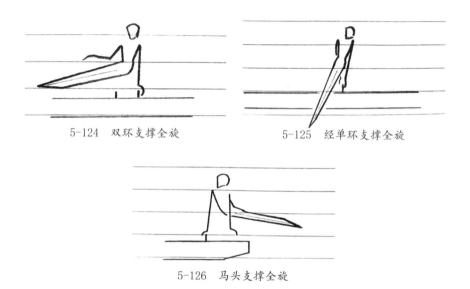

5-124　双环支撑全旋　　　　5-125　经单环支撑全旋

5-126　马头支撑全旋

3. 比例

（1）比例横线：四线三格、五线四格。（2）头高比例约为 1：8。头高 1.0，颈 0.5，肩宽 1.2，腰宽 0.5，髋宽 0.8，躯干长 2.5，腿长 4.0，大腿长 2.0，小腿长 2.0，脚长 1.0，手臂长 3.0，上臂长 1.0，前臂长 1.0，手长 1.0。

4. 画图顺序

按头、躯干、下肢、上肢的顺序绘图。

5. 注意事项

线实，用力均匀，指尖、脚尖勿钝，留尖。身体与假设平面存在一定的角度时，注意透视变形。

（二）左腿向后摆越同时移位至两环

1. 鞍马正交叉背面图

鞍马正交叉背面图是指人体做鞍马正交叉时背面的轮廓在假设平面上的投影。此时被观察人体背面轮廓上每一个点发出的光线到观察者眼睛的距离是不相等的。

2. 图例

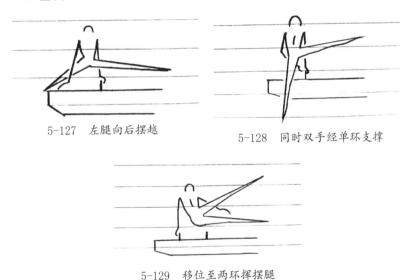

5-127　左腿向后摆越

5-128　同时双手经单环支撑

5-129　移位至两环挥摆腿

3. 比例

（1）比例横线：五线四格、四线三格。（2）头高比例约为1∶8。头高1.0,颈0.5,肩宽1.2,腰宽0.5,髋宽0.8,躯干长小于2.5,腿长4.0,大腿长2.0,小腿长2.0,脚长1.0,手臂长3.0,上臂长1.0,前臂长1.0,手长1.0。

4. 画图顺序

按头、躯干、下肢、上肢的顺序绘图。

5. 注意事项

重心在支撑手臂上。线实,用力均匀,指尖、脚尖、辫尖勿钝,留尖。画出背面的标志: 背脊线。上体、下肢与假设平面存在一定的角度,注意透视变形。

十六、腾越

1. 纵马分腿腾越侧面平面图

腾越指整个身体腾起后从器械上越过, 如跳马分腿腾越, 斜进直角腾越。纵马分腿腾越侧面平面图是指人体做纵马分腿腾越时侧面的轮廓与假设平面平行, 并且当被观察人体侧面的轮廓距离观察者的眼睛足够远时, 被观察人体侧面的轮廓在假设平面上的投影。此时被观察人体侧面轮廓上每一个点发出的光线到观察者眼睛的距离可以近似地认为是相等的, 画成平面图。

2. 图例

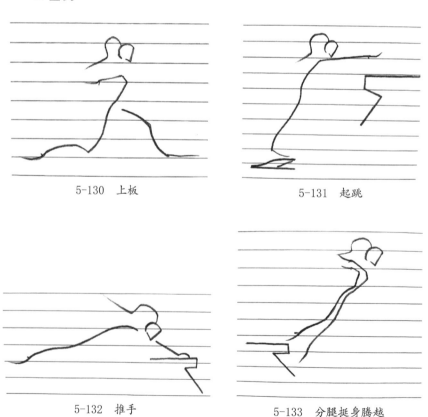

5-130　上板

5-131　起跳

5-132　推手

5-133　分腿挺身腾越

5-134　落地缓冲

3. 比例

（1）比例横线：九线八格、十一线十格、八线七格。（2）头高比例约为1：8。头高1.0，颈0.5，躯干长2.5，腿长4.0，大腿长2.0，小腿长2.0，脚长1.0，手臂长3.0，上臂长1.0，前臂长1.0，手长1.0。

4. 画图顺序

按头、躯干、下肢、上肢的顺序绘图。

5. 注意事项

线实，用力均匀，指尖、脚尖、辫尖勿钝，留尖。画出人体的曲线，注意胸、臀、大腿、小腿的弧线方向。

十七、倒立

（一）手倒立

1. 手倒立侧面平面图

倒立指头在下，脚在上的一种支撑姿势，如手倒立、头手倒立、肩肘倒立等。手倒立侧面平面图是指人体做手倒立时侧面的轮廓与假设平面平行，并且当被观察人体侧面的轮廓距离观察者的眼睛足够远时，被观察人体侧面的轮廓在假设平面上的投影。此时被观察人体侧面轮廓上每一个点发出的光线到观察者眼睛的距离可以近似地认为是相等的，画成平面图。

2. 图例

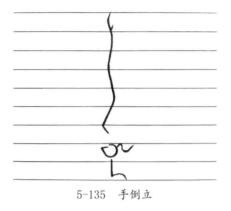

5-135 手倒立

3. 比例

（1）比例横线：十线九格。（2）头高比例约为1∶8。头高1.0,颈0.5,躯干长2.5,腿长4.0,大腿长2.0,小腿长2.0,脚长1.0,手臂长3.0,上臂长1.0,前臂长1.0,手长1.0。

4. 画图顺序

按头、躯干、下肢、上肢的顺序绘图。

5. 注意事项

整体重心在支撑面上,前后不偏离。线实,用力均匀,指尖、脚尖、辫尖勿钝,留尖。画出人体的曲线,注意胸、臀、大腿、小腿的弧线方向。

（二）头手倒立

1. 头手倒立侧面平面图

头手倒立侧面平面图是指人体做头手倒立时侧面的轮廓与假设平面平行,并且当被观察人体侧面的轮廓距离观察者的眼睛足够远时,被观察人体侧面的轮廓在假设平面上的投影。此时被观察人体侧面轮廓上每一个点发出的光线到观察者眼睛的距离可以近似地认为是相等的,画成平面图。

2. 图例

5-136　头手倒立

3. 比例

（1）比例横线：九线八格。（2）头高比例约为 1∶8。头高 1.0，颈 0.5，躯干长 2.5，腿长 4.0，大腿长 2.0，小腿长 2.0，脚长 1.0，手臂长 3.0，上臂长 1.0，前臂长 1.0，手长 1.0。

4. 画图顺序

按头、躯干、下肢、上肢的顺序绘图。

5. 注意事项

整体重心在支撑面上，前后不偏离。线实，用力均匀，指尖、脚尖、辫尖勿钝，留尖。画出人体的曲线，注意胸、臀、大腿、小腿的弧线方向。

（三）肩肘倒立

1. 肩肘倒立侧面平面图

肩肘倒立侧面平面图是指人体做肩肘倒立时侧面的轮廓与假设平面平行，并且当被观察人体侧面的轮廓距离观察者的眼睛足够远时，被观察人体侧面的轮廓在假设平面上的投影。此时被观察人体侧面轮廓上每一个点发出的光线到观察者眼睛的距离可以近似地认为是相等的，画成平面图。

2. 图例

5-137　肩肘倒立

3. 比例

（1）比例横线：八线七格。（2）头高比例约为 1∶8。头高 1.0, 颈 0.5, 躯干长 2.5, 腿长 4.0, 大腿长 2.0, 小腿长 2.0, 脚长 1.0, 手臂长 3.0, 上臂长 1.0, 前臂长 1.0, 手长 1.0。

4. 画图顺序

按头、躯干、下肢、上肢的顺序绘图。

5. 注意事项

整体重心在支撑面上, 前后不偏离。线实, 用力均匀, 指尖、脚尖、辫尖勿钝, 留尖。画出人体的曲线, 注意胸、臀、大腿、小腿的弧线方向。

十八、滚动

1. 前后滚动侧面平面图

身体的某些部位依次支撑地面, 但不经过头部翻滚的动作。前后滚动侧面平面图是指人体做前后滚动时侧面的轮廓与假设平面平行, 并且当被观察人体侧面的轮廓距离观察者的眼睛足够远时, 被观察人体侧面的轮廓在假设平面上的投影。此时被观察人体侧面轮廓上每一个点发出的光线到观察者眼睛的距离可以近似地认为是相等的, 画成平面图。

2. 图例

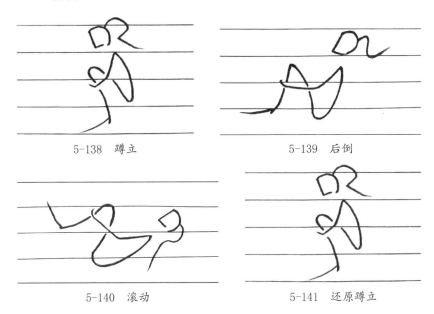

5-138　蹲立　　　　　　　　　　5-139　后倒

5-140　滚动　　　　　　　　　　5-141　还原蹲立

3. 比例

（1）比例横线：五线四格。（2）头高比例约为1∶8。头高1.0，颈0.5，躯干长2.5，腿长4.0，大腿长2.0，小腿长2.0，脚长1.0，手臂长3.0，上臂长1.0，前臂长1.0，手长1.0。

4. 画图顺序

按头、躯干、下肢、上肢的顺序绘图。

5. 注意事项

整体重心在支撑面上，前后不偏离。线实，用力均匀，指尖、脚尖、辫尖勿钝，留尖。画出人体的曲线，注意胸、臀、大腿、小腿的弧线方向。

十九、滚翻

1. 前滚翻侧面平面图

身体的某些部位依次支撑地面，并经过头部翻转的动作。前滚翻侧面平面图是指人体做前滚翻时侧面的轮廓与假设平面平行,并且当被观察人体侧面的轮廓距离观察者的眼睛足够远时,被观察人体侧面的轮廓在假设平面上的投影。此时被观察人体侧面轮廓上每一个点发出的光线到观察者眼睛的距离可以近似地认为是相等的,画成平面图。

2. 图例

5-142　半蹲

5-143　前倒

5-144　滚翻

5-145　蹲立

3. 比例

(1)比例横线:七线六格、四线三格、五线四格。(2)头高比例约为1:8。头高1.0,颈0.5,躯干长2.5,腿长4.0,大腿长2.0,小腿长2.0,脚长1.0,手臂长3.0,上臂长1.0,前臂长1.0,手长1.0。

4. 画图顺序

按头、躯干、下肢、上肢的顺序绘图。

5.注意事项

整体重心在支撑面上,前后不偏离。线实,用力均匀,指尖、脚尖、辫尖勿钝,留尖。画出人体的曲线,注意胸、臀、大腿、小腿的弧线方向。

二十、手翻

(一)头手翻

1.头手翻侧面平面图

用手或头、手支撑地面,并经过头部翻转的动作。头手翻侧面平面图是指人体做头手翻时侧面的轮廓与假设平面平行,并且当被观察人体侧面的轮廓距离观察者的眼睛足够远时,被观察人体侧面的轮廓在假设平面上的投影。此时被观察人体侧面轮廓上每一个点发出的光线到观察者眼睛的距离可以近似地认为是相等的,画成平面图。

2.图例

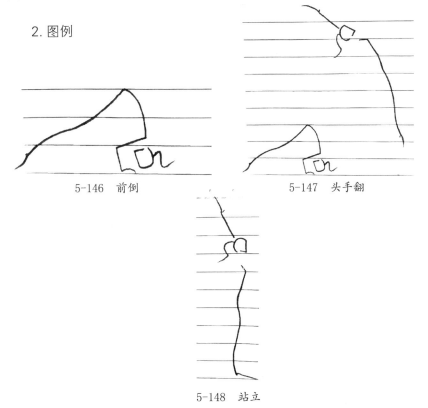

5-146　前倒　　　　　　　　　5-147　头手翻

5-148　站立

3.比例

（1）比例横线：四线三格、十线九格。（2）头高比例约为 1∶8。头高 1.0，颈 0.5，躯干长 2.5，腿长 4.0，大腿长 2.0，小腿长 2.0，脚长 1.0，手臂长 3.0，上臂长 1.0，前臂长 1.0，手长 1.0。

4.画图顺序

按头、躯干、下肢、上肢的顺序绘图。

5.注意事项

整体重心在支撑面上，前后不偏离。线实，用力均匀，指尖、脚尖、辫尖勿钝，留尖。画出人体的曲线，注意胸、臀、大腿、小腿的弧线方向。

（二）前手翻

1.前手翻侧面平面图

前手翻侧面平面图是指人体做前手翻时侧面的轮廓与假设平面平行，并且当被观察人体侧面的轮廓距离观察者的眼睛足够远时，被观察人体侧面的轮廓在假设平面上的投影。此时被观察人体侧面轮廓上每一个点发出的光线到观察者眼睛的距离可以近似地认为是相等的，画成平面图。

2.图例

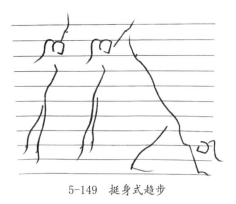

5-149　挺身式趋步

5-150　弓步撑手

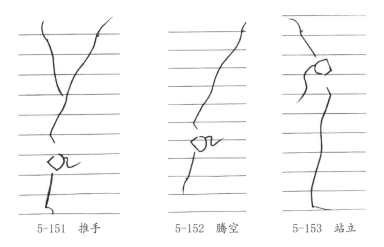

5-151 推手　　　　　5-152 腾空　　　　　5-153 站立

3. 比例

（1）比例横线：十一线十格、七线六格、十线九格。（2）头高比例约为1∶8。头高1.0,颈0.5,躯干长2.5,腿长4.0,大腿长2.0,小腿长2.0,脚长1.0,手臂长3.0,上臂长1.0,前臂长1.0,手长1.0。

4. 画图顺序

按头、躯干、下肢、上肢的顺序绘图。

5. 注意事项

整体重心在支撑面上,前后不偏离。线实,用力均匀,指尖、脚尖、辫尖勿钝,留尖。画出人体的曲线,注意胸、臀、大腿、小腿的弧线方向。

（三）侧手翻

1. 侧手翻侧面平面图

侧手翻侧面平面图是指人体做侧手翻时侧面的轮廓与假设平面平行,并且当被观察人体侧面的轮廓距离观察者的眼睛足够远时,被观察人体侧面的轮廓在假设平面上的投影。此时被观察人体侧面轮廓上每一个点发出的光线到观察者眼睛的距离可以近似地认为是相等的,画成平面图。

2. 图例

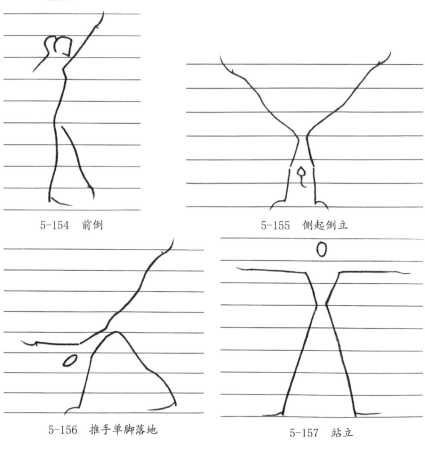

5-154　前倒

5-155　侧起倒立

5-156　推手单脚落地

5-157　站立

3. 比例

(1)比例横线:九线八格、七线六格。(2)头高比例约为1:8。头高1.0,颈0.5,躯干长2.5,腿长4.0,大腿长2.0,小腿长2.0,脚长1.0,手臂长3.0,上臂长1.0,前臂长1.0,手长1.0。

4. 画图顺序

按头、躯干、下肢、上肢的顺序绘图。

5. 注意事项

整体重心在支撑面上,前后不偏离。线实,用力均匀,指尖、脚尖、辫尖勿钝,留尖。画出人体的曲线,注意胸、臀、大腿、小腿的弧线方向。

(四)后手翻

1.后手翻侧面平面图

后手翻侧面平面图是指人体做后手翻时侧面的轮廓与假设平面平行,并且当被观察人体侧面的轮廓距离观察者的眼睛足够远时,被观察人体侧面的轮廓在假设平面上的投影。此时被观察人体侧面轮廓上每一个点发出的光线到观察者眼睛的距离可以近似地认为是相等的,画成平面图。

2.图例

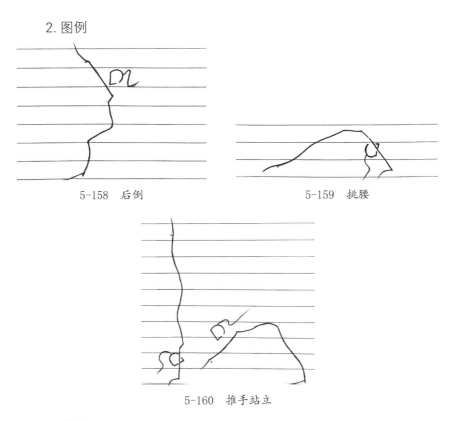

5-158　后倒　　　　　　　　　　　5-159　挑腰

5-160　推手站立

3.比例

(1)比例横线:八线七格、四线三格、十一线十格。(2)头高比例约为1∶8。头高1.0,颈0.5,躯干长2.5,腿长4.0,大腿长2.0,小腿长2.0,脚长1.0,手臂长3.0,上臂长1.0,前臂长1.0,手长1.0。

4.画图顺序

按头、躯干、下肢、上肢的顺序绘图。

5.注意事项

整体重心在支撑面上,前后不偏离。线实,用力均匀,指尖、脚尖、辫尖勿钝,留尖。画出人体的曲线,注意胸、臀、大腿、小腿的弧线方向。

二十一、空翻

(一)团身前空翻

1.团身前空翻侧面平面图

身体腾空并经过头部翻转的动作。团身前空翻侧面平面图是指人体做团身前空翻时侧面的轮廓与假设平面平行,并且当被观察人体侧面的轮廓距离观察者的眼睛足够远时,被观察人体侧面的轮廓在假设平面上的投影。此时被观察人体侧面轮廓上每一个点发出的光线到观察者眼睛的距离可以近似地认为是相等的,画成平面图。

2.图例

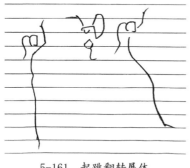
5-161　起跳翻转展体

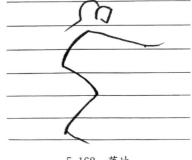
5-162　落地

3.比例

(1)比例横线:十二线十一格、七线六格。(2)头高比例约为 1:8。头高 1.0,颈 0.5,躯干长 2.5,腿长 4.0,大腿长 2.0,小腿长 2.0,脚长 1.0,手臂长 3.0,上臂长 1.0,前臂长 1.0,手长 1.0。

4.画图顺序

按头、躯干、下肢、上肢的顺序绘图。

5.注意事项

整体重心在支撑面上,前后不偏离。线实,用力均匀,指尖、脚尖、辫尖勿钝,留尖。画出人体的曲线,注意胸、臀、大腿、小腿的弧线方向。

(二)团身后空翻

1. 团身后空翻侧面平面图

团身后空翻侧面平面图是指人体做团身后空翻时侧面的轮廓与假设平面平行,并且当被观察人体侧面的轮廓距离观察者的眼睛足够远时,被观察人体侧面的轮廓在假设平面上的投影。此时被观察人体侧面轮廓上每一个点发出的光线到观察者眼睛的距离可以近似地认为是相等的,画成平面图。

2. 图例

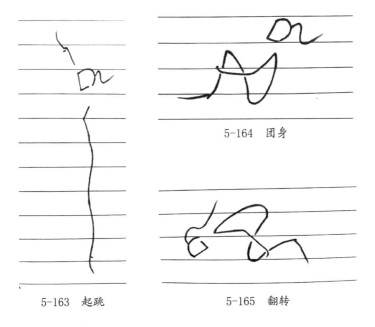

5-164　团身

5-163　起跳

5-165　翻转

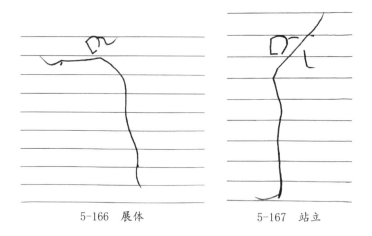

5-166　展体　　　　　　　5-167　站立

3. 比例

（1）比例横线：十二线十一格、五线四格、十线九格。（2）头高比例约为1：8。头高1.0,颈0.5,躯干长2.5,腿长4.0,大腿长2.0,小腿长2.0,脚长1.0,手臂长3.0,上臂长1.0,前臂长1.0,手长1.0。

4. 画图顺序

按头、躯干、下肢、上肢的顺序绘图。

5. 注意事项

整体重心在支撑面上,前后不偏离。线实,用力均匀,指尖、脚尖、辫尖勿钝,留尖。画出人体的曲线,注意胸、臀、大腿、小腿的弧线方向。

思考问题

　　1.请回答徒手操各动作简图的头高比例、绘图顺序和注意事项?
　　2.请回答器械体操和技巧各动作简图的头高比例、绘图顺序和注意事项?

参考文献

　　[1] 邵斌,黄玉斌,体操 [M]. 北京:人民体育出版社,2014.

第六章　田径动作简图的画法

本章导言: 田径课程是体育教育专业的主干课程之一, 对培养体育教师具有非常重要的作用。通过练习绘制田径动作简图不仅可以帮助学生巩固动作技能, 而且为将来编写教案和田径教学打下绘图基础。本章介绍了径赛和田赛动作简图的画法。

学习目标: 掌握径赛和田赛动作简图的头高比例、绘图顺序和注意事项; 学会径赛和田赛动作简图的画法; 提高图像观察力和绘图造型能力。

第一节　径赛动作简图的画法

一、竞走

1. 竞走侧面平面图

竞走侧面平面图是指人体做竞走时侧面的轮廓与假设平面平行, 并且当被观察人体侧面的轮廓距离观察者的眼睛足够远时, 被观察人体侧面的轮廓在假设平面上的投影。此时被观察人体侧面轮廓上每一个点发出的光线到观察者眼睛的距离可以近似地认为是相等的, 画成平面图。

2.图例

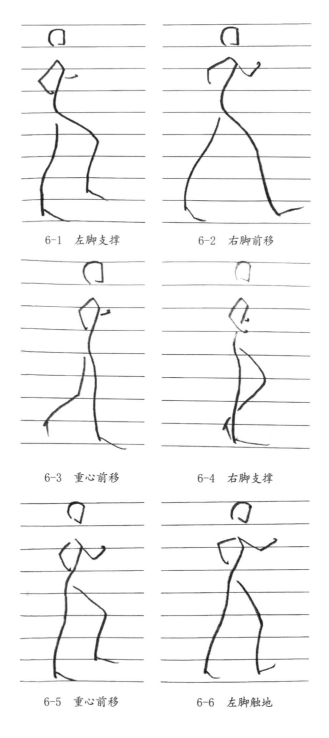

6-1　左脚支撑　　　　　6-2　右脚前移

6-3　重心前移　　　　　6-4　右脚支撑

6-5　重心前移　　　　　6-6　左脚触地

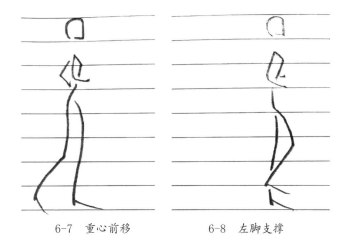

6-7　重心前移　　　　　　6-8　左脚支撑

3. 比例

（1）比例横线：九线八格。（2）头高比例约为1∶8。头高1.0,颈0.5,躯干长2.5,腿长4.0,大腿长2.0,小腿长2.0,脚长1.0,手臂长3.0,上臂长1.0,前臂长1.0,手长1.0。

4. 画图顺序

按头、躯干、下肢、上肢的顺序绘图。

5. 注意事项

线实,用力均匀,指尖、脚尖、辫尖勿钝,留尖。画出人体的曲线:注意胸、臀、大腿、小腿的弧线方向。

二、跨栏

1. 跨栏侧面平面图

跨栏侧面平面图是指人体做跨栏时侧面的轮廓与假设平面平行,并且当被观察人体侧面的轮廓距离观察者的眼睛足够远时,被观察人体侧面的轮廓在假设平面上的投影。此时被观察人体侧面轮廓上每一个点发出的光线到观察者眼睛的距离可以近似地认为是相等的,画成平面图。

2. 图例

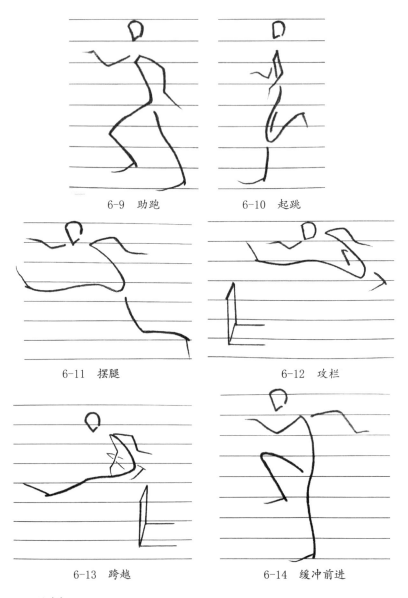

6-9　助跑　　　　　　6-10　起跳

6-11　摆腿　　　　　　6-12　攻栏

6-13　跨越　　　　　　6-14　缓冲前进

3. 比例

(1)比例横线:九线八格、八线七格。(2)头高比例约为1:8。头高1.0,颈0.5,躯干长2.5,腿长4.0,大腿长2.0,小腿长2.0,脚长1.0,手臂长3.0,上臂长1.0,前臂长1.0,手长1.0。

4. 画图顺序

按头、躯干、下肢、上肢的顺序绘图。

5. 注意事项

线实,用力均匀,指尖、脚尖、辫尖勿钝,留尖。画出人体的曲线,注意胸、臀、大腿、小腿的弧线方向。注意肢体交叉时先画近肢。近肢相连,远肢断开。

三、接力

(一)下压式

1. 下压式接力侧面平面图

下压式接力侧面平面图是指人体做下压式接力时侧面的轮廓与假设平面平行,并且当被观察人体侧面的轮廓距离观察者的眼睛足够远时,被观察人体侧面的轮廓在假设平面上的投影。此时被观察人体侧面轮廓上每一个点发出的光线到观察者眼睛的距离可以近似地认为是相等的,画成平面图。

2. 图例

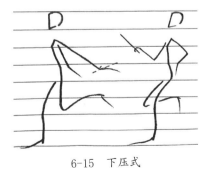

6-15　下压式

3. 比例

(1)比例横线:九线八格。(2)头高比例约为 1∶8。头高 1.0,颈 0.5,躯干长 2.5,腿长 4.0,大腿长 2.0,小腿长 2.0,脚长 1.0,手臂长 3.0,上臂长 1.0, 前臂长 1.0, 手长 1.0。

4. 画图顺序

按头、躯干、下肢、上肢的顺序绘图。

5. 注意事项

线实, 用力均匀, 指尖、脚尖勿钝, 留尖。画出人体的曲线, 注意胸、臀、大腿、小腿的弧线方向。注意肢体交叉时先画近肢。近肢相连, 远肢断开。

(二) 上挑式
1. 上挑式接力侧面平面图

上挑式接力侧面平面图是指人体做上挑式接力时侧面的轮廓与假设平面平行, 并且当被观察人体侧面的轮廓距离观察者的眼睛足够远时, 被观察人体侧面的轮廓在假设平面上的投影。此时被观察人体侧面轮廓上每一个点发出的光线到观察者眼睛的距离可以近似地认为是相等的, 画成平面图。

2. 图例

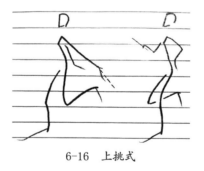

6-16   上挑式

3. 比例

(1) 比例横线: 九线八格。(2) 头高比例约为 1:8。头高 1.0, 颈 0.5, 躯干长 2.5, 腿长 4.0, 大腿长 2.0, 小腿长 2.0, 脚长 1.0, 手臂长 3.0, 上臂长 1.0, 前臂长 1.0, 手长 1.0。

4.画图顺序

按头、躯干、下肢、上肢的顺序绘图。

5.注意事项

线实,用力均匀,指尖、脚尖、辫尖勿钝,留尖。画出人体的曲线:注意胸、臀、大腿、小腿的弧线方向。注意肢体交叉时先画近肢。近肢相连,远肢断开。

四、中长跑起跑

1.中长跑起跑侧面平面图

中长跑起跑侧面平面图是指人体做中长跑起跑时侧面的轮廓与假设平面平行,并且当被观察人体侧面的轮廓距离观察者的眼睛足够远时,被观察人体侧面的轮廓在假设平面上的投影。此时被观察人体侧面轮廓上每一个点发出的光线到观察者眼睛的距离可以近似地认为是相等的,画成平面图。

2.图例

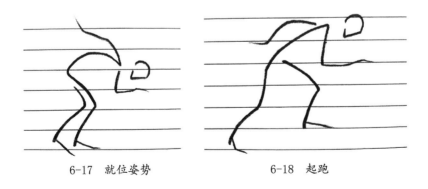

6-17　就位姿势　　　　　　　6-18　起跑

3.比例

(1)比例横线:七线六格。(2)头高比例约为1:8。头高1.0,颈0.5,躯干长2.5,腿长4.0,大腿长2.0,小腿长2.0,脚长1.0,手臂长3.0,上臂长 1.0，前臂长 1.0，手长 1.0。

4. 画图顺序

按头、躯干、下肢、上肢的顺序绘图。

5. 注意事项

线实，用力均匀，指尖、脚尖勿钝，留尖。画出人体的曲线，注意胸、臀、大腿、小腿的弧线方向。注意肢体交叉时先画近肢。近肢相连，远肢断开。

五、短跑起跑

1. 短跑起跑侧面平面图

短跑起跑侧面平面图是指人体做短跑起跑时侧面的轮廓与假设平面平行，并且当被观察人体侧面的轮廓距离观察者的眼睛足够远时，被观察人体侧面的轮廓在假设平面上的投影。此时被观察人体侧面轮廓上每一个点发出的光线到观察者眼睛的距离可以近似地认为是相等的，画成平面图。

2. 图例

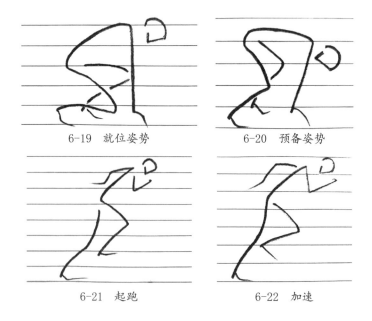

6-19　就位姿势　　　　6-20　预备姿势

6-21　起跑　　　　　　6-22　加速

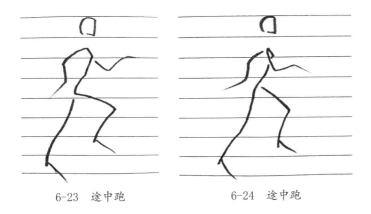

6-23　途中跑　　　　　　6-24　途中跑

3. 比例

(1)比例横线:六线五格、八线七格、九线八格。(2)头高比例约为1:8。头高 1.0,颈 0.5,躯干长 2.5,腿长 4.0,大腿长 2.0,小腿长 2.0,脚长 1.0,手臂长 3.0,上臂长 1.0,前臂长 1.0,手长 1.0。

4. 画图顺序

按头、躯干、下肢、上肢的顺序绘图。

5. 注意事项

线实,用力均匀,指尖、脚尖、辫尖勿钝,留尖。画出人体的曲线,注意胸、臀、大腿、小腿的弧线方向。注意肢体交叉时先画近肢。近肢相连,远肢断开。

六、冲线

1. 冲线侧面平面图

冲线侧面平面图是指人体做冲线时侧面的轮廓与假设平面平行,并且当被观察人体侧面的轮廓距离观察者的眼睛足够远时,被观察人体侧面的轮廓在假设平面上的投影。此时被观察人体侧面轮廓上每一个点发出的光线到观察者眼睛的距离可以近似地认为是相等的,画成平面图。

2. 图例

6-25　冲线姿势

3. 比例

（1）比例横线：九线八格。（2）头高比例约为1:8。头高1.0,颈0.5,躯干长2.5,腿长4.0,大腿长2.0,小腿长2.0,脚长1.0,手臂长3.0,上臂长1.0,前臂长1.0,手长1.0。

4. 画图顺序

按头、躯干、下肢、上肢的顺序绘图。

5. 注意事项

线实,用力均匀,指尖、脚尖、辫尖勿钝,留尖。画出人体的曲线,注意胸、臀、大腿、小腿的弧线方向。注意近肢相连,远肢断开。

第二节　田赛动作简图的画法

一、跳高

（一）背越式

1. 背越式跳高侧面平面图

背越式跳高侧（正）面平面图是指人体做背越式跳高时侧（正）面

的轮廓与假设平面平行,并且当被观察人体侧(正)面的轮廓距离观察者的眼睛足够远时,被观察人体侧(正)面的轮廓在假设平面上的投影。此时被观察人体侧(正)面轮廓上每一个点发出的光线到观察者眼睛的距离可以近似地认为是(不)相等的,画成平(正)面图。

2. 图例

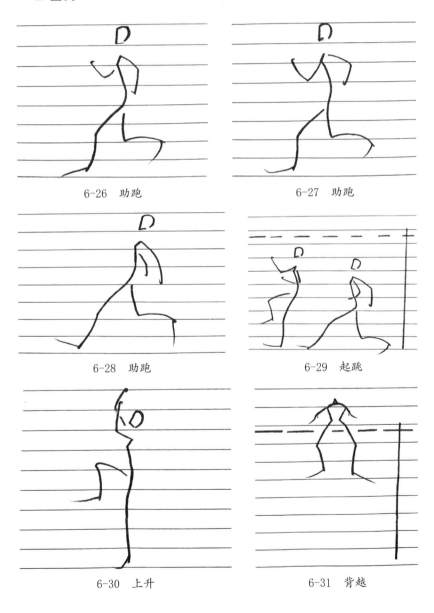

6-26 助跑 6-27 助跑

6-28 助跑 6-29 起跳

6-30 上升 6-31 背越

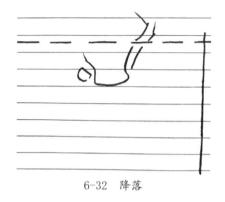

6-32　降落

3.比例

（1）比例横线：九线八格、十一线十格。（2）头高比例约为1∶8。头高1.0，颈0.5，躯干长2.5，腿长4.0，大腿长2.0，小腿长2.0，脚长1.0，手臂长3.0，上臂长1.0，前臂长1.0，手长1.0。

4.画图顺序

按头、躯干、下肢、上肢的顺序绘图。

5.注意事项

线实，用力均匀，指尖、脚尖勿钝，留尖。画出人体的曲线，注意胸、臀、大腿、小腿的弧线方向。正面图上体与假设平面存在一定的角度，注意透视变形。近肢相连，远肢断开。

（二）跨越式

1.跨越式跳高侧面平面图

跨越式跳高侧面平面图是指人体做跨越式跳高时侧面的轮廓与假设平面平行，并且当被观察人体侧面的轮廓距离观察者的眼睛足够远时，被观察人体侧面的轮廓在假设平面上的投影。此时被观察人体侧面轮廓上每一个点发出的光线到观察者眼睛的距离可以近似地认为是相等的，画成平面图。

2.图例

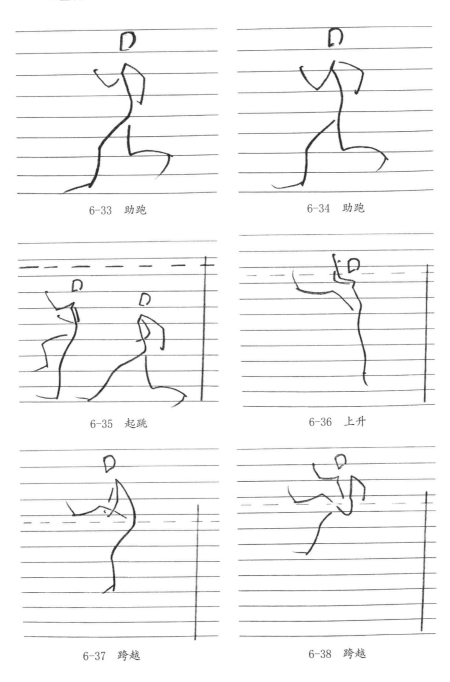

6-33　助跑

6-34　助跑

6-35　起跳

6-36　上升

6-37　跨越

6-38　跨越

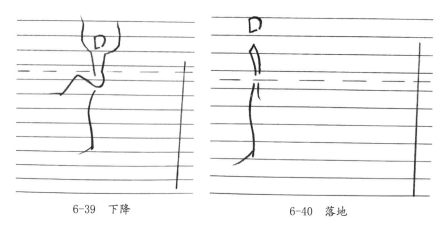

6-39 下降   6-40 落地

3. 比例

（1）比例横线：九线八格、十一线十格、十三线十二格。（2）头高比例约为 1:8。头高 1.0,颈 0.5,躯干长 2.5,腿长 4.0,大腿长 2.0,小腿长 2.0,脚长 1.0,手臂长 3.0,上臂长 1.0,前臂长 1.0,手长 1.0。

4. 画图顺序

按头、躯干、下肢、上肢的顺序绘图。

5. 注意事项

线实,用力均匀,指尖、脚尖勿钝,留尖。画出人体的曲线,注意胸、臀、大腿、小腿的弧线方向。注意肢体交叉时先画近肢。近肢相连,远肢断开。

二、蹲踞式跳远

1. 蹲踞式跳远侧面平面图

蹲踞式跳远侧面平面图是指人体做蹲踞式跳远时侧面的轮廓与假设平面平行,并且当被观察人体侧面的轮廓距离观察者的眼睛足够远时,被观察人体侧面的轮廓在假设平面上的投影。此时被观察人体侧面轮廓上每一个点发出的光线到观察者眼睛的距离可以近似地认为是相等的,画成平面图。

2.图例

6-41 助跑   6-42 助跑

6-43 左脚触地   6-44 左脚支撑

6-45 左脚起跳   6-46 左脚起跳

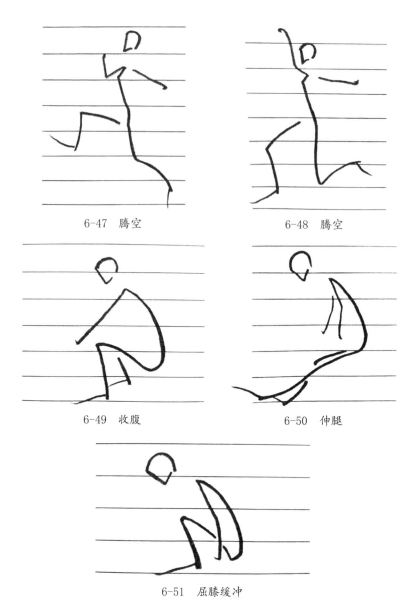

6-47　腾空

6-48　腾空

6-49　收腹

6-50　伸腿

6-51　屈膝缓冲

3. 比例

(1)比例横线: 八线七格、九线八格、七线六格、五线四格。(2)头高比例1∶8。头高1.0, 颈0.5, 躯干长2.5, 腿长4.0, 大腿长2.0, 小腿长2.0, 脚长1.0, 手臂长3.0, 上臂长1.0, 前臂长1.0, 手长1.0。

4．画图顺序

按头、躯干、下肢、上肢的顺序绘图。

5．注意事项

线实，用力均匀，指尖、脚尖、辫尖勿钝，留尖。画出人体的曲线，注意胸、臀、大腿、小腿的弧线方向。注意肢体交叉时先画近肢。近肢相连，远肢断开。

三、挺身式跳远

1．挺身式跳远侧面平面图

挺身式跳远侧面平面图是指人体做挺身式跳远时侧面的轮廓与假设平面平行，并且当被观察人体侧面的轮廓距离观察者的眼睛足够远时，被观察人体侧面的轮廓在假设平面上的投影。此时被观察人体侧面轮廓上每一个点发出的光线到观察者眼睛的距离可以近似地认为是相等的，画成平面图。

2．图例

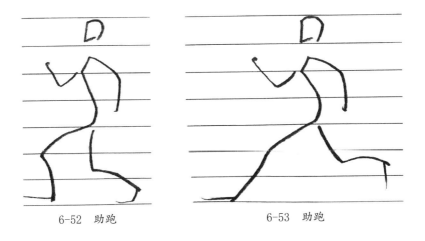

6-52　助跑　　　　　　　　6-53　助跑

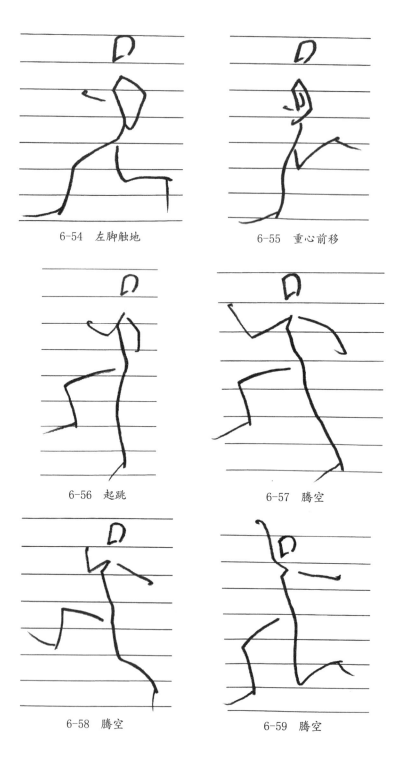

6-54 左脚触地

6-55 重心前移

6-56 起跳

6-57 腾空

6-58 腾空

6-59 腾空

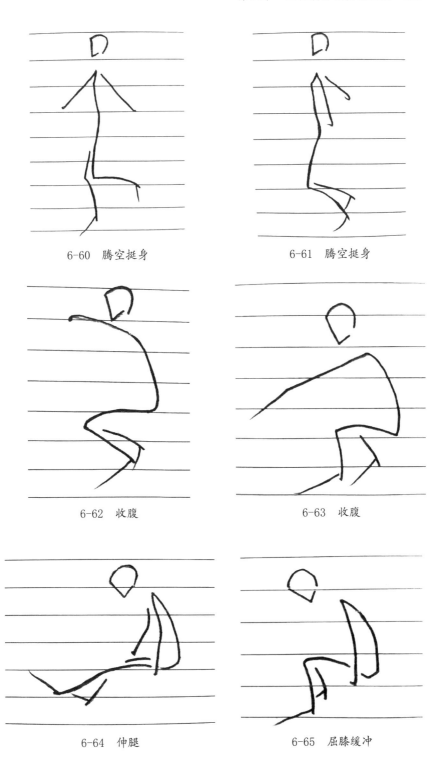

6-60　腾空挺身

6-61　腾空挺身

6-62　收腹

6-63　收腹

6-64　伸腿

6-65　屈膝缓冲

3. 比例

（1）比例横线：八线七格、九线八格、七线六格、六线五格。（2）头高比例约为 1：8。头高 1.0，颈 0.5，躯干长 2.5，腿长 4.0，大腿长 2.0，小腿长 2.0，脚长 1.0，手臂长 3.0，上臂长 1.0，前臂长 1.0，手长 1.0。

4. 画图顺序

按头、躯干、下肢、上肢的顺序绘图。

5. 注意事项

线实，用力均匀，指尖、脚尖、辫尖勿钝，留尖。画出人体的曲线，注意胸、臀、大腿、小腿的弧线方向。注意肢体交叉时先画近肢。近肢相连，远肢断开。

四、滑步推铅球

1. 滑步推铅球侧（正、背）面图

滑步推铅球侧（正、背）面图是指人体做滑步推铅球时侧（正、背）面的轮廓在假设平面上的投影。

2. 图例

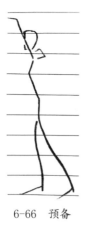

6-66　预备

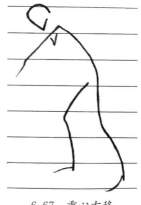

6-67　重心右移

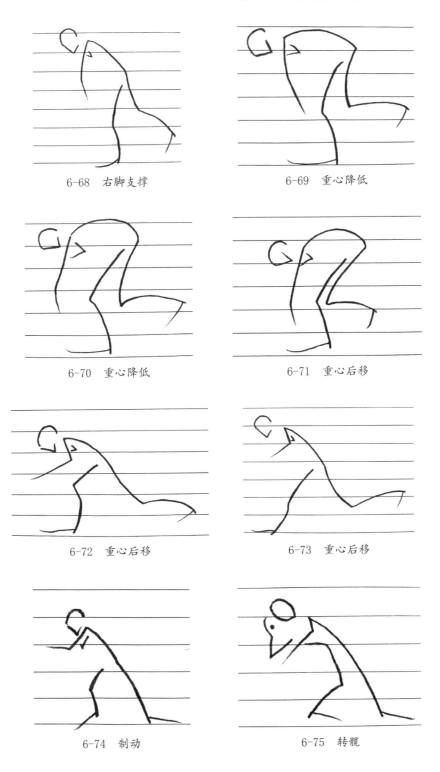

6-68　右脚支撑

6-69　重心降低

6-70　重心降低

6-71　重心后移

6-72　重心后移

6-73　重心后移

6-74　制动

6-75　转髋

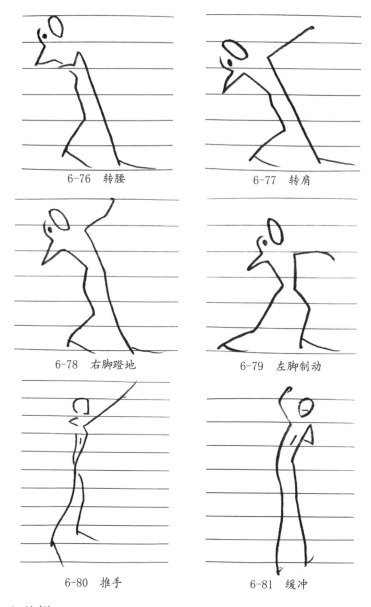

6-76 转腰

6-77 转肩

6-78 右脚蹬地

6-79 左脚制动

6-80 推手

6-81 缓冲

3.比例

（1）比例横线：十线九格、六线五格、七线六格、十二线十一格、九线八格。（2）头高比例约为1:8。头高1.0,颈0.5,躯干长2.5,腿长4.0,大腿长2.0,小腿长2.0,脚长1.0,手臂长3.0,上臂长1.0,前臂长1.0,手长1.0。

4.画图顺序

按头、躯干、下肢、上肢的顺序绘图。

5.注意事项

线实,用力均匀,指尖、脚尖勿钝,留尖。画出人体的曲线,注意胸、臀、大腿、小腿的弧线方向。注意肢体交叉时先画近肢。近肢相连,远肢断开。

五、掷标枪

1.掷标枪侧面平面图

掷标枪侧面平面图是指人体做掷标枪时侧面的轮廓与假设平面平行,并且当被观察人体侧面的轮廓距离观察者的眼睛足够远时,被观察人体侧面的轮廓在假设平面上的投影。此时被观察人体侧面轮廓上每一个点发出的光线到观察者眼睛的距离可以近似地认为是相等的,画成平面图。

2.图例

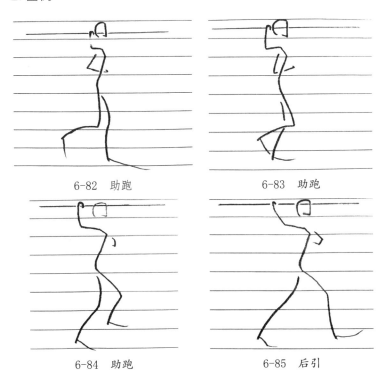

6-82　助跑　　　　　　　　　　6-83　助跑

6-84　助跑　　　　　　　　　　6-85　后引

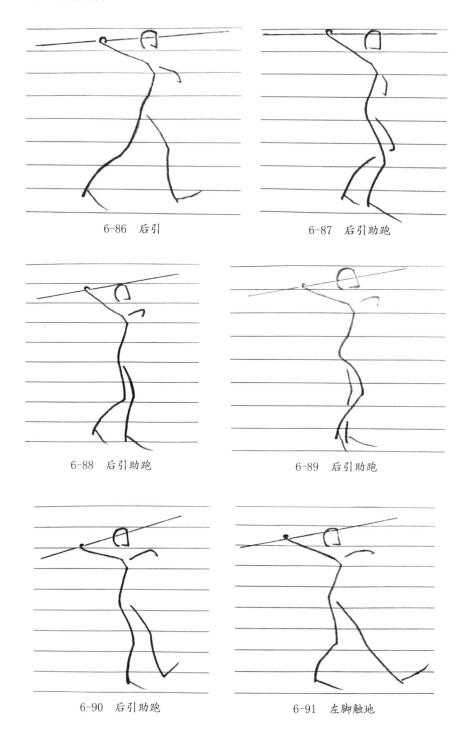

6-86　后引

6-87　后引助跑

6-88　后引助跑

6-89　后引助跑

6-90　后引助跑

6-91　左脚触地

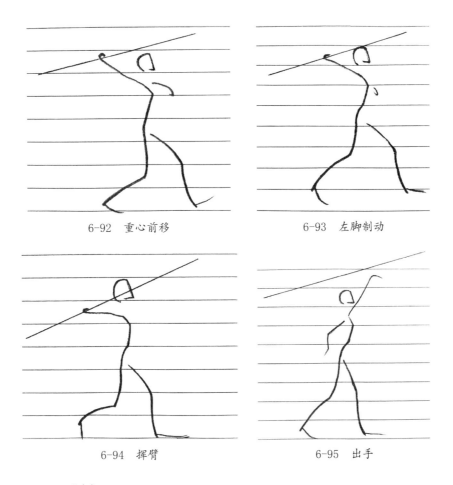

6-92　重心前移　　　　　　6-93　左脚制动

6-94　挥臂　　　　　　　　6-95　出手

3. 比例

（1）比例横线：十线九格、九线八格。（2）头高比例约为1:8。头高1.0，颈0.5，躯干长2.5，腿长4.0，大腿长2.0，小腿长2.0，脚长1.0，手臂长3.0，上臂长1.0，前臂长1.0，手长1.0。

4. 画图顺序

按头、躯干、下肢、上肢的顺序绘图。

5. 注意事项

整体重心在支撑面的中点上，前后不偏离。线实，用力均匀，指尖、脚尖勿钝,留尖。画出人体的曲线,注意胸、臀、大腿、小腿的弧线方向。注意肢体交叉时先画近肢。近肢相连,远肢断开。

思考问题

    1.请回答径赛各动作简图的头高比例、绘图顺序和注意事项?

    2.请回答田赛各动作简图的头高比例、绘图顺序和注意事项?

参考文献

[1] 刘建国等. 田径 [M]. 北京: 高等教育出版社 ,2009.

第七章　武术动作简图的画法

本章导言:武术课程是体育教育专业的主干课程之一,对培养体育教师具有非常重要的作用。通过练习绘制武术动作简图不仅可以帮助学生巩固动作技能,而且为将来编写教案和武术教学打下绘图基础。本章介绍了武术拳、掌、爪、步法、腿法等动作简图的画法。

学习目标:掌握武术动作简图的头高比例、绘图顺序和注意事项;学会武术动作简图的画法;提高图像观察力和绘图造型能力。

第一节　上肢动作简图的画法

一、冲拳

1. 冲拳侧面平面图

冲拳侧面平面图是指人体做冲拳时侧面的轮廓与假设平面平行,并且当被观察人体侧面的轮廓距离观察者的眼睛足够远时,被观察人体侧面的轮廓在假设平面上的投影。此时被观察人体侧面轮廓上每一个点发出的光线到观察者眼睛的距离可以近似地认为是相等的,画成平面图。

2. 图例

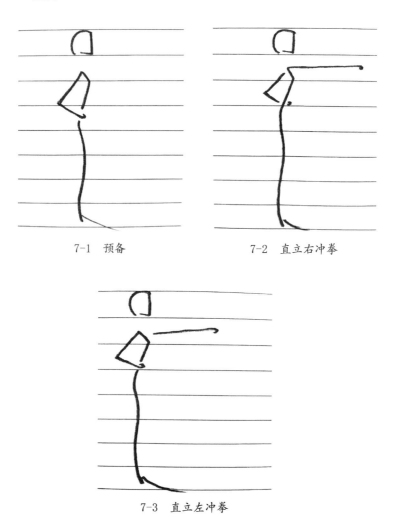

7-1   预备   7-2   直立右冲拳

7-3   直立左冲拳

3. 比例

(1)比例横线:九线八格。(2)头高比例约为1∶8。头高1.0,颈0.5,躯干长2.5,腿长4.0,大腿长2.0,小腿长2.0,脚长1.0,手臂长3.0,上臂长1.0,前臂长1.0,手长1.0。

4. 画图顺序

按头、躯干、下肢、上肢的顺序绘图。

5.注意事项

整体重心在支撑面的中点上,前后不偏离。线实,用力均匀,指尖脚尖、辫尖勿钝,留尖。画出人体的曲线,注意胸、臀、大腿、小腿的弧线方向。交叉时先画近肢,注意远肢断开。

二、推掌

1.推掌侧面平面图

推掌侧面平面图是指人体做推掌时侧面的轮廓与假设平面平行,并且当被观察人体侧面的轮廓距离观察者的眼睛足够远时,被观察人体侧面的轮廓在假设平面上的投影。此时被观察人体侧面轮廓上每一个点发出的光线到观察者眼睛的距离可以近似地认为是相等的,画成平面图。

2.图例

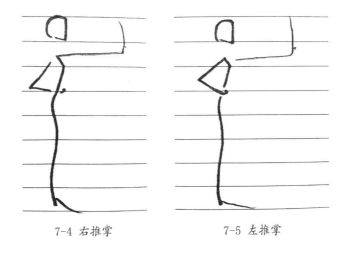

7-4 右推掌　　　　　　7-5 左推掌

3.比例

(1)比例横线:九线八格。(2)头高比例约为1:8。头高1.0,颈0.5,躯干长2.5,腿长4.0,大腿长2.0,小腿长2.0,脚长1.0,手臂长3.0,上臂长1.0,前臂长1.0,手长1.0。

4.画图顺序

按头、躯干、下肢、上肢的顺序绘图。

5.注意事项

整体重心在支撑面的中点上,前后不偏离。线实,用力均匀,指尖、脚尖、辫尖勿钝,留尖。画出人体的曲线,注意胸、臀、大腿、小腿的弧线方向。交叉时先画近肢,注意远肢断开。

三、蝶掌

1.蝶掌侧面平面图

蝶掌侧面平面图是指人体做蝶掌时侧面的轮廓与假设平面平行,并且当被观察人体侧面的轮廓距离观察者的眼睛足够远时,被观察人体侧面的轮廓在假设平面上的投影。此时被观察人体侧面轮廓上每一个点发出的光线到观察者眼睛的距离可以近似地认为是相等的,画成平面图。

2.图例

7-6　蝶掌

3.比例

(1)比例横线:十线九格。(2)头高比例约为1∶8。头高1.0,颈0.5,躯干长2.5,腿长4.0,大腿长2.0,小腿长2.0,脚长1.0,手臂长3.0,上臂长1.0,前臂长1.0,手长1.0。

4. 画图顺序

按头、躯干、下肢、上肢的顺序绘图。

5. 注意事项

整体重心在支撑面的中点上,前后不偏离。线实,用力均匀,指尖、脚尖、辫尖勿钝,留尖。画出人体的曲线,注意胸、臀、大腿、小腿的弧线方向。注意远肢断开。

四、虎爪

1. 虎爪侧面平面图

虎爪侧面平面图是指人体做虎爪时侧面的轮廓与假设平面平行,并且当被观察人体侧面的轮廓距离观察者的眼睛足够远时,被观察人体侧面的轮廓在假设平面上的投影。此时被观察人体侧面轮廓上每一个点发出的光线到观察者眼睛的距离可以近似地认为是相等的,画成平面图。

2. 图例

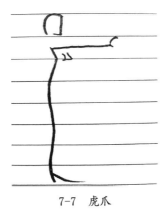

7-7　虎爪

3. 比例

(1)比例横线:九线八格。(2)头高比例约为1:8。头高1.0,颈0.5,躯干长2.5,腿长4.0,大腿长2.0,小腿长2.0,脚长1.0,手臂长3.0,上臂长1.0,前臂长1.0,手长1.0。

4. 画图顺序

按头、躯干、下肢、上肢的顺序绘图。

5. 注意事项

整体重心在支撑面的中点上,前后不偏离。线实,用力均匀,指尖、脚尖、辫尖勿钝,留尖。画出人体的曲线,注意胸、臀、大腿、小腿的弧线方向。

五、穿掌顶肘

(一)穿掌

1. 穿掌侧面平面图

穿掌侧面平面图是指人体做穿掌顶肘时侧面的轮廓与假设平面平行,并且当被观察人体侧面的轮廓距离观察者的眼睛足够远时,被观察人体侧面的轮廓在假设平面上的投影。此时被观察人体侧面轮廓上每一个点发出的光线到观察者眼睛的距离可以近似地认为是相等的,画成平面图。

2. 图例

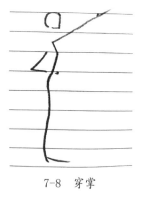

7-8　穿掌

3. 比例

(1)比例横线:九线八格。(2)头高比例约为1:8。头高1.0,颈0.5,躯干长2.5,腿长4.0,大腿长2.0,小腿长2.0,脚长1.0,手臂长3.0,上臂长 1.0,前臂长 1.0, 手长 1.0。

4.画图顺序

按头、躯干、下肢、上肢的顺序绘图。

5.注意事项

整体重心在支撑面的中点上,前后不偏离。线实,用力均匀,指尖,脚尖、辫尖勿钝,留尖。画出人体的曲线,注意胸、臀、大腿、小腿的弧线方向。交叉时先画近肢,注意远肢断开。

(二)顶肘

1.顶肘正面图

顶肘正面图是指人体做顶肘时前面的轮廓在假设平面上的投影。手臂与画面存在角度,此时被观察人体前面轮廓上每一个点发出的光线到观察者眼睛的距离是不相等的。

2.图例

7-9 顶肘

3.比例

(1)比例横线:九线八格。(2)头高比例约为 1∶8。头高 1.0,颈 0.5,肩宽 1.5,腰宽 0.5,髋宽 1.0,躯干长 2.5,腿长 4.0,大腿长 2.0,小腿长 2.0,脚长 1.0,手臂长 3.0,上臂长 1.0,前臂长 1.0,手长 1.0。

4. 画图顺序

按头、躯干、下肢、上肢的顺序绘图。

5. 注意事项

线实,用力均匀,指尖、脚尖勿钝,留尖。注意手臂的透视变形。

六、亮掌

1. 亮掌正面图

亮掌正面图是指人体做亮掌时前面的轮廓在假设平面上的投影。手臂与画面存在角度,此时被观察人体前面轮廓上每一个点发出的光线到观察者眼睛的距离是不相等的。

2. 图例

7-10　亮掌

3. 比例

(1)比例横线:十线九格。(2)头高比例约为1:8。头高1.0,颈0.5,肩宽1.5,腰宽0.5,髋宽1.0,躯干长2.5,腿长4.0,大腿长2.0,小腿长2.0,脚长1.0,手臂长3.0,上臂长1.0,前臂长1.0,手长1.0。

4. 画图顺序

按头、躯干、下肢、上肢的顺序绘图。

5. 注意事项

躯干、下肢左右对称,重心在中线上,左右不偏离。线实,用力均匀,指尖、脚尖勿钝,留尖。注意手臂的透视变形。

七、左右冲拳

1. 定义

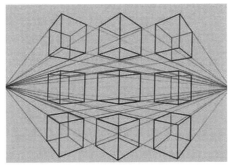

7-11　成角透视图

俯视是被观察物体低于地平线,或视点高于被观察物体,如上图最下方三个正方体。纵深方向线段的延长线向上消失在远处地平线的两侧。正方体上等长的两条线段在假设平面上的投影呈现出近大远小的规律。正方体上等高的两个点在假设平面上的投影呈现近低远高的透视特点。根据这一透视规律人体俯视斜面图的画法如下。

2. 图例

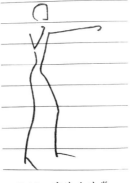

7-12　实战左冲拳

3. 比例

（1）比例横线：九线八格。（2）头高比例1∶8。头高1.0,颈0.5,躯干长2.5,腿长4.0,大腿长2.0,小腿长2.0,脚长1.0,手臂长3.0,上臂长1.0,前臂长1.0,手长1.0。

4. 画图顺序

先画右侧单线图,再画左侧单线图。按头、右侧躯干、下肢、脚、左侧躯干、下肢、脚、上肢、眼睛、辫子的顺序绘图。

5. 注意事项

整体重心在支撑面的中点上,前后不偏离。整体结构优美。线实,两点之间一笔完成,忌多次描画。用力均匀,忌粗细不均。指尖、脚尖、辫尖勿钝,留尖。画出人体的曲线:注意胸、臀、大腿、小腿的弧线方向。透视变形:近大远小。俯视透视图的特点:近低远高。

八、左右掼拳

1. 定义

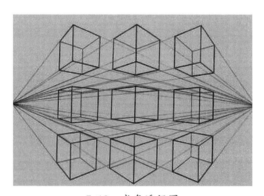

7-13　成角透视图

俯视是被观察物体低于地平线,或视点高于被观察物体,如上图最下方三个正方体。纵深方向线段的延长线向上消失在远处地平线的两侧。正方体上等长的两条线段在假设平面上的投影呈现出近大远小的规律。正方体上等高的两个点在假设平面上的投影呈现近低远高的透视特点。根据这一透视规律人体左右掼拳俯视斜面图的画法如下。

2.图例

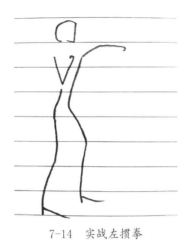

7-14　实战左掼拳

3.比例

（1）比例横线：九线八格。（2）头高比例约为1∶8。头高 1.0，颈 0.5，躯干长 2.5，腿长 4.0，大腿长 2.0，小腿长 2.0，脚长 1.0，手臂长 3.0，上臂长 1.0，前臂长 1.0，手长 1.0。

4.画图顺序

先画右侧单线图，再画左侧单线图。按头、右侧躯干、下肢、脚、左侧躯干、下肢、脚、上肢、眼睛、辫子的顺序绘图。

5.注意事项

整体重心在支撑面的中点上，前后不偏离。整体结构优美。线实，两点之间一笔完成，忌多次描画。用力均匀，忌粗细不均。指尖、脚尖、辫尖勿钝，留尖。画出人体的曲线：注意胸、臀、大腿、小腿的弧线方向。透视变形：近大远小。俯视透视图的特点：近低远高。

九、左右抄拳

1.定义

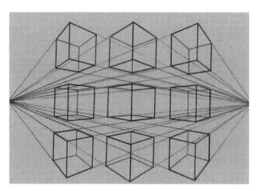

7-15 成角透视图

俫视是被观察物体低于地平线,或视点高于被观察物体,如上图最下方三个正方体。纵深方向线段的延长线向上消失在远处地平线的两侧。正方体上等长的两条线段在假设平面上的投影呈现出近大远小的规律。正方体上等高的两个点在假设平面上的投影呈现近低远高的透视特点。根据这一透视规律人体左右抄拳俯视斜面图的画法如下。

2. 图例

7-16 实战左抄拳

3. 比例

(1)比例横线: 九线八格。(2)头高比例约为1∶8。头高1.0,颈0.5,

躯干长 2.5,腿长 4.0,大腿长 2.0,小腿长 2.0,脚长 1.0,手臂长 3.0,上臂长 1.0,前臂长 1.0,手长 1.0。

4.画图顺序

先画右侧单线图,再画左侧单线图。按头、右侧躯干、下肢、脚、左侧躯干、下肢、脚、上肢、眼睛、辫子的顺序绘图。

5.注意事项

整体重心在支撑面的中点上,前后不偏离。整体结构优美。线实,两点之间一笔完成,忌多次描画。用力均匀,忌粗细不均。指尖、脚尖、辫尖勿钝,留尖。画出人体的曲线:注意胸、臀、大腿、小腿的弧线方向。透视变形:近大远小。俯视透视图的特点:近低远高。注意远肢断开。

十、鞭拳
1.定义

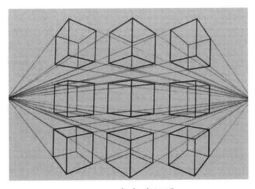

7-17　成角透视图

俯视是被观察物体低于地平线,或视点高于被观察物体,如上图最下方三个正方体。纵深方向线段的延长线向上消失在远处地平线的两侧。正方体上等长的两条线段在假设平面上的投影呈现出近大远小的规律。正方体上等高的两个点在假设平面上的投影呈现近低远高的透视特点。根据这一透视规律人体鞭拳俯视斜面图的画法如下。

2. 图例

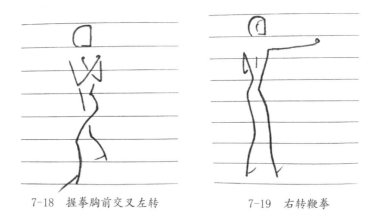

7-18 握拳胸前交叉左转　　　　　　7-19 右转鞭拳

3. 比例

(1)比例横线:八线七格、九线八格。(2)头高比例约为1:8。头高 1.0,颈 0.5,躯干长 2.5,腿长 4.0,大腿长 2.0,小腿长 2.0,脚长 1.0,手臂长 3.0,上臂长 1.0,前臂长 1.0, 手长 1.0。

4. 画图顺序

先画右侧单线图,再画左侧单线图。按头、右侧躯干、下肢、脚、左侧躯干、下肢、脚、上肢、眼睛、辫子的顺序绘图。

5. 注意事项

整体重心在支撑面的中点上,前后不偏离。整体结构优美。线实,两点之间一笔完成,忌多次描画。用力均匀,忌粗细不均。指尖、脚尖、辫尖勿钝,留尖。画出人体的曲线:注意胸、臀、大腿、小腿的弧线方向。透视变形:近大远小。俯视透视图的特点:近低远高。交叉时先画近肢,注意远肢断开。

十一、左右横摆肘

1. 定义

俯视是被观察物体低于地平线,或视点高于被观察物体,如上图

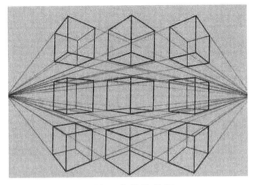

7-20　成角透视图

最下方三个正方体。纵深方向线段的延长线向上消失在远处地平线的两侧。正方体上等长的两条线段在假设平面上的投影呈现出近大远小的规律。正方体上等高的两个点在假设平面上的投影呈现近低远高的透视特点。根据这一透视规律人体左右横摆肘俯视斜面图的画法如下。

2.图例

7-21　左右横摆肘

3.比例

（1）比例横线：九线八格。（2）头高比例约为1∶8。头高1.0，颈0.5，躯干长2.5，腿长4.0，大腿长2.0，小腿长2.0，脚长1.0，手臂长3.0，上臂长1.0，前臂长1.0，手长1.0。

4. 画图顺序

先画右侧单线图,再画左侧单线图。按头、右侧躯干、下肢、脚、左侧躯干、下肢、脚、上肢、眼睛、辫子的顺序绘图。

5. 注意事项

整体重心在支撑面的中点上,前后不偏离。整体结构优美。线实,两点之间一笔完成,忌多次描画。用力均匀,忌粗细不均。指尖、脚尖、辫尖勿钝,留尖。画出人体的曲线,注意胸、臀、大腿、小腿的弧线方向。透视变形:近大远小。俯视透视图的特点:近低远高。交叉时先画近肢,注意远肢断开。

第二节　下肢动作简图的画法

一、马步

1. 马步正面图

马步正面图是指人体做马步时前面的轮廓在假设平面上的投影。上肢和下肢与画面存在角度,此时被观察人体前面轮廓上每一个点发出的光线到观察者眼睛的距离是不相等的。

2. 图例

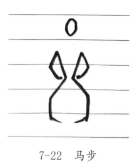

7-22　马步

3. 比例

(1)比例横线:六线五格。(2)头高比例约为1:8。头高1.0,颈0.5,

肩宽 1.5,腰宽 0.5,髋宽 1.0,躯干长 2.5,腿长 4.0,大腿长 2.0,小腿长 2.0,脚长 1.0,手臂长 3.0,上臂长 1.0,前臂长 1.0,手长 1.0。

4.画图顺序

按头、躯干、下肢、上肢的顺序绘图。

5.注意事项

整体左右对称,重心在中线上,左右不偏离。线实,用力均匀,指尖、脚尖勿钝,留尖。注意上肢和下肢透视缩短。

二、弓步

(一)前弓步

1.前弓步侧面平面图

前弓步侧面平面图是指人体做前弓步时侧面的轮廓与假设平面平行,并且当被观察人体侧面的轮廓距离观察者的眼睛足够远时,被观察人体侧面的轮廓在假设平面上的投影。此时被观察人体侧面轮廓上每一个点发出的光线到观察者眼睛的距离可以近似地认为是相等的,画成平面图。

2.图例

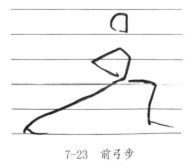

7-23　前弓步

3.比例

(1)比例横线:六线五格。(2)头高比例约为 1:8。头高 1.0,颈 0.5,

躯干长 2.5,腿长 4.0,大腿长 2.0,小腿长 2.0,脚长 1.0,手臂长 3.0,上臂长 1.0,前臂长 1.0,手长 1.0。

4. 画图顺序

按头、躯干、下肢、上肢的顺序绘图。

5. 注意事项

线实,用力均匀,指尖、脚尖、辫尖勿钝,留尖。画出人体的曲线,注意胸、臀、大腿、小腿的弧线方向。注意远肢断开。

(二)侧弓步

1. 侧弓步正面图

侧弓步正面图是指人体做侧弓步时前面的轮廓在假设平面上的投影。肢体与画面存在角度,此时被观察人体前面轮廓上每一个点发出的光线到观察者眼睛的距离是不相等的,不能画成平面图。

2. 图例

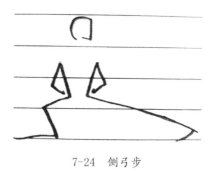

7-24 侧弓步

3. 比例

(1)比例横线:五线四格。(2)头高比例约为 1:8。头高 1.0,颈 0.5,肩宽 1.5,腰宽 0.5,髋宽 1.0,躯干长 2.5,腿长 4.0,大腿长 2.0,小腿长 2.0,脚长 1.0,手臂长 3.0,上臂长 1.0,前臂长 1.0,手长 1.0。

4.画图顺序

按头、躯干、下肢、上肢的顺序绘图。

5.注意事项

线实,用力均匀,指尖、脚尖勿钝,留尖。注意上肢、下肢的透视变形。

三、虚步

1.定义

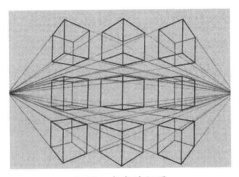

7-25　成角透视图

俯视是被观察物体低于地平线,或视点高于被观察物体,如上图最下方三个正方体。纵深方向线段的延长线向上消失在远处地平线的两侧。正方体上等长的两条线段在假设平面上的投影呈现出近大远小的规律。正方体上等高的两个点在假设平面上的投影呈现近低远高的透视特点。根据这一透视规律人体虚步俯视斜面图的画法如下。

2.图例

7-26　虚步

3. 比例

（1）比例横线：七线六格。（2）头高比例约为 1∶8。头高 1.0，颈 0.5，躯干长 2.5，腿长 4.0，大腿长 2.0，小腿长 2.0，脚长 1.0，手臂长 3.0，上臂长 1.0，前臂长 1.0，手长 1.0。

4. 画图顺序

先画右侧单线图，再画左侧单线图。按头、右侧躯干、下肢、脚、左侧躯干、下肢、脚、上肢、眼睛、辫子的顺序绘图。

5. 注意事项

整体重心在支撑面上，前后不偏离。整体结构优美。线实，两点之间一笔完成，忌多次描画。用力均匀，忌粗细不均。指尖、脚尖、辫尖勿钝，留尖。画出人体的曲线，注意胸、臀、大腿、小腿的弧线方向。透视变形：近大远小。俯视透视图的特点：近低远高。

四、独立步

1. 独立步侧面平面图

独立步侧面平面图是指人体做独立步时侧面的轮廓与假设平面平行，并且当被观察人体侧面的轮廓距离观察者的眼睛足够远时，被观察人体侧面的轮廓在假设平面上的投影。此时被观察人体侧面轮廓上每一个点发出的光线到观察者眼睛的距离可以近似地认为是相等的，画成平面图。

2. 图例

7-27 独立步

3. 比例

（1）比例横线：九线八格。（2）头高比例约为 1∶8。头高 1.0，颈 0.5，躯干长 2.5，腿长 4.0，大腿长 2.0，小腿长 2.0，脚长 1.0，手臂长 3.0，上臂长 1.0，前臂长 1.0，手长 1.0。

4. 画图顺序

按头、躯干、下肢、上肢的顺序绘图。

5. 注意事项

整体重心在支撑面的中点上，前后不偏离。线实，用力均匀，指尖、脚尖、辫尖勿钝，留尖。画出人体的曲线，注意胸、臀、大腿、小腿的弧线方向。注意肢体交叉时先画近肢。

五、弹腿
1. 定义

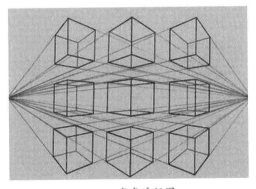

7-28　成角透视图

俯视是被观察物体低于地平线，或视点高于被观察物体，如上图最下方三个正方体。纵深方向线段的延长线向上消失在远处地平线的两侧。正方体上等长的两条线段在假设平面上的投影呈现出近大远小的规律。正方体上等高的两个点在假设平面上的投影呈现近低远高的透视特点。根据这一透视规律人体弹腿俯视斜面图的画法如下。

2. 图例

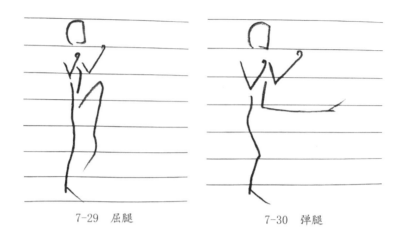

7-29　屈腿　　　　　　　　7-30　弹腿

3. 比例

（1）比例横线：八线七格。（2）头高比例约为 1:8。头高 1.0，颈 0.5，躯干长 2.5，腿长 4.0，大腿长 2.0，小腿长 2.0，脚长 1.0，手臂长 3.0，上臂长 1.0，前臂长 1.0，手长 1.0。

4. 画图顺序

先画右侧单线图，再画左侧单线图。按头、右侧躯干、下肢、脚、左侧躯干、下肢、脚、上肢、眼睛、辫子的顺序绘图。

5. 注意事项

整体重心在支撑面的中点上，前后不偏离。整体结构优美。线实，两点之间一笔完成，忌多次描画。用力均匀，忌粗细不均。指尖、脚尖、辫尖勿钝，留尖。画出人体的曲线，注意胸、臀、大腿、小腿的弧线方向。透视变形：近大远小。俯视透视图的特点：近低远高。注意远肢断开。

六、蹬腿

1. 定义

俯视是被观察物体低于地平线，或视点高于被观察物体，如上

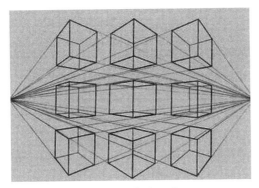

7-31　成角透视图

图最下方三个正方体。纵深方向线段的延长线向上消失在远处地平线的两侧。正方体上等长的两条线段在假设平面上的投影呈现出近大远小的规律。正方体上等高的两个点在假设平面上的投影呈现近低远高的透视特点。根据这一透视规律人体蹬腿俯视斜面图的画法如下。

2. 图例

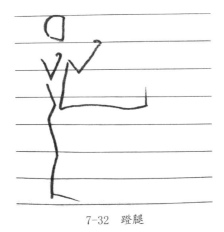

7-32　蹬腿

3. 比例

（1）比例横线：八线七格。（2）头高比例约为1∶8。头高1.0，颈0.5，躯干长2.5，腿长4.0，大腿长2.0，小腿长2.0，脚长1.0，手臂长3.0，上臂长1.0，前臂长1.0，手长1.0。

4. 画图顺序

先画右侧单线图,再画左侧单线图。按头、右侧躯干、下肢、脚、左侧躯干、下肢、脚、上肢、眼睛、辫子的顺序绘图。

5. 注意事项

整体重心在支撑面的中点上,前后不偏离。整体结构优美。线实,两点之间一笔完成,忌多次描画。用力均匀,忌粗细不均。指尖、脚尖、辫尖勿钝,留尖。画出人体的曲线:注意胸、臀、大腿、小腿的弧线方向。透视变形:近大远小。俯视透视图的特点:近低远高。注意远肢断开。

七、侧踹腿

1. 侧踹腿正面平面图

侧踹腿正面平面图是指人体做侧踹腿时前面的轮廓与假设平面平行,并且当被观察人体前面的轮廓距离观察者的眼睛足够远时,被观察人体前面的轮廓在假设平面上的投影。此时被观察人体前面轮廓上每一个点发出的光线到观察者眼睛的距离可以近似地认为是相等的,画成平面图。

2. 图例

7-33　侧踹腿

3. 比例

(1)比例横线:八线七格。(2)头高比例约为1:8。头高1.0,颈0.5,肩宽1.5,腰宽0.5,髋宽1.0,躯干长2.5,腿长4.0,大腿长2.0,小腿长2.0,脚长1.0,手臂长3.0,上臂长1.0,前臂长1.0,手长1.0。

4. 画图顺序

按头、躯干、下肢、上肢的顺序绘图。

5. 注意事项

线实,用力均匀,指尖、脚尖勿钝,留尖。注意交叉时先画近肢。

八、鞭腿

1. 鞭腿正面平面图

鞭腿正面平面图是指人体鞭腿时前面的轮廓与假设平面平行,并且当被观察人体前面的轮廓距离观察者的眼睛足够远时,被观察人体前面的轮廓在假设平面上的投影。此时被观察人体前面轮廓上每一个点发出的光线到观察者眼睛的距离可以近似地认为是相等的,画成平面图。

2. 图例

7-34　鞭　腿

3. 比例

（1）比例横线：八线七格。（2）头高比例约为 1：8。头高 1.0，颈 0.5，肩宽 1.5，腰宽 0.5，髋宽 1.0，躯干长 2.5，腿长 4.0，大腿长 2.0，小腿长 2.0，脚长 1.0，手臂长 3.0，上臂长 1.0，前臂长 1.0，手长 1.0。

4. 画图顺序

按头、躯干、下肢、上肢的顺序绘图。注意交叉时先画近肢。

5. 注意事项

整体左右对称，重心在中线上，左右不偏离。线实，用力均匀，指尖、脚尖勿钝，留尖。注意交叉时远肢断开。

九、勾踢腿

1. 定义

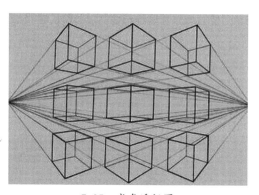

7-35　成角透视图

俯视是被观察物体低于地平线，或视点高于被观察物体，如上图最下方三个正方体。纵深方向线段的延长线向上消失在远处地平线的两侧。正方体上等长的两条线段在假设平面上的投影呈现出近大远小的规律。正方体上等高的两个点在假设平面上的投影呈现近低远高的透视特点。根据这一透视规律人体勾踢腿俯视斜面图的画法如下。

2.图例

7-36　勾踢腿

3.比例

（1）比例横线：八线七格。（2）头高比例约为1：8。头高1.0，颈0.5，躯干长2.5，腿长4.0，大腿长2.0，小腿长2.0，脚长1.0，手臂长3.0，上臂长1.0，前臂长1.0，手长1.0。

4.画图顺序

先画右侧单线图，再画左侧单线图。按头、右侧躯干、下肢、脚、左侧躯干、下肢、脚、上肢、眼睛、辫子的顺序绘图。

5.注意事项

整体重心在支撑面的中点上，前后不偏离。整体结构优美。线实，两点之间一笔完成，忌多次描画。用力均匀，忌粗细不均。指尖、脚尖、辫尖勿钝，留尖。画出人体的曲线：注意胸、臀、大腿、小腿的弧线方向。透视变形：近大远小。俯视透视图的特点：近低远高。注意交叉时远肢断开。

十、前冲膝

1.定义

俯视是被观察物体低于地平线，或视点高于被观察物体，如上图最

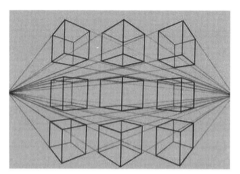

7-37　成角透视图

下方三个正方体。纵深方向线段的延长线向上消失在远处地平线的两侧。正方体上等长的两条线段在假设平面上的投影呈现出近大远小的规律。正方体上等高的两个点在假设平面上的投影呈现近低远高的透视特点。根据这一透视规律人体前冲膝俯视斜面图的画法如下。

2. 图例

7-38　前冲膝

3. 比例

（1）比例横线：七线六格。（2）头高比例约为1∶8。头高1.0，颈0.5，躯干长2.5，腿长4.0，大腿长2.0，小腿长2.0，脚长1.0，手臂长3.0，上臂长1.0，前臂长1.0，手长1.0。

4. 画图顺序

先画右侧单线图，再画左侧单线图。按头、右侧躯干、下肢、脚、左

侧躯干、下肢、脚、上肢、眼睛、辫子的顺序绘图。

5. 注意事项

整体重心在支撑面的中点上,前后不偏离。整体结构优美。线实,两点之间一笔完成,忌多次描画。用力均匀,忌粗细不均。指尖、脚尖、辫尖勿钝,留尖。画出人体的曲线:注意胸、臀、大腿、小腿的弧线方向。透视变形:近大远小。俯视透视图的特点:近低远高。注意交叉时远肢断开。

十一、弓步后扫腿

(一)弓步

1. 弓步侧面平面图

后扫腿侧面平面图是指人体做弓步时侧面的轮廓与假设平面平行,并且当被观察人体侧面的轮廓距离观察者的眼睛足够远时,被观察人体侧面的轮廓在假设平面上的投影。此时被观察人体侧面轮廓上每一个点发出的光线到观察者眼睛的距离可以近似地认为是相等的,画成平面图。

2. 图例

7-39　弓步

3. 比例

(1)比例横线:六线五格。(2)头高比例约为1:8。头高1.0,颈0.5,躯干长2.5,腿长4.0,大腿长2.0,小腿长2.0,脚长1.0,手臂长3.0,上臂长1.0,前臂长1.0,手长1.0。

4. 画图顺序

按头、躯干、下肢、上肢的顺序绘图。

5. 注意事项

整体重心在支撑面的中点上,前后不偏离。线实,用力均匀,指尖、脚尖、辫尖勿钝,留尖。画出人体的曲线:注意胸、臀、大腿、小腿的弧线方向。注意交叉时先画近肢,远肢断开。

(二)后扫腿

1. 定义

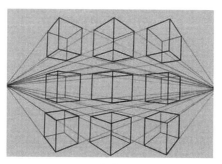

7-40　成角透视图

俯视是被观察物体低于地平线,或视点高于被观察物体,如上图最下方三个正方体。纵深方向线段的延长线向上消失在远处地平线的两侧。正方体上等长的两条线段在假设平面上的投影呈现出近大远小的规律。正方体上等高的两个点在假设平面上的投影呈现近低远高的透视特点。根据这一透视规律人体俯视斜面图的画法如下。

2. 图例

7-41　后扫腿

3. 比例

(1)比例横线:六线五格。(2)头高比例约为1:8。头高1.0,颈0.5,躯干长2.5,腿长4.0,大腿长2.0,小腿长2.0,脚长1.0,手臂长3.0,上臂长1.0,前臂长1.0,手长1.0。

4. 画图顺序

先画右侧单线图,再画左侧单线图。按头、右侧躯干、下肢、脚、左侧躯干、下肢、脚、上肢、眼睛、辫子的顺序绘图。

5. 注意事项

整体重心在支撑面的中点上,前后不偏离。整体结构优美。线实,两点之间一笔完成,忌多次描画。用力均匀,忌粗细不均。指尖、脚尖、辫尖勿钝,留尖。画出人体的曲线:注意胸、臀、大腿、小腿的弧线方向。透视变形:近大远小。俯视透视图的特点:近低远高。注意交叉时先画近肢,远肢断开。

十二、实战姿势
1. 定义

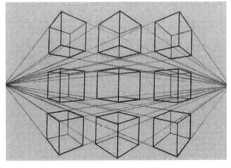

7-42　成角透视图

俯视是被观察物体低于地平线,或视点高于被观察物体,如上图最下方三个正方体。纵深方向线段的延长线向上消失在远处地平线的两侧。正方体上等长的两条线段在假设平面上的投影呈现出近大远小的规律。正方体上等高的两个点在假设平面上的投影呈现近低远高的透视特点。根据这一透视规律人体实战姿势俯视斜面图的画法如下。

2.图例

7-43　实战姿势

3.比例

（1）比例横线：八线七格。（2）头高比例约为1:8。头高1.0,颈0.5,躯干长2.5,腿长4.0,大腿长2.0,小腿长2.0,脚长1.0,手臂长3.0,上臂长1.0,前臂长1.0,手长1.0。

4.画图顺序

先画右侧单线图,再画左侧单线图。按头、右侧躯干、下肢、脚、左侧躯干、下肢、脚、上肢、眼睛、辫子的顺序绘图。

5.注意事项

整体重心在支撑面的中点上,前后不偏离。整体结构优美。线实,两点之间一笔完成,忌多次描画。用力均匀,忌粗细不均。指尖、脚尖、辫尖勿钝,留尖。画出人体的曲线,注意胸、臀、大腿、小腿的弧线方向。透视变形：近大远小。俯视透视图的特点：近低远高。

思考问题

　　1.请回答武术拳、掌、爪等上肢各动作简图的头高比例、绘图顺序和注意事项?

　　2.请回答武术步法、腿法等下肢各动作简图的头高比例、绘图顺序和注意事项?

参考文献

[1] 蔡仲林,周之华.武术[M].北京:高等教育出版社,2009.

第八章 篮球动作简图的画法

本章导言: 篮球课程是体育教育专业的主干课程之一,对培养体育教师具有非常重要的作用。通过练习绘制篮球动作简图不仅可以帮助学生巩固动作技能,而且为将来编写教案和篮球教学打下绘图基础。本章介绍了篮球运球、传接球、投篮动作简图的画法。

学习目标: 掌握篮球运球、传接球、投篮动作简图的头高比例、绘图顺序和注意事项;学会篮球运球、传接球、投篮动作简图的画法;提高图像观察力和绘图造型能力。

第一节 运球动作简图的画法

一、高运球

1. 定义

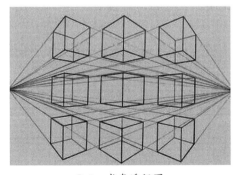

8-1 成角透视图

俯视是被观察物体低于地平线,或视点高于被观察物体,如上图最下方三个正方体。纵深方向线段的延长线向上消失在远处地平线的两侧。正方体上等长的两条线段在假设平面上的投影呈现出近大远小的规律。正方体上等高的两个点在假设平面上的投影呈现近低远高的透视特点。根据这一透视规律人体高运球俯视斜面图的画法如下。

2. 图例

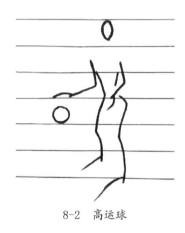

8-2　高运球

3. 比例

(1)比例横线:八线七格。(2)头高比例约为1∶8。头高1.0,颈0.5,躯干长2.5,腿长4.0,大腿长2.0,小腿长2.0,脚长1.0,手臂长3.0,上臂长1.0,前臂长1.0,手长1.0。

4. 画图顺序

先画右侧单线图,再画左侧单线图。按头、右侧躯干、下肢、脚、左侧躯干、下肢、脚、上肢、眼睛、辫子的顺序绘图。

5. 注意事项

重心在支撑面的中点上,前后不偏离。整体结构优美。线实,两点之间一笔完成,忌多次描画。用力均匀,忌粗细不均。指尖、脚尖、辫尖勿钝,留尖。画出人体的曲线:注意胸、臀、大腿、小腿的弧线方向。透视变形:近大远小。俯视透视图的特点:近低远高。注意交叉时先画近肢,远肢断开。

二、低运球

1.定义

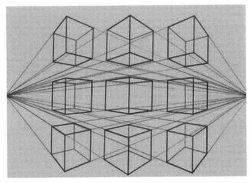

8-3　成角透视图

俯视是被观察物体低于地平线,或视点高于被观察物体,如上图最下方三个正方体。纵深方向线段的延长线向上消失在远处地平线的两侧。正方体上等长的两条线段在假设平面上的投影呈现出近大远小的规律。正方体上等高的两个点在假设平面上的投影呈现近低远高的透视特点。根据这一透视规律人体俯视斜面图的画法如下。

2.图例

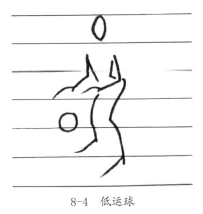

8-4　低运球

3. 比例

(1)比例横线:七线六格。(2)头高比例约为 1:8。头高 1.0,颈 0.5,躯干长 2.5,腿长 4.0,大腿长 2.0,小腿长 2.0,脚长 1.0,手臂长 3.0,上臂长 1.0,前臂长 1.0,手长 1.0。

4. 画图顺序

先画右侧单线图,再画左侧单线图。按头、右侧躯干、下肢、脚、左侧躯干、下肢、脚、上肢、眼睛、辫子的顺序绘图。

5. 注意事项

整体结构优美。线实,两点之间一笔完成,忌多次描画。用力均匀,忌粗细不均。指尖、脚尖、辫尖勿钝,留尖。画出人体的曲线,注意胸、臀、大腿、小腿的弧线方向。透视变形:近大远小。俯视透视图的特点:近低远高。注意交叉时先画近肢,远肢断开。

三、急停急启

1. 急停急启侧面平面图

急停急启侧面平面图是指人体急停急启时侧面的轮廓与假设平面平行,并且当被观察人体侧面的轮廓距离观察者的眼睛足够远时,被观察人体侧面的轮廓在假设平面上的投影。此时被观察人体侧面轮廓上每一个点发出的光线到观察者眼睛的距离可以近似地认为是相等的,画成平面图。

2. 图例

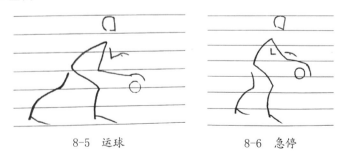

8-5 运球   8-6 急停

8-7　急启

3. 比例

(1)比例横线:七线六格、八线七格。(2)头高比例约为1:8。头高1.0,颈0.5,躯干长2.5,腿长4.0,大腿长2.0,小腿长2.0,脚长1.0,手臂长3.0,上臂长1.0,前臂长1.0,手长1.0。

4. 画图顺序

按头、躯干、下肢、上肢的顺序绘图。

5. 注意事项

线实,用力均匀,指尖、脚尖、辫尖勿钝,留尖。画出人体的曲线,注意胸、臀、大腿、小腿的弧线方向。注意交叉时先画近肢,远肢断开。

四、体前变向

1. 定义

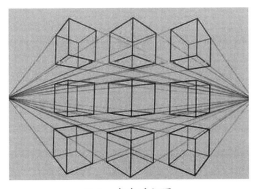

8-8　成角透视图

俯视是被观察物体低于地平线,或视点高于被观察物体,如上图最下方三个正方体。纵深方向线段的延长线向上消失在远处地平线的两侧。正方体上等长的两条线段在假设平面上的投影呈现出近大远小的规律。正方体上等高的两个点在假设平面上的投影呈现近低远高的透视特点。根据这一透视规律人体俯视斜面图的画法如下。

2. 图例

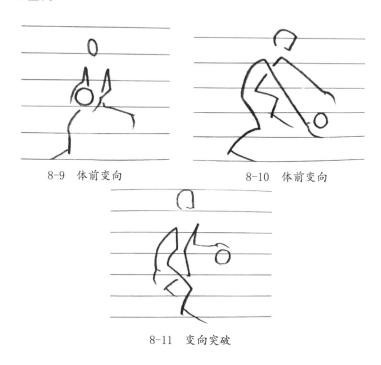

8-9 体前变向   8-10 体前变向

8-11 变向突破

3. 比例

(1)比例横线:六线五格、九线八格、七线六格。(2)头高比例约为1:8。头高 1.0,颈 0.5,躯干长 2.5,腿长 4.0,大腿长 2.0,小腿长 2.0,脚长 1.0,手臂长 3.0,上臂长 1.0,前臂长 1.0,手长 1.0。

4. 画图顺序

先画右侧单线图,再画左侧单线图。按头、右侧躯干、下肢、脚、左侧躯干、下肢、脚、上肢、眼睛、辫子的顺序绘图。

5. 注意事项

　　整体重心在支撑面的中点上,前后不偏离。整体结构优美。线实,两点之间一笔完成,忌多次描画。用力均匀,忌粗细不均。指尖、脚尖、辫尖勿钝,留尖。画出人体的曲线:注意胸、臀、大腿、小腿的弧线方向。透视变形:近大远小。俯视透视图的特点:近低远高。

五、体前变向不换手

1. 定义

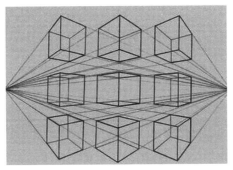

8-12　成角透视图

　　俯视是被观察物体低于地平线,或视点高于被观察物体,如上图最下方三个正方体。纵深方向线段的延长线向上消失在远处地平线的两侧。正方体上等长的两条线段在假设平面上的投影呈现出近大远小的规律。正方体上等高的两个点在假设平面上的投影呈现近低远高的透视特点。根据这一透视规律人体俯视斜面图的画法如下。

2. 图例

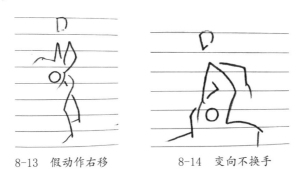

8-13　假动作右移　　　　8-14　变向不换手

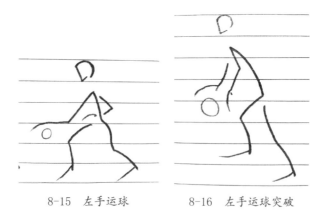

8-15　左手运球　　　　　　8-16　左手运球突破

3. 比例

(1)比例横线：九线八格、七线六格。(2)头高比例约为1∶8。头高1.0，颈0.5，躯干长2.5，腿长4.0，大腿长2.0，小腿长2.0，脚长1.0，手臂长3.0，上臂长1.0，前臂长1.0，手长1.0。

4. 画图顺序

先画右侧单线图，再画左侧单线图。按头、右侧躯干、下肢、脚、左侧躯干、下肢、脚、上肢、眼睛、辫子的顺序绘图。

5. 注意事项

整体重心在支撑面的中点上，前后不偏离。整体结构优美。线实，两点之间一笔完成，忌多次描画。用力均匀，忌粗细不均。指尖、脚尖、辫尖勿钝，留尖。画出人体的曲线：注意胸、臀、大腿、小腿的弧线方向。透视变形：近大远小。俯视透视图的特点：近低远高。注意交叉时先画近肢，远肢断开。

六、背后运球

1. 直立侧面平面图

是指人体直立时侧面的轮廓与假设平面平行，并且当被观察人体侧面的轮廓距离观察者的眼睛足够远时，被观察人体侧面的轮廓在假设平面上的投影。此时被观察人体侧面轮廓上每一个点发出的光线到观察者眼睛的距离可以近似地认为是相等的,画成平面图。

2. 图例

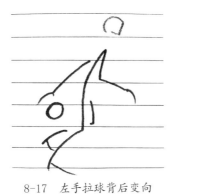

8-17　左手拉球背后变向　　　　8-18　右手运球

3. 比例

(1)比例横线:八线七格、九线八格。(2)头高比例约为1:8。头高1.0,颈0.5,躯干长2.5,腿长4.0,大腿长2.0,小腿长2.0,脚长1.0,手臂长3.0,上臂长1.0,前臂长1.0, 手长1.0。

4. 画图顺序

按头、躯干、下肢、上肢的顺序绘图。

5. 注意事项

整体重心在支撑面的中点上,前后不偏离。线实,用力均匀,指尖、脚尖、辫尖勿钝,留尖。画出人体的曲线:注意胸、臀、大腿、小腿的弧线方向。注意交叉时先画近肢,远肢断开。

七、后转身运球

1. 定义

俯视是被观察物体低于地平线,或视点高于被观察物体,如上图最

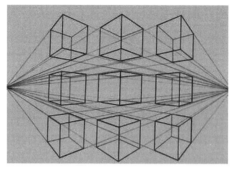

8-19   成角透视图

下方三个正方体。纵深方向线段的延长线向上消失在远处地平线的两侧。正方体上等长的两条线段在假设平面上的投影呈现出近大远小的规律。正方体上等高的两个点在假设平面上的投影呈现近低远高的透视特点。根据这一透视规律人体俯视斜面图的画法如下。

2. 图例

8-20   右手运球   8-21   向右转身

8-22   左手运球突破

3. 比例

(1)比例横线:七线六格、五线四格。(2)头高比例约为1:8。头高1.0,

颈 0.5,躯干长 2.5,腿长 4.0,大腿长 2.0,小腿长 2.0,脚长 1.0,手臂长 3.0,上臂长 1.0,前臂长 1.0, 手长 1.0。

4. 画图顺序

先画右侧单线图,再画左侧单线图。按头、右侧躯干、下肢、脚、左侧躯干、下肢、脚、上肢、眼睛、辫子的顺序绘图。

5. 注意事项

整体重心在支撑面的中点上,前后不偏离。整体结构优美。线实,两点之间一笔完成,忌多次描画。用力均匀,忌粗细不均。指尖、脚尖、辫尖勿钝,留尖。画出人体的曲线:注意胸、臀、大腿、小腿的弧线方向。透视变形:近大远小。俯视透视图的特点:近低远高。注意交叉时先画近肢,远肢断开。

八、原地交叉步突破

1. 定义

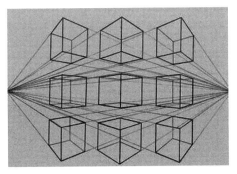

8-23　成角透视图

俯视是被观察物体低于地平线,或视点高于被观察物体,如上图最下方三个正方体。纵深方向线段的延长线向上消失在远处地平线的两侧。正方体上等长的两条线段在假设平面上的投影呈现出近大远小的规律。正方体上等高的两个点在假设平面上的投影呈现近低远高的透视特点。根据这一透视规律人体原地交叉步突破俯视斜面图的画法如下。

2. 图例

8-24　向左假动作　　　　　8-25　左脚向右交叉

8-26　右手运球突破

3. 比例

（1）比例横线：五线四格、七线六格。（2）头高比例约为1∶8。头高1.0,颈0.5,躯干长2.5,腿长4.0,大腿长2.0,小腿长2.0,脚长1.0,手臂长3.0,上臂长1.0,前臂长1.0, 手长1.0。

4. 画图顺序

先画右侧单线图,再画左侧单线图。按头、右侧躯干、下肢、脚、左侧躯干、下肢、脚、上肢、眼睛、辫子的顺序绘图。

5. 注意事项

整体重心在支撑面的中点上,前后不偏离。整体结构优美。线实,两点之间一笔完成,忌多次描画。用力均匀,忌粗细不均。指尖、脚尖、辫尖勿钝,留尖。画出人体的曲线:注意胸、臀、大腿、小腿的弧线方向。透视变形:近大远小。俯视透视图的特点:近低远高。注意交叉时先画近肢,远肢断开。

九、原地同侧步突破

1. 定义

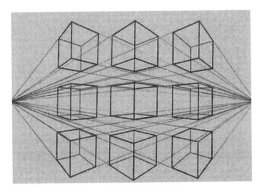

8-27　成角透视图

俯视是被观察物体低于地平线,或视点高于被观察物体,如上图最下方三个正方体。纵深方向线段的延长线向上消失在远处地平线的两侧。正方体上等长的两条线段在假设平面上的投影呈现出近大远小的规律。正方体上等高的两个点在假设平面上的投影呈现近低远高的透视特点。根据这一透视规律人体原地同侧步突破俯视斜面图的画法如下。

2. 图例

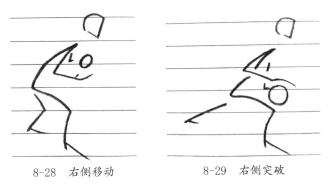

8-28　右侧移动　　　　　　　　8-29　右侧突破

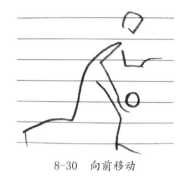

8-30　向前移动

3.比例

（1）比例横线：七线六格。（2）头高比例1：8。头高1.0,颈0.5,躯干长2.5,腿长4.0,大腿长2.0,小腿长2.0,脚长1.0,手臂长3.0,上臂长1.0,前臂长1.0,手长1.0。

4.画图顺序

先画右侧单线图,再画左侧单线图。按头、右侧躯干、下肢、脚、左侧躯干、下肢、脚、上肢、眼睛、辫子的顺序绘图。

5.注意事项

整体重心在支撑面的中点上,前后不偏离。整体结构优美。线实,两点之间一笔完成,忌多次描画。用力均匀,忌粗细不均。指尖、脚尖、辫尖勿钝,留尖。画出人体的曲线：注意胸、臀、大腿、小腿的弧线方向。透视变形:近大远小。俯视透视图的特点:近低远高。注意交叉时先画近肢,远肢断开。

十、跳步急停交叉步突破

1.定义

俯视是被观察物体低于地平线,或视点高于被观察物体,如上图最下方三个正方体。纵深方向线段的延长线向上消失在远处地平线的两侧。正方体上等长的两条线段在假设平面上的投影呈现出近大远小的

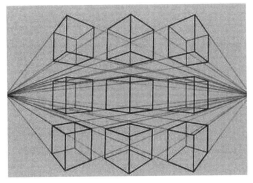

8-31　成角透视图

规律。正方体上等高的两个点在假设平面上的投影呈现近低远高的透视特点。根据这一透视规律人体跳步急停交叉步突破俯视斜面图的画法如下。

2. 图例

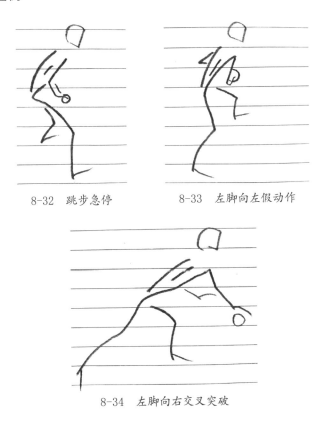

8-32　跳步急停　　　　　8-33　左脚向左假动作

8-34　左脚向右交叉突破

3. 比例

（1）比例横线：九线八格。（2）头高比例约为1:8。头高1.0，颈0.5，躯干长2.5，腿长4.0，大腿长2.0，小腿长2.0，脚长1.0，手臂长3.0，上臂长1.0，前臂长1.0，手长1.0。

4. 画图顺序

先画右侧单线图，再画左侧单线图。按头、右侧躯干、下肢、脚、左侧躯干、下肢、脚、上肢、眼睛、辫子的顺序绘图。

5. 注意事项

整体重心在支撑面的中点上，前后不偏离。整体结构优美。线实，两点之间一笔完成，忌多次描画。用力均匀，忌粗细不均。指尖、脚尖、辫尖勿钝，留尖。画出人体的曲线：注意胸、臀、大腿、小腿的弧线方向。透视变形：近大远小。俯视透视图的特点：近低远高。注意交叉时先画近肢，远肢断开。

第二节　传接球动作简图的画法

一、胸前传球
1. 定义

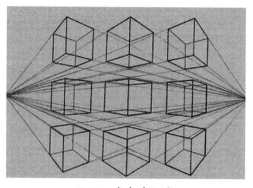

8-35　成角透视图

俯视是被观察物体低于地平线,或视点高于被观察物体,如上图最下方三个正方体。纵深方向线段的延长线向上消失在远处地平线的两侧。正方体上等长的两条线段在假设平面上的投影呈现出近大远小的规律。正方体上等高的两个点在假设平面上的投影呈现近低远高的透视特点。根据这一透视规律人体俯视斜面图的画法如下。

2. 图例

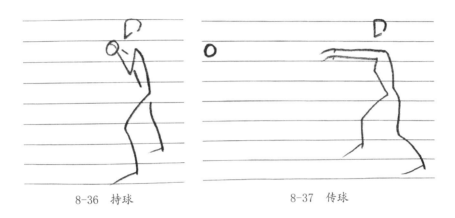

8-36 持球　　　　　　　　8-37 传球

3. 比例

(1)比例横线:九线八格。(2)头高比例约为1∶8。头高1.0,颈0.5,躯干长2.5,腿长4.0,大腿长2.0,小腿长2.0,脚长1.0,手臂长3.0,上臂长1.0,前臂长1.0,手长1.0。

4. 画图顺序

先画右侧单线图,再画左侧单线图。按头、右侧躯干、下肢、脚、左侧躯干、下肢、脚、上肢、眼睛、辫子的顺序绘图。

5. 注意事项

整体重心在支撑面的中点上,前后不偏离。整体结构优美。线实,两点之间一笔完成,忌多次描画。用力均匀,忌粗细不均。指尖、脚尖、辫尖勿钝,留尖。画出人体的曲线:注意胸、臀、大腿、小腿的弧线方向。

透视变形:近大远小。俯视透视图的特点:近低远高。注意交叉时先画近肢,
远肢断开。

二、反弹传球

1.定义

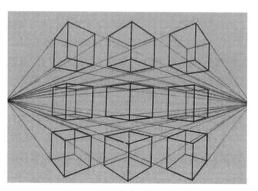

8-38 成角透视图

俯视是被观察物体低于地平线,或视点高于被观察物体,如上图
最下方三个正方体。纵深方向线段的延长线向上消失在远处地平线
的两侧。正方体上等长的两条线段在假设平面上的投影呈现出近大
远小的规律。正方体上等高的两个点在假设平面上的投影呈现近低
远高的透视特点。根据这一透视规律人体反弹传球俯视斜面图的画
法如下。

2.图例

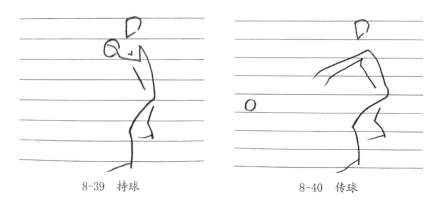

8-39 持球   8-40 传球

3. 比例

(1)比例横线:八线七格、九线八格。(2)头高比例约为1:8。头高1.0,颈0.5,躯干长2.5,腿长4.0,大腿长2.0,小腿长2.0,脚长1.0,手臂长3.0,上臂长1.0,前臂长1.0,手长1.0。

4. 画图顺序

先画右侧单线图,再画左侧单线图。按头、右侧躯干、下肢、脚、左侧躯干、下肢、脚、上肢、眼睛、辫子的顺序绘图。

5. 注意事项

整体重心在支撑面的中点上,前后不偏离。整体结构优美。线实,两点之间一笔完成,忌多次描画。用力均匀,忌粗细不均。指尖、脚尖、辫尖勿钝,留尖。画出人体的曲线:注意胸、臀、大腿、小腿的弧线方向。透视变形:近大远小。俯视透视图的特点:近低远高。注意交叉时先画近肢,远肢断开。

三、头上传球

1. 定义

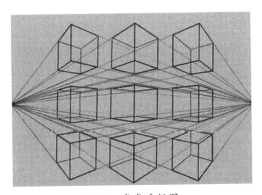

8-41　成角透视图

俯视是被观察物体低于地平线,或视点高于被观察物体,如上图最下方三个正方体。纵深方向线段的延长线向上消失在远处地平线的两侧。正方体上等长的两条线段在假设平面上的投影呈现出近大远小的规律。正方体上等高的两个点在假设平面上的投影呈现近低远高的透视特点。根据这一透视规律人体头上传球俯视斜面图的画法如下。

2. 图例

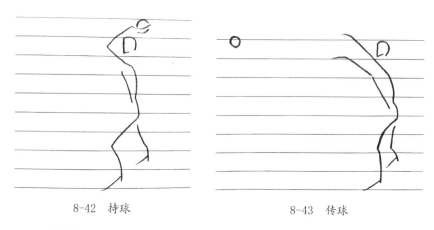

8-42 持球   8-43 传球

3. 比例

(1)比例横线: 十线九格、九线八格。(2)头高比例约为 1:8。头高 1.0,颈 0.5,躯干长 2.5,腿长 4.0,大腿长 2.0,小腿长 2.0,脚长 1.0,手臂长 3.0,上臂长 1.0,前臂长 1.0,手长 1.0。

4. 画图顺序

先画右侧单线图,再画左侧单线图。按头、右侧躯干、下肢、脚、左侧躯干、下肢、脚、上肢、眼睛、辫子的顺序绘图。

5. 注意事项

整体重心在支撑面的中点上,前后不偏离。整体结构优美。线实,两点之间一笔完成,忌多次描画。用力均匀,忌粗细不均。指尖、脚尖、辫尖勿钝,留尖。画出人体的曲线:注意胸、臀、大腿、小腿的弧线方向。透视变形:近大远小。俯视透视图的特点:近低远高。注意交叉时先画近肢,远肢断开。

四、单手肩上传球

1.定义

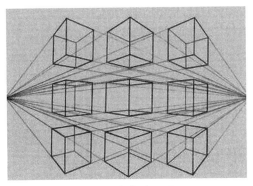

8-44　成角透视图

　　俯视是被观察物体低于地平线,或视点高于被观察物体,如上图最下方三个正方体。纵深方向线段的延长线向上消失在远处地平线的两侧。正方体上等长的两条线段在假设平面上的投影呈现出近大远小的规律。正方体上等高的两个点在假设平面上的投影呈现近低远高的透视特点。根据这一透视规律人体单手肩上传球俯视斜面图的画法如下。

2.图例

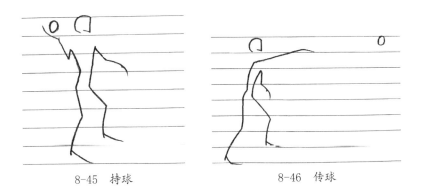

8-45　持球　　　　　　　　　　　8-46　传球

3.比例

　　(1)比例横线:九线八格。(2)头高比例1:8。头高 1.0,颈 0.5,躯干长 2.5,腿长 4.0,大腿长 2.0,小腿长 2.0,脚长 1.0,手臂长 3.0,上臂长 1.0, 前臂长 1.0, 手长 1.0。

4.画图顺序

先画右侧单线图,再画左侧单线图。按头、右侧躯干、下肢、脚、左侧躯干、下肢、脚、上肢、眼睛、辫子的顺序绘图。

5.注意事项

整体重心在支撑面的中点上,前后不偏离。整体结构优美。线实,两点之间一笔完成,忌多次描画。用力均匀,忌粗细不均。指尖、脚尖、辫尖勿钝,留尖。画出人体的曲线:注意胸、臀、大腿、小腿的弧线方向。透视变形:近大远小。俯视透视图的特点:近低远高。注意交叉时先画近肢,远肢断开。

五、单手胸前传球
1.定义

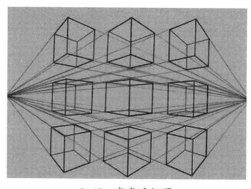

8-47 成角透视图

俯视是被观察物体低于地平线,或视点高于被观察物体,如上图最下方三个正方体。纵深方向线段的延长线向上消失在远处地平线的两侧。正方体上等长的两条线段在假设平面上的投影呈现出近大远小的规律。正方体上等高的两个点在假设平面上的投影呈现近低远高的透视特点。根据这一透视规律人体单手胸前传球俯视斜面图的画法如下。

2. 图例

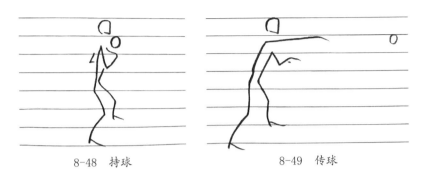

8-48　持球　　　　　　　　8-49　传球

3. 比例

（1）比例横线：八线七格。（2）头高比例约为1∶8。头高1.0,颈0.5,躯干长2.5,腿长4.0,大腿长2.0,小腿长2.0,脚长1.0,手臂长3.0,上臂长1.0,前臂长1.0,手长1.0。

4. 画图顺序

先画右侧单线图,再画左侧单线图。按头、右侧躯干、下肢、脚、左侧躯干、下肢、脚、上肢、眼睛、辫子的顺序绘图。

5. 注意事项

整体重心在支撑面的中点上,前后不偏离。整体结构优美。线实,两点之间一笔完成,忌多次描画。用力均匀,忌粗细不均。指尖、脚尖、辫尖勿钝,留尖。画出人体的曲线:注意胸、臀、大腿、小腿的弧线方向。透视变形:近大远小。俯视透视图的特点:近低远高。注意交叉时先画近肢,远肢断开。

六、单手体侧传球

1. 定义

俯视是被观察物体低于地平线,或视点高于被观察物体,如上图最下方三个正方体。纵深方向线段的延长线向上消失在远处地平线的两侧。

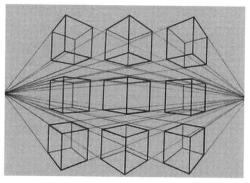

8-50 成角透视图

正方体上等长的两条线段在假设平面上的投影呈现出近大远小的规律。正方体上等高的两个点在假设平面上的投影呈现近低远高的透视特点。根据这一透视规律人体单手体侧传球俯视斜面图的画法如下。

2.图例

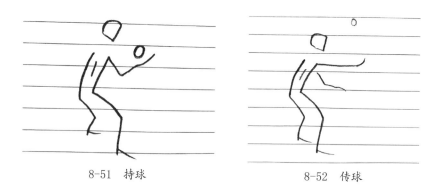

8-51 持球   8-52 传球

3.比例

(1)比例横线:七线六格、九线八格。(2)头高比例约为1:8。头高1.0,颈0.5,躯干长2.5,腿长4.0,大腿长2.0,小腿长2.0,脚长1.0,手臂长3.0,上臂长1.0,前臂长1.0,手长1.0。

4.画图顺序

先画右侧单线图,再画左侧单线图。按头、右侧躯干、下肢、脚、左侧躯干、下肢、脚、上肢、眼睛、辫子的顺序绘图。

5.注意事项

整体重心在支撑面的中点上,前后不偏离。整体结构优美。线实,两点之间一笔完成,忌多次描画。用力均匀,忌粗细不均。指尖、脚尖、辫尖勿钝,留尖。画出人体的曲线:注意胸、臀、大腿、小腿的弧线方向。透视变形:近大远小。俯视透视图的特点:近低远高。注意交叉时先画近肢,远肢断开。

七、双手接球

1.定义

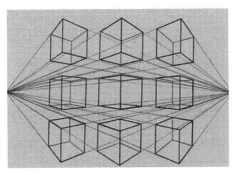

8-53 成角透视图

俯视是被观察物体低于地平线,或视点高于被观察物体,如上图最下方三个正方体。纵深方向线段的延长线向上消失在远处地平线的两侧。正方体上等长的两条线段在假设平面上的投影呈现出近大远小的规律。正方体上等高的两个点在假设平面上的投影呈现近低远高的透视特点。根据这一透视规律人体双手接球俯视斜面图的画法如下。

2.图例

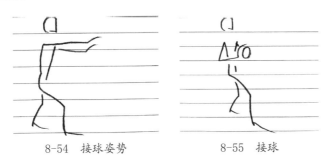

8-54 接球姿势   8-55 接球

3.比例

（1）比例横线：八线七格、九线八格。（2）头高比例约为1∶8。头高1.0,颈0.5,躯干长2.5,腿长4.0,大腿长2.0,小腿长2.0,脚长1.0,手臂长3.0,上臂长1.0,前臂长1.0,手长1.0。

4.画图顺序

先画右侧单线图,再画左侧单线图。按头、右侧躯干、下肢、脚、左侧躯干、下肢、脚、上肢、眼睛、辫子的顺序绘图。

5.注意事项

整体重心在支撑面的中点上,前后不偏离。整体结构优美。线实,两点之间一笔完成,忌多次描画。用力均匀,忌粗细不均。指尖、脚尖、辫尖勿钝,留尖。画出人体的曲线:注意胸、臀、大腿、小腿的弧线方向。透视变形:近大远小。俯视透视图的特点:近低远高。注意交叉时先画近肢,远肢断开。

八、单手接球

1.定义

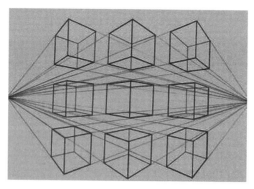

8-56　成角透视图

俯视是被观察物体低于地平线,或视点高于被观察物体,如上图最下方三个正方体。纵深方向线段的延长线向上消失在远处地平线的两侧。正方体上等长的两条线段在假设平面上的投影呈现出近大远小的规律。正方体上等高的两个点在假设平面上的投影呈现近低远高的透视特点。根据这一透视规律人体单手接球俯视斜面图的画法如下。

2. 图例

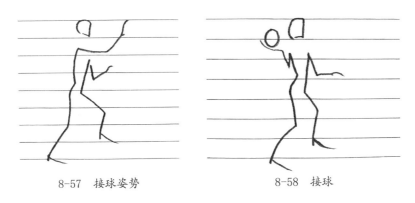

8-57 接球姿势　　　　　8-58 接球

3. 比例

（1）比例横线：九线八格。（2）头高比例 1:8。头高 1.0，颈 0.5，躯干长 2.5，腿长 4.0，大腿长 2.0，小腿长 2.0，脚长 1.0，手臂长 3.0，上臂长 1.0，前臂长 1.0，手长 1.0。

4. 画图顺序

先画右侧单线图，再画左侧单线图。按头、右侧躯干、下肢、脚、左侧躯干、下肢、脚、上肢、眼睛、辫子的顺序绘图。

5. 注意事项

整体重心在支撑面的中点上，前后不偏离。整体结构优美。线实，两点之间一笔完成，忌多次描画。用力均匀，忌粗细不均。指尖、脚尖、辫尖勿钝，留尖。画出人体的曲线：注意胸、臀、大腿、小腿的弧线方向。透视变形：近大远小。俯视透视图的特点：近低远高。注意交叉时先画近肢，远肢断开。

第三节 投篮动作简图的画法

一、双手胸前投篮

1.定义

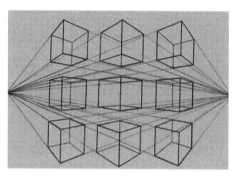

8-59 成角透视图

俯视是被观察物体低于地平线,或视点高于被观察物体,如上图最下方三个正方体。纵深方向线段的延长线向上消失在远处地平线的两侧。正方体上等长的两条线段在假设平面上的投影呈现出近大远小的规律。正方体上等高的两个点在假设平面上的投影呈现近低远高的透视特点。根据这一透视规律人体双手胸前投篮俯视斜面图的画法如下。

2.图例

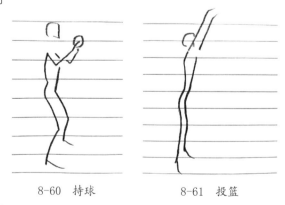

8-60 持球   8-61 投篮

3.比例

(1)比例横线:九线八格、十一线十格。(2)头高比例约为1:8。头高 1.0,颈 0.5,躯干长 2.5,腿长 4.0,大腿长 2.0,小腿长 2.0,脚长 1.0,手臂长 3.0,上臂长 1.0,前臂长 1.0,手长 1.0。

4.画图顺序

先画右侧单线图,再画左侧单线图。按头、右侧躯干、下肢、脚、左侧躯干、下肢、脚、上肢、眼睛、辫子的顺序绘图。

5.注意事项

整体重心在支撑面的中点上,前后不偏离。整体结构优美。线实,两点之间一笔完成,忌多次描画。用力均匀,忌粗细不均。指尖、脚尖、辫尖勿钝,留尖。画出人体的曲线:注意胸、臀、大腿、小腿的弧线方向。透视变形:近大远小。俯视透视图的特点:近低远高。注意交叉时先画近肢,远肢断开。

二、单手肩上投篮

1.单手肩上投篮侧面平面图

单手肩上投篮侧面平面图是指人体做单手肩上投篮时侧面的轮廓与假设平面平行,并且当被观察人体侧面的轮廓距离观察者的眼睛足够远时,被观察人体侧面的轮廓在假设平面上的投影。此时被观察人体侧面轮廓上每一个点发出的光线到观察者眼睛的距离可以近似地认为是相等的,画成平面图。

2.图例

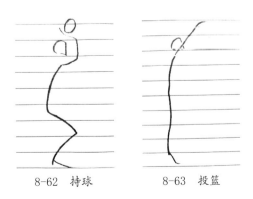

8-62　持球　　　　8-63　投篮

3. 比例

（1）比例横线：十线九格、十一线十格。（2）头高比例约为 1∶8。头高 1.0，颈 0.5，躯干长 2.5，腿长 4.0，大腿长 2.0，小腿长 2.0，脚长 1.0，手臂长 3.0，上臂长 1.0，前臂长 1.0，手长 1.0。

4. 画图顺序

按头、躯干、下肢、上肢的顺序绘图。

5. 注意事项

整体重心在支撑面的中点上，前后不偏离。线实，用力均匀，指尖、脚尖、辫尖勿钝，留尖。画出人体的曲线：注意胸、臀、大腿、小腿的弧线方向。注意交叉时先画近肢，远肢断开。

三、行进间高手上篮

1. 定义

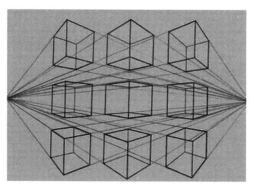

8-64　成角透视图

俯视是被观察物体低于地平线，或视点高于被观察物体，如上图最下方三个正方体。纵深方向线段的延长线向上消失在远处地平线的两侧。正方体上等长的两条线段在假设平面上的投影呈现出近大远小的规律。正方体上等高的两个点在假设平面上的投影呈现近低远高的透视特点。根据这一透视规律人体行进间高手上篮俯视斜面图的画法如下。

2. 图例

8-65　持球跨步　　　　　8-66　左脚起跳高手投篮

3. 比例

（1）比例横线：九线八格、十二线十一格。（2）头高比例约为1：8。头高1.0,颈0.5,躯干长2.5,腿长4.0,大腿长2.0,小腿长2.0,脚长1.0,手臂长3.0,上臂长1.0,前臂长1.0,手长1.0。

4. 画图顺序

先画右侧单线图,再画左侧单线图。按头、右侧躯干、下肢、脚、左侧躯干、下肢、脚、上肢、眼睛、辫子的顺序绘图。

5. 注意事项

整体重心在支撑面的中点上,前后不偏离。整体结构优美。线实,两点之间一笔完成,忌多次描画。用力均匀,忌粗细不均。指尖、脚尖、辫尖勿钝,留尖。画出人体的曲线：注意胸、臀、大腿、小腿的弧线方向。透视变形：近大远小。俯视透视图的特点：近低远高。注意交叉时先画近肢,远肢断开。

四、行进间低手上篮

1. 定义

俯视是被观察物体低于地平线,或视点高于被观察物体,如上图最下

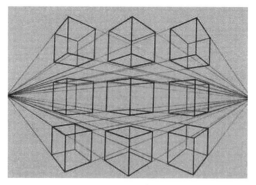

8-67　成角透视图

方三个正方体。纵深方向线段的延长线向上消失在远处地平线的两侧。
正方体上等长的两条线段在假设平面上的投影呈现出近大远小的规律。
正方体上等高的两个点在假设平面上的投影呈现近低远高的透视特点。
根据这一透视规律人体行进间低手上篮俯视斜面图的画法如下。

2. 图例

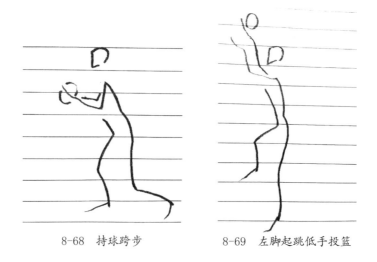

8-68　持球跨步　　　　　　　8-69　左脚起跳低手投篮

3. 比例

（1）比例横线：九线八格、十二线十一格。（2）头高比例约为1∶8。
头高1.0,颈0.5,躯干长2.5,腿长4.0,大腿长2.0,小腿长2.0,脚长1.0,
手臂长3.0,上臂长1.0,前臂长1.0,手长1.0。

4. 画图顺序

先画右侧单线图,再画左侧单线图。按头、右侧躯干、下肢、脚、左侧躯干、下肢、脚、上肢、眼睛、辫子的顺序绘图。

5. 注意事项

整体重心在支撑面的中点上,前后不偏离。整体结构优美。线实,两点之间一笔完成,忌多次描画。用力均匀,忌粗细不均。指尖、脚尖、辫尖勿钝,留尖。画出人体的曲线:注意胸、臀、大腿、小腿的弧线方向。透视变形:近大远小。俯视透视图的特点:近低远高。注意交叉时先画近肢,远肢断开。

五、行进间反手上篮

1. 定义

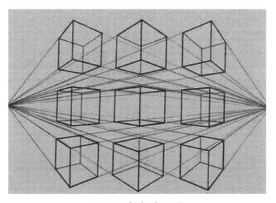

8-70　成角透视图

俯视是被观察物体低于地平线,或视点高于被观察物体,如上图最下方三个正方体。纵深方向线段的延长线向上消失在远处地平线的两侧。正方体上等长的两条线段在假设平面上的投影呈现出近大远小的规律。正方体上等高的两个点在假设平面上的投影呈现近低远高的透视特点。根据这一透视规律人体行进间反手上篮俯视斜面图的画法如下。

2. 图例

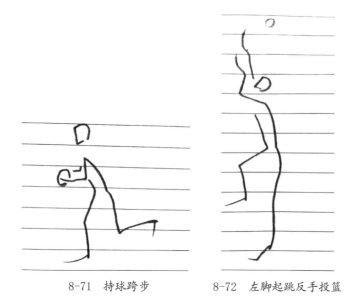

8-71 持球跨步   8-72 左脚起跳反手投篮

3. 比例

（1）比例横线：八线七格、十二线十一格。（2）头高比例约为1:8。头高1.0,颈0.5,躯干长2.5,腿长4.0,大腿长2.0,小腿长2.0,脚长1.0,手臂长3.0,上臂长1.0,前臂长1.0,手长1.0。

4. 画图顺序

先画右侧单线图,再画左侧单线图。按头、右侧躯干、下肢、脚、左侧躯干、下肢、脚、上肢、眼睛、辫子的顺序绘图。

5. 注意事项

整体重心在支撑面的中点上,前后不偏离。整体结构优美。线实,两点之间一笔完成,忌多次描画。用力均匀,忌粗细不均。指尖、脚尖、辫尖勿钝,留尖。画出人体的曲线:注意胸、臀、大腿、小腿的弧线方向。透视变形:近大远小。俯视透视图的特点:近低远高。注意交叉时先画近肢,远肢断开。

六、行进间勾手上篮

1.定义

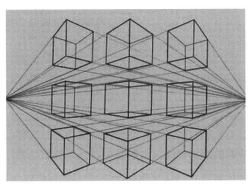

8-73　成角透视图

　　俯视是被观察物体低于地平线,或视点高于被观察物体,如上图最下方三个正方体。纵深方向线段的延长线向上消失在远处地平线的两侧。正方体上等长的两条线段在假设平面上的投影呈现出近大远小的规律。正方体上等高的两个点在假设平面上的投影呈现近低远高的透视特点。根据这一透视规律人体行进间勾手上篮俯视斜面图的画法如下。

2.图例

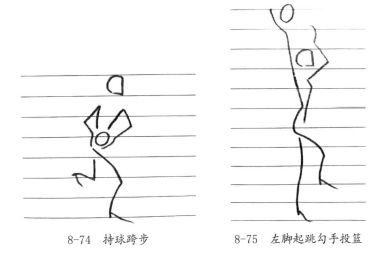

8-74　持球跨步　　　　　　8-75　左脚起跳勾手投篮

3. 比例

(1)比例横线:八线七格、十二线十一格。(2)头高比例约为 1:8。
头高 1.0,颈 0.5,躯干长 2.5,腿长 4.0,大腿长 2.0,小腿长 2.0,脚长 1.0,
手臂长 3.0,上臂长 1.0,前臂长 1.0,手长 1.0。

4. 画图顺序

先画右侧单线图,再画左侧单线图。按头、右侧躯干、下肢、脚、左
侧躯干、下肢、脚、上肢、眼睛、辫子的顺序绘图。

5. 注意事项

整体重心在支撑面的中点上,前后不偏离。整体结构优美。线实,
两点之间一笔完成,忌多次描画。用力均匀,忌粗细不均。指尖、脚尖、
辫尖勿钝,留尖。画出人体的曲线:注意胸、臀、大腿、小腿的弧线方向。
透视变形:近大远小。俯视透视图的特点:近低远高。注意交叉时先画
近肢,远肢断开。

七、跳投

1. 定义

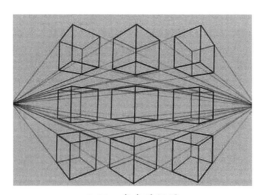

8-76　成角透视图

俯视是被观察物体低于地平线,或视点高于被观察物体,如上图最
下方三个正方体。纵深方向线段的延长线向上消失在远处地平线的两

侧。正方体上等长的两条线段在假设平面上的投影呈现出近大远小的规律。正方体上等高的两个点在假设平面上的投影呈现近低远高的透视特点。根据这一透视规律人体跳投俯视斜面图的画法如下。

2. 图例

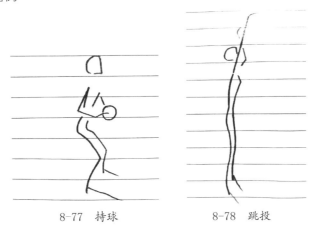

8-77 持球   8-78 跳投

3. 比例

(1)比例横线:八线七格、十二线十一格。(2)头高比例约为1:8。头高1.0,颈0.5,躯干长2.5,腿长4.0,大腿长2.0,小腿长2.0,脚长1.0,手臂长3.0,上臂长1.0,前臂长1.0,手长1.0。

4. 画图顺序

先画右侧单线图,再画左侧单线图。按头、右侧躯干、下肢、脚、左侧躯干、下肢、脚、上肢、眼睛、辫子的顺序绘图。

5. 注意事项

整体重心在支撑面的中点上,前后不偏离。整体结构优美。线实,两点之间一笔完成,忌多次描画。用力均匀,忌粗细不均。指尖、脚尖、辫尖勿钝,留尖。画出人体的曲线,注意胸、臀、大腿、小腿的弧线方向。透视变形:近大远小。俯视透视图的特点:近低远高。注意交叉时先画近肢,远肢断开。

八、补篮

1.定义

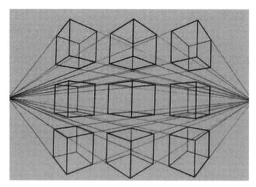

8-79　成角透视图

俯视是被观察物体低于地平线,或视点高于被观察物体,如上图最下方三个正方体。纵深方向线段的延长线向上消失在远处地平线的两侧。正方体上等长的两条线段在假设平面上的投影呈现出近大远小的规律。正方体上等高的两个点在假设平面上的投影呈现近低远高的透视特点。根据这一透视规律人体俯视斜面图的画法如下。

2.图例

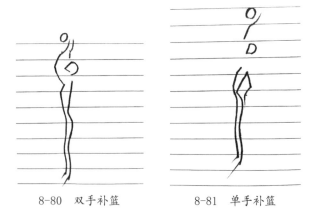

8-80　双手补篮　　　　　　8-81　单手补篮

3.比例

(1)比例横线:十一线十格。(2)头高比例约为1:8。头高1.0,颈

0.5,躯干长2.5,腿长4.0,大腿长2.0,小腿长2.0,脚长1.0,手臂长3.0,上臂长1.0,前臂长1.0,手长1.0。

4.画图顺序

先画右侧单线图,再画左侧单线图。按头、右侧躯干、下肢、脚、左侧躯干、下肢、脚、上肢、眼睛、辫子的顺序绘图。

5.注意事项

整体重心在支撑面的中点上,前后不偏离。整体结构优美。线实,两点之间一笔完成,忌多次描画。用力均匀,忌粗细不均。指尖、脚尖、辫尖勿钝,留尖。画出人体的曲线:注意胸、臀、大腿、小腿的弧线方向。透视变形:近大远小。俯视透视图的特点:近低远高。注意交叉时先画近肢,远肢断开。

九、扣篮

1.定义

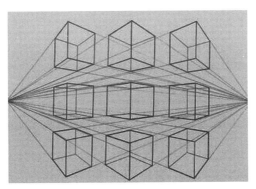

8 82　成角透视图

俯视是被观察物体低于地平线,或视点高于被观察物体,如上图最下方三个正方体。纵深方向线段的延长线向上消失在远处地平线的两侧。正方体上等长的两条线段在假设平面上的投影呈现出近大远小的规律。正方体上等高的两个点在假设平面上的投影呈现近低远高的透视特点。根据这一透视规律人体俯视斜面图的画法如下。

2. 图例

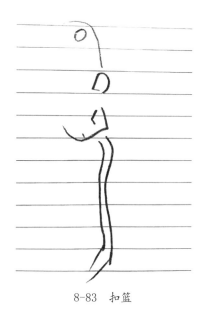

8-83　扣篮

3. 比例

(1)比例横线:十二线十一格。(2)头高比例 1:8。头高 1.0,颈 0.5,躯干长 2.5,腿长 4.0,大腿长 2.0,小腿长 2.0,脚长 1.0,手臂长 3.0,上臂长 1.0,前臂长 1.0,手长 1.0。

4. 画图顺序

先画右侧单线图,再画左侧单线图。按头、右侧躯干、下肢、脚、左侧躯干、下肢、脚、上肢、眼睛、辫子的顺序绘图。

5. 注意事项

整体重心在支撑面的中点上,前后不偏离。整体结构优美。线实,两点之间一笔完成,忌多次描画。用力均匀,忌粗细不均。指尖、脚尖、辫尖勿钝,留尖。画出人体的曲线:注意胸、臀、大腿、小腿的弧线方向。透视变形:近大远小。俯视透视图的特点:近低远高。注意交叉时先画近肢,远肢断开。

思考问题

　　1.请回答篮球运球各动作简图的头高比例、绘图顺序和注意事项?

　　2.请回答篮球传接球各动作简图的头高比例、绘图顺序和注意事项?

　　3.请回答篮球投篮各动作简图的头高比例、绘图顺序和注意事项?

参考文献

[1] 陈国瑞. 篮球 [M]. 福州：福建科技出版社 ,2006.

第九章　排球动作简图的画法

本章导言: 排球课程是体育教育专业的主干课程之一,对培养体育教师具有非常重要的作用。通过练习绘制排球动作简图不仅可以帮助学生巩固动作技能,而且为将来编写教案和排球教学打下绘图基础。本章介绍了排球传球、垫球、发球、扣球、拦网动作简图的画法。

学习目标: 掌握排球传球、垫球、发球、扣球、拦网动作简图的头高比例、绘图顺序和注意事项;学会排球传球、垫球、发球、扣球、拦网动作简图的画法;提高图像观察力和绘图造型能力。

第一节　传球动作简图的画法

一、正面传球

1. 定义

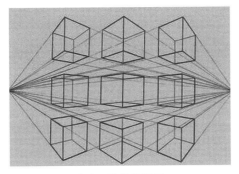

9-1　成角透视图

俯视是被观察物体低于地平线,或视点高于被观察物体,如上图最下方三个正方体。纵深方向线段的延长线向上消失在远处地平线的两侧。正方体上等长的两条线段在假设平面上的投影呈现出近大远小的规律。正方体上等高的两个点在假设平面上的投影呈现近低远高的透视特点。根据这一透视规律人体正面传球俯视斜面图的画法如下。

2. 图例

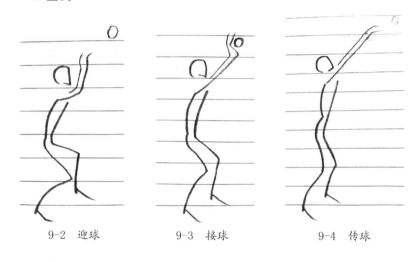

9-2 迎球   9-3 接球   9-4 传球

3. 比例

(1)比例横线:十线八格、十二线十一格。(2)头高比例1:8。头高 1.0,颈 0.5,躯干长 2.5,腿长 4.0,大腿长 2.0,小腿长 2.0,脚长 1.0,手臂长 3.0,上臂长 1.0,前臂长 1.0,手长 1.0。

4. 画图顺序

先画右侧单线图,再画左侧单线图。按头、右侧躯干、下肢、脚、左侧躯干、下肢、脚、上肢、眼睛、辫子的顺序绘图。

5. 注意事项

整体重心在支撑面的中点上,前后不偏离。整体结构优美。线实,两点之间一笔完成,忌多次描画。用力均匀,忌粗细不均。指尖、脚尖、辫尖勿钝,留尖。画出人体的曲线:注意胸、臀、大腿、小腿的弧线方向。
透视变形:近大远小。俯视透视图的特点:近低远高。注意交叉时先画
近肢,远肢断开。

二、背面传球

1. 背面传球侧面平面图

背面传球侧面平面图是指人体做背面传球时侧面的轮廓与假设平
面平行,并且当被观察人体侧面的轮廓距离观察者的眼睛足够远时,被
观察人体侧面的轮廓在假设平面上的投影。此时被观察人体侧面轮廓
上每一个点发出的光线到观察者眼睛的距离可以近似地认为是相等的,
画成平面图。

2. 图例

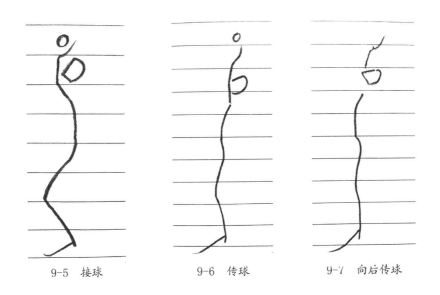

9-5　接球　　　　9-6　传球　　　　9-7　向后传球

3. 比例

(1)比例横线:九线八格、十一线十格。(2)头高比例约为1:8。头
高1.0,颈0.5,躯干长2.5,腿长4.0,大腿长2.0,小腿长2.0,脚长1.0,
手臂长3.0,上臂长1.0,前臂长1.0,手长1.0。

4.画图顺序

按头、躯干、下肢、上肢的顺序绘图。

5.注意事项

整体重心在支撑面的中点上,前后不偏离。线实,用力均匀,指尖、脚尖、辫尖勿钝,留尖。画出人体的曲线,注意胸、臀、大腿、小腿的弧线方向。

第二节　垫球动作简图的画法

一、正面垫球
1.定义

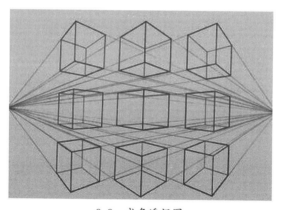

9-8　成角透视图

俯视是被观察物体低于地平线,或视点高于被观察物体,如上图最下方三个正方体。纵深方向线段的延长线向上消失在远处地平线的两侧。正方体上等长的两条线段在假设平面上的投影呈现出近大远小的规律。正方体上等高的两个点在假设平面上的投影呈现近低远高的透视特点。根据这一透视规律人体正面垫球俯视斜面图的画法如下。

2. 图例

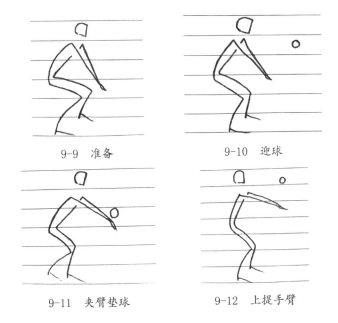

9-9　准备　　　　　　　　9-10　迎球

9-11　夹臂垫球　　　　　　9-12　上提手臂

3. 比例

(1)比例横线:七线六格、八线七格。(2)头高比例约为1:8。头高1.0,颈0.5,躯干长2.5,腿长4.0,大腿长2.0,小腿长2.0,脚长1.0,手臂长3.0,上臂长1.0,前臂长1.0, 手长1.0。

4. 画图顺序

先画右侧单线图,再画左侧单线图。按头、右侧躯干、下肢、脚、左侧躯干、下肢、脚、上肢、眼睛、辫子的顺序绘图。

5. 注意事项

整体重心在支撑面的中点上,前后不偏离。整体结构优美。线实,两点之间一笔完成,忌多次描画。用力均匀,忌粗细不均。指尖、脚尖、辫尖勿钝,留尖。画出人体的曲线:注意胸、臀、大腿、小腿的弧线方向。透视变形:近大远小。俯视透视图的特点:近低远高。注意交叉时先画近肢,远肢断开。

二、侧面垫球

1.定义

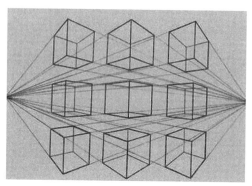

9-13 成角透视图

俯视是被观察物体低于地平线,或视点高于被观察物体,如上图最下方三个正方体。纵深方向线段的延长线向上消失在远处地平线的两侧。正方体上等长的两条线段在假设平面上的投影呈现出近大远小的规律。正方体上等高的两个点在假设平面上的投影呈现近低远高的透视特点。根据这一透视规律人体侧面垫球俯视斜面图的画法如下。

2. 图例

9-14 侧面垫球

3. 比例

(1)比例横线:八线七格。(2)头高比例1∶8。头高1.0,颈0.5,躯干长2.5,腿长4.0,大腿长2.0,小腿长2.0,脚长1.0,手臂长3.0,上臂长 1.0,前臂长 1.0,手长 1.0。

4.画图顺序

先画右侧单线图,再画左侧单线图。按头、右侧躯干、下肢、脚、左侧躯干、下肢、脚、上肢、眼睛、辫子的顺序绘图。

5.注意事项

整体重心在支撑面的中点上,前后不偏离。整体结构优美。线实,两点之间一笔完成,忌多次描画。用力均匀,忌粗细不均。指尖、脚尖、辫尖勿钝,留尖。画出人体的曲线:注意胸、臀、大腿、小腿的弧线方向。透视变形:近大远小。俯视透视图的特点:近低远高。注意交叉时先画近肢,远肢断开。

三、背后垫球

1.背后面垫球侧面平面图

背后面垫球侧面平面图是指人体做背后面垫球时侧面的轮廓与假设平面平行,并且当被观察人体侧面的轮廓距离观察者的眼睛足够远时,被观察人体侧面的轮廓在假设平面上的投影。此时被观察人体侧面轮廓上每一个点发出的光线到观察者眼睛的距离可以近似地认为是相等的,画成平面图。

2.图例

9-15　向背后垫球

3. 比例

（1）比例横线：九线八格。（2）头高比例约为1:8。头高1.0，颈0.5，躯干长2.5，腿长4.0，大腿长2.0，小腿长2.0，脚长1.0，手臂长3.0，上臂长1.0，前臂长1.0，手长1.0。

4. 画图顺序

按头、躯干、下肢、上肢的顺序绘图。

5. 注意事项

整体重心在支撑面的中点上，前后不偏离。线实，用力均匀，指尖、脚尖、辫尖勿钝，留尖。画出人体的曲线：注意胸、臀、大腿、小腿的弧线方向。注意交叉时先画近肢，远肢断开。

四、跨步垫球
1. 定义

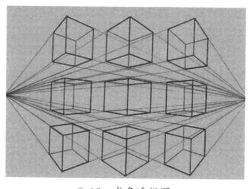

9-16　成角透视图

俯视是被观察物体低于地平线，或视点高于被观察物体，如上图最下方三个正方体。纵深方向线段的延长线向上消失在远处地平线的两侧。正方体上等长的两条线段在假设平面上的投影呈现出近大远小的规律。正方体上等高的两个点在假设平面上的投影呈现近低远高的透视特点。根据这一透视规律人体跨步垫球俯视斜面图的画法如下。

2.图例

9-17　跨步垫球

3.比例

(1)比例横线:六线五格。(2)头高比例1:8。头高1.0,颈0.5,躯干长2.5,腿长4.0,大腿长2.0,小腿长2.0,脚长1.0,手臂长3.0,上臂长1.0,前臂长1.0,手长1.0。

4.画图顺序

先画右侧单线图,再画左侧单线图。按头、右侧躯干、下肢、脚、左侧躯干、下肢、脚、上肢、眼睛、辫子的顺序绘图。

5.注意事项

整体重心在支撑面的中点上,前后不偏离。整体结构优美。线实,两点之间一笔完成,忌多次描画。用力均匀,忌粗细不均。指尖、脚尖、辫尖勿钝,留尖。画出人体的曲线:注意胸、臀、大腿、小腿的弧线方向。透视变形:近大远小。俯视透视图的特点:近低远高。注意交叉时先画近肢,远肢断开。

第三节　发球动作简图的画法

一、正面下手发球

1.定义

俯视是被观察物体低于地平线,或视点高于被观察物体,如上图最

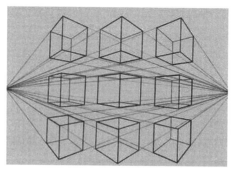

9-18　成角透视图

下方三个正方体。纵深方向线段的延长线向上消失在远处地平线的两侧。正方体上等长的两条线段在假设平面上的投影呈现出近大远小的规律。正方体上等高的两个点在假设平面上的投影呈现近低远高的透视特点。根据这一透视规律人体俯视斜面图的画法如下。

2. 图例

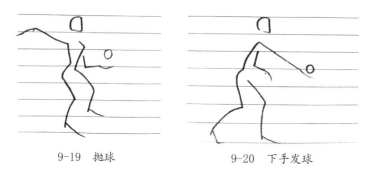

9-19　抛球　　　　　　　　　9-20　下手发球

3. 比例

（1）比例横线：八线七格。（2）头高比例1:8。头高1.0，颈0.5，躯干长2.5，腿长4.0，大腿长2.0，小腿长2.0，脚长1.0，手臂长3.0，上臂长1.0，前臂长1.0，手长1.0。

4. 画图顺序

先画右侧单线图，再画左侧单线图。按头、右侧躯干、下肢、脚、左侧躯干、下肢、脚、上肢、眼睛、辫子的顺序绘图。

5.注意事项

　　整体重心在支撑面的中点上,前后不偏离。整体结构优美。线实,两点之间一笔完成,忌多次描画。用力均匀,忌粗细不均。指尖、脚尖、辫尖勿钝,留尖。画出人体的曲线:注意胸、臀、大腿、小腿的弧线方向。透视变形:近大远小。俯视透视图的特点:近低远高。注意交叉时先画近肢,远肢断开。

二、侧面下手发球

1.定义

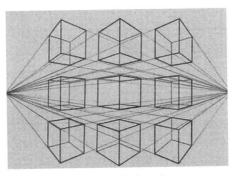

9-21　成角透视图

　　俯视是被观察物体低于地平线,或视点高于被观察物体,如上图最下方三个正方体。纵深方向线段的延长线向上消失在远处地平线的两侧。正方体上等长的两条线段在假设平面上的投影呈现出近大远小的规律。正方体上等高的两个点在假设平面上的投影呈现近低远高的透视特点。根据这一透视规律人体俯视斜面图的画法如下。

2.图例

9-22　抛球

9-23　侧面下手发球

9-24　击球后跟随动作

3.比例

（1）比例横线：七线六格、十线九格。（2）头高比例 1 : 8。头高 1.0，颈 0.5，躯干长 2.5，腿长 4.0，大腿长 2.0，小腿长 2.0，脚长 1.0，手臂长 3.0，上臂长 1.0，前臂长 1.0，手长 1.0。

4.画图顺序

先画右侧单线图，再画左侧单线图。按头、右侧躯干、下肢、脚、左侧躯干、下肢、脚、上肢、眼睛、辫子的顺序绘图。

5.注意事项

整体重心在支撑面的中点上，前后不偏离。整体结构优美。线实，两点之间一笔完成，忌多次描画。用力均匀，忌粗细不均。指尖、脚尖、辫尖勿钝，留尖。画出人体的曲线：注意胸、臀、大腿、小腿的弧线方向。透视变形：近大远小。俯视透视图的特点：近低远高。注意交叉时先画近肢，远肢断开。

三、正面上手发球

1.直立侧面平面图

是指人体直立时侧面的轮廓与假设平面平行，并且当被观察人体侧面的轮廓距离观察者的眼睛足够远时，被观察人体侧面的轮廓在假设平面上的投影。此时被观察人体侧面轮廓上每一个点发出的光线到观察者眼睛的距离可以近似地认为是相等的,画成平面图。

2. 图例

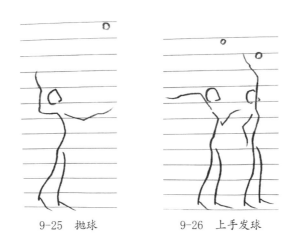

9-25 抛球   9-26 上手发球

3. 比例

(1)比例横线:十三线十二格、十二线十一格。(2)头高比例约为1:8。头高1.0,颈0.5,躯干长2.5,腿长4.0,大腿长2.0,小腿长2.0,脚长1.0,手臂长3.0,上臂长1.0,前臂长1.0,手长1.0。

4. 画图顺序

按头、躯干、下肢、上肢的顺序绘图。

5. 注意事项

整体重心在支撑面的中点上,前后不偏离。线实,用力均匀,指尖、脚尖、辫尖勿钝,留尖。画出人体的曲线:注意胸、臀、大腿、小腿的弧线方向。注意交叉时先画近肢,远肢断开。

四、跳发球

1. 定义

俯视是被观察物体低于地平线,或视点高于被观察物体,如上图最

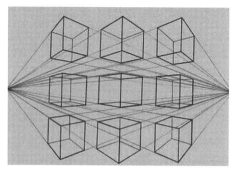

9-27   成角透视图

下方三个正方体。纵深方向线段的延长线向上消失在远处地平线的两侧。正方体上等长的两条线段在假设平面上的投影呈现出近大远小的规律。正方体上等高的两个点在假设平面上的投影呈现近低远高的透视特点。根据这一透视规律人体俯视斜面图的画法如下。

2. 图例

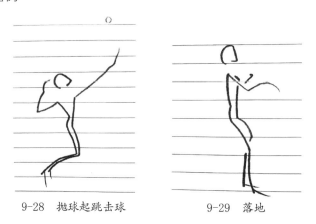

9-28   抛球起跳击球   9-29   落地

3. 比例

（1）比例横线：十二线十一格、九线八格。（2）头高比例约为1∶8。头高1.0，颈0.5，躯干长2.5，腿长4.0，大腿长2.0，小腿长2.0，脚长1.0，手臂长3.0，上臂长1.0，前臂长1.0，手长1.0。

4. 画图顺序

先画右侧单线图，再画左侧单线图。按头、右侧躯干、下肢、脚、左

侧躯干、下肢、脚、上肢、眼睛、辫子的顺序绘图。

5. 注意事项

整体重心在支撑面的中点上, 前后不偏离。整体结构优美。线实, 两点之间一笔完成, 忌多次描画。用力均匀, 忌粗细不均。指尖、脚尖、辫尖勿钝, 留尖。画出人体的曲线: 注意胸、臀、大腿、小腿的弧线方向。透视变形: 近大远小。俯视透视图的特点: 近低远高。注意交叉时先画近肢, 远肢断开。

第四节　扣球拦网动作简图的画法

一、扣球

1. 直立侧面平面图

是指人体直立时侧面的轮廓与假设平面平行, 并且当被观察人体侧面的轮廓距离观察者的眼睛足够远时, 被观察人体侧面的轮廓在假设平面上的投影。此时被观察人体侧面轮廓上每一个点发出的光线到观察者眼睛的距离可以近似地认为是相等的, 画成平面图。

2. 图例

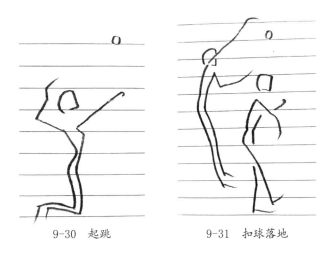

9-30　起跳　　　　　9-31　扣球落地

3.比例

(1)比例横线:九线八格、十二线十一格。(2)头高比例1:8。头高1.0,颈0.5,躯干长2.5,腿长4.0,大腿长2.0,小腿长2.0,脚长1.0,手臂长3.0,上臂长1.0,前臂长1.0,手长1.0。

4.画图顺序

按头、躯干、下肢、上肢的顺序绘图。

5.注意事项

整体重心在支撑面的中点上,前后不偏离。线实,用力均匀,指尖、脚尖、辫尖勿钝,留尖。画出人体的曲线:注意胸、臀、大腿、小腿的弧线方向。注意交叉时先画近肢,远肢断开。

二、拦网

1.定义

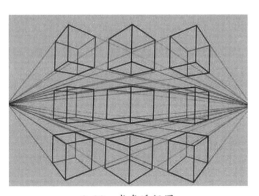

9-32 成角透视图

俯视是被观察物体低于地平线,或视点高于被观察物体,如上图最下方三个正方体。纵深方向线段的延长线向上消失在远处地平线的两侧。正方体上等长的两条线段在假设平面上的投影呈现出近大远小的规律。正方体上等高的两个点在假设平面上的投影呈现近低远高的透视特点。根据这一透视规律人体俯视斜面图的画法如下。

2. 图例

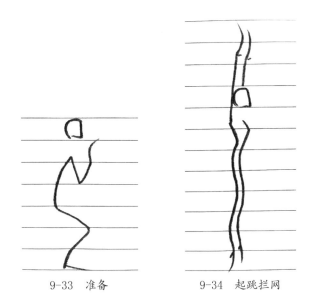

9-33 准备　　　　　9-34 起跳拦网

3. 比例

(1)比例横线:八线七格、十三线十二格。(2)头高比例约为1:8。
头高 1.0,颈 0.5,躯干长 2.5,腿长 4.0,大腿长 2.0,小腿长 2.0,脚长 1.0,
手臂长 3.0,上臂长 1.0,前臂长 1.0,手长 1.0。

4. 画图顺序

先画右侧单线图,再画左侧单线图。按头、右侧躯干、下肢、脚、左
侧躯干、下肢、脚、上肢、眼睛、辫子的顺序绘图。

5. 注意事项

整体重心在支撑面的中点上,前后不偏离。整体结构优美。线实,
两点之间一笔完成,忌多次描画。用力均匀,忌粗细不均。指尖、脚尖、
辫尖勿钝,留尖。画出人体的曲线:注意胸、臀、大腿、小腿的弧线方
向。透视变形:近大远小。俯视透视图的特点:近低远高。注意交叉时
先画近肢,远肢断开。

思考问题

1. 请回答排球传球各动作简图的头高比例、绘图顺序和注意事项?

2. 请回答排球垫球各动作简图的头高比例、绘图顺序和注意事项?

3. 请回答排球发篮各动作简图的头高比例、绘图顺序和注意事项?

4. 请回答排球扣球拦网各动作简图的头高比例、绘图顺序和注意事项?

参考文献

[1] 杨建文. 排球 [M]. 兰州：甘肃人民出版社,2014.

第十章　足球动作简图的画法

本章导言：足球课程是体育教育专业的主干课程之一，对培养体育教师具有非常重要的作用。通过练习绘制足球动作简图不仅可以帮助学生巩固动作技能，而且为将来编写教案和足球教学打下绘图基础。本章介绍了足球踢球、停球、运球、顶球、抢球、传接球等动作简图的画法。

学习目标：掌握足球踢球、停球、运球、顶球、抢球、传接球动作简图的头高比例、绘图顺序和注意事项；学会足球踢球、停球、运球、顶球、抢球、传接球动作简图的画法；提高图像观察力和绘图造型能力。

第一节　踢球动作简图的画法

一、脚内侧踢球

1. 定义

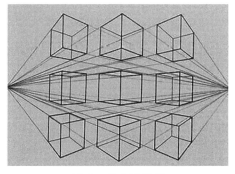

10-1　成角透视图

　　俯视是被观察物体低于地平线,或视点高于被观察物体,如上图最下方三个正方体。纵深方向线段的延长线向上消失在远处地平线的两侧。正方体上等长的两条线段在假设平面上的投影呈现出近大远小的规律。正方体上等高的两个点在假设平面上的投影呈现近低远高的透视特点。根据这一透视规律人体脚内侧踢球俯视斜面图的画法如下。

　　2.图例

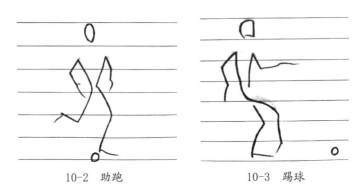

10-2　助跑　　　　　　　　　　　10-3　踢球

　　3.比例

　　(1)比例横线:七线六格、八线七格。(2)头高比例约为1∶8。头高1.0,颈0.5,躯干长2.5,腿长4.0,大腿长2.0,小腿长2.0,脚长1.0,手臂长3.0,上臂长1.0,前臂长1.0,手长1.0。

　　4.画图顺序

　　先画右侧单线图,再画左侧单线图。按头、右侧躯干、下肢、脚、左侧躯干、下肢、脚、上肢、眼睛、辫子的顺序绘图。

　　5.注意事项

　　整体重心在支撑面的中点上,前后不偏离。整体结构优美。线实,两点之间一笔完成,忌多次描画。用力均匀,忌粗细不均。指尖、脚尖、辫尖勿钝,留尖。画出人体的曲线:注意胸、臀、大腿、小腿的弧线方向。透视变形:近大远小。俯视透视图的特点:近低远高。注意交叉时先画近肢,远肢断开。

二、脚背内侧踢球

1.定义

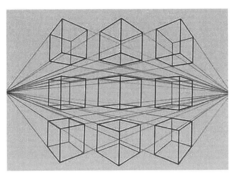

10-4 成角透视图

俯视是被观察物体低于地平线,或视点高于被观察物体,如上图最下方三个正方体。纵深方向线段的延长线向上消失在远处地平线的两侧。正方体上等长的两条线段在假设平面上的投影呈现出近大远小的规律。正方体上等高的两个点在假设平面上的投影呈现近低远高的透视特点。根据这一透视规律人体脚背内侧踢球俯视斜面图的画法如下。

2.图例

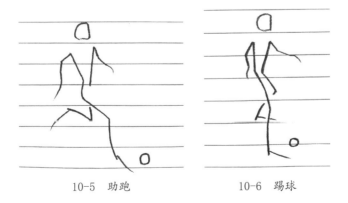

10-5 助跑   10-6 踢球

3.比例

(1)比例横线:八线七格。(2)头高比例约为1:8。头高1.0,颈0.5,

躯干长 2.5, 腿长 4.0, 大腿长 2.0, 小腿长 2.0, 脚长 1.0, 手臂长 3.0, 上臂长 1.0, 前臂长 1.0, 手长 1.0。

4.画图顺序

先画右侧单线图,再画左侧单线图。按头、右侧躯干、下肢、脚、左侧躯干、下肢、脚、上肢、眼睛、辫子的顺序绘图。

5.注意事项

整体重心在支撑面的中点上,前后不偏离。整体结构优美。线实,两点之间一笔完成,忌多次描画。用力均匀,忌粗细不均。指尖、脚尖、辫尖勿钝,留尖。画出人体的曲线:注意胸、臀、大腿、小腿的弧线方向。透视变形:近大远小。俯视透视图的特点:近低远高。注意交叉时先画近肢,远肢断开。

三、脚背正面踢球
1.定义

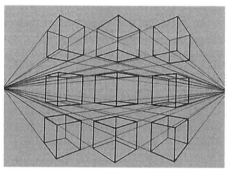

10-7　成角透视图

俯视是被观察物体低于地平线,或视点高于被观察物体,如上图最下方三个正方体。纵深方向线段的延长线向上消失在远处地平线的两侧。正方体上等长的两条线段在假设平面上的投影呈现出近大远小的规律。正方体上等高的两个点在假设平面上的投影呈现近低远高的透视特点。根据这一透视规律人体脚背正面踢球俯视斜面图的画法如下。

2. 图例

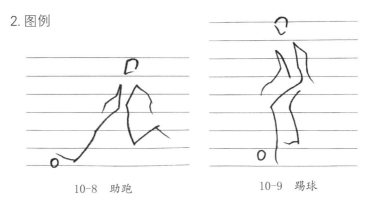

10-8 助跑   10-9 踢球

3. 比例

（1）比例横线：七线六格、九线八格。（2）头高比例约为1：8。头高1.0,颈0.5,躯干长2.5,腿长4.0,大腿长2.0,小腿长2.0,脚长1.0,手臂长3.0,上臂长1.0,前臂长1.0,手长1.0。

4. 画图顺序

先画右侧单线图,再画左侧单线图。按头、右侧躯干、下肢、脚、左侧躯干、下肢、脚、上肢、眼睛、辫子的顺序绘图。

5. 注意事项

整体重心在支撑面的中点上,前后不偏离。整体结构优美。线实,两点之间一笔完成,忌多次描画。用力均匀,忌粗细不均。指尖、脚尖、辫尖勿钝,留尖。画出人体的曲线:注意胸、臀、大腿、小腿的弧线方向。透视变形:近大远小。俯视透视图的特点:近低远高。注意交叉时先画近肢,远肢断开。

四、倒勾球

1. 直立侧面平面图

是指人体直立时侧面的轮廓与假设平面平行,并且当被观察人体侧面的轮廓距离观察者的眼睛足够远时，被观察人体侧面的轮廓在假设平面上的投影。此时被观察人体侧面轮廓上每一个点发出的光线到观察者眼睛的距离可以近似地认为是相等的，画成平面图。

2. 图例

10-10 倒勾球

3. 比例

（1）比例横线：八线七格。（2）头高比例约为1：8。头高1.0，颈0.5，躯干长2.5，腿长4.0，大腿长2.0，小腿长2.0，脚长1.0，手臂长3.0，上臂长1.0，前臂长1.0，手长1.0。

4. 画图顺序

按头、躯干、下肢、上肢的顺序绘图。

5. 注意事项

整体重心在支撑面的中点上，前后不偏离。线实，用力均匀，指尖、脚尖、辫尖勿钝，留尖。画出人体的曲线：注意胸、臀、大腿、小腿的弧线方向。注意交叉时先画近肢，远肢断开。

五、脚背反弹球

1. 定义

俯视是被观察物体低于地平线，或视点高于被观察物体，如上图

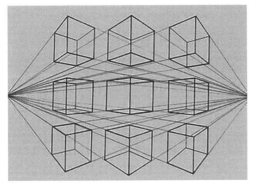

10-11　成角透视图

最下方三个正方体。纵深方向线段的延长线向上消失在远处地平线的两侧。正方体上等长的两条线段在假设平面上的投影呈现出近大远小的规律。正方体上等高的两个点在假设平面上的投影呈现近低远高的透视特点。根据这一透视规律人体脚背反弹球俯视斜面图的画法如下。

2. 图例

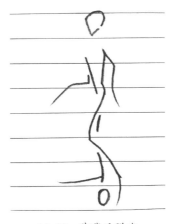

10-12　脚背反弹球

3. 比例

（1）比例横线：九线八格。（2）头高比例约为 1∶8。头高 1.0，颈 0.5，躯干长 2.5，腿长 4.0，大腿长 2.0，小腿长 2.0，脚长 1.0，手臂长 3.0，上臂长 1.0，前臂长 1.0，手长 1.0。

4.画图顺序

先画右侧单线图,再画左侧单线图。按头、右侧躯干、下肢、脚、左侧躯干、下肢、脚、上肢、眼睛、辫子的顺序绘图。

5.注意事项

整体重心在支撑面的中点上,前后不偏离。整体结构优美。线实,两点之间一笔完成,忌多次描画。用力均匀,忌粗细不均。指尖、脚尖、辫尖勿钝,留尖。画出人体的曲线:注意胸、臀、大腿、小腿的弧线方向。透视变形:近大远小。俯视透视图的特点:近低远高。注意交叉时先画近肢,远肢断开。

六、踢凌空球
1.定义

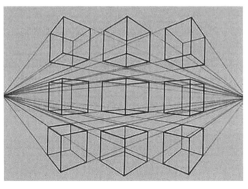

10-13 成角透视图

俯视是被观察物体低于地平线,或视点高于被观察物体,如上图最下方三个正方体。纵深方向线段的延长线向上消失在远处地平线的两侧。正方体上等长的两条线段在假设平面上的投影呈现出近大远小的规律。正方体上等高的两个点在假设平面上的投影呈现近低远高的透视特点。根据这一透视规律人体踢凌空球俯视斜面图的画法如下。

2. 图例

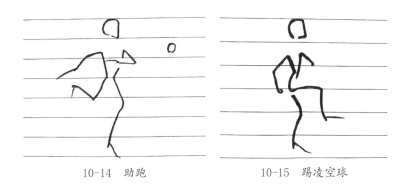

10-14 助跑   10-15 踢凌空球

3. 比例

（1）比例横线：八线七格、七线六格。（2）头高比例1：8。头高1.0，颈0.5，躯干长2.5，腿长4.0，大腿长2.0，小腿长2.0，脚长1.0，手臂长3.0，上臂长1.0，前臂长1.0，手长1.0。

4. 画图顺序

先画右侧单线图，再画左侧单线图。按头、右侧躯干、下肢、脚、左侧躯干、下肢、脚、上肢、眼睛、辫子的顺序绘图。

5. 注意事项

整体重心在支撑面的中点上，前后不偏离。整体结构优美。线实，两点之间一笔完成，忌多次描画。用力均匀，忌粗细不均。指尖、脚尖、辫尖勿钝，留尖。画出人体的曲线：注意胸、臀、大腿、小腿的弧线方向。透视变形：近大远小。俯视透视图的特点：近低远高。注意交叉时先画近肢，远肢断开。

七、脚背外侧踢球

1. 定义

俯视是被观察物体低于地平线，或视点高于被观察物体，如上图

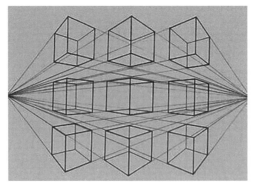

10-16　成角透视图

最下方三个正方体。纵深方向线段的延长线向上消失在远处地平线的两侧。正方体上等长的两条线段在假设平面上的投影呈现出近大远小的规律。正方体上等高的两个点在假设平面上的投影呈现近低远高的透视特点。根据这一透视规律人体脚背外侧踢球俯视斜面图的画法如下。

2. 图例

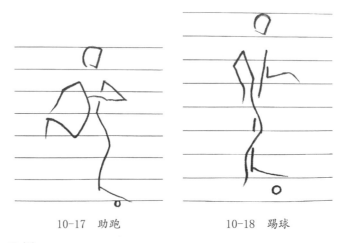

10-17　助跑　　　　　　　　10-18　踢球

3. 比例

（1）比例横线：八线七格、九线八格。（2）头高比例 1∶8。头高 1.0,颈 0.5,躯干长 2.5,腿长 4.0,大腿长 2.0,小腿长 2.0,脚长 1.0,手臂长 3.0,上臂长 1.0, 前臂长 1.0, 手长 1.0。

4.画图顺序

先画右侧单线图,再画左侧单线图。按头、右侧躯干、下肢、脚、左侧躯干、下肢、脚、上肢、眼睛、辫子的顺序绘图。

5.注意事项

整体重心在支撑面的中点上,前后不偏离。整体结构优美。线实,两点之间一笔完成,忌多次描画。用力均匀,忌粗细不均。指尖、脚尖、辫尖勿钝,留尖。画出人体的曲线:注意胸、臀、大腿、小腿的弧线方向。透视变形:近大远小。俯视透视图的特点:近低远高。注意交叉时先画近肢,远肢断开。

八、脚尖踢球
1.定义

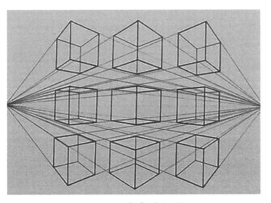

10-19　成角透视图

俯视是被观察物体低丁地平线,或视点高于被观察物体,如上图最下方三个正方体。纵深方向线段的延长线向上消失在远处地平线的两侧。正方体上等长的两条线段在假设平面上的投影呈现出近大远小的规律。正方体上等高的两个点在假设平面上的投影呈现近低远高的透视特点。根据这一透视规律人体脚尖踢球俯视斜面图的画法如下。

2. 图例

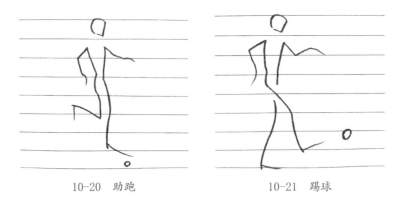

10-20　助跑　　　　　　　　　　10-21　踢球

3. 比例

（1）比例横线：九线八格。（2）头高比例约为1∶8。头高1.0,颈0.5,躯干长2.5,腿长4.0,大腿长2.0,小腿长2.0,脚长1.0,手臂长3.0,上臂长1.0,前臂长1.0,手长1.0。

4. 画图顺序

先画右侧单线图,再画左侧单线图。按头、右侧躯干、下肢、脚、左侧躯干、下肢、脚、上肢、眼睛、辫子的顺序绘图。

5. 注意事项

整体重心在支撑面的中点上,前后不偏离。整体结构优美。线实,两点之间一笔完成,忌多次描画。用力均匀,忌粗细不均。指尖、脚尖、辫尖勿钝,留尖。画出人体的曲线：注意胸、臀、大腿、小腿的弧线方向。透视变形：近大远小。俯视透视图的特点：近低远高。注意交叉时先画近肢,远肢断开。

九、脚跟踢球
1. 定义

俯视是被观察物体低于地平线,或视点高于被观察物体,如上图

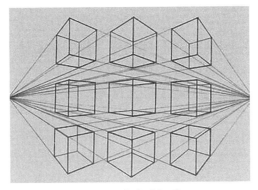

10-22 成角透视图

最下方三个正方体。纵深方向线段的延长线向上消失在远处地平线的两侧。正方体上等长的两条线段在假设平面上的投影呈现出近大远小的规律。正方体上等高的两个点在假设平面上的投影呈现近低远高的透视特点。根据这一透视规律人体脚跟踢球俯视斜面图的画法如下。

2. 图例

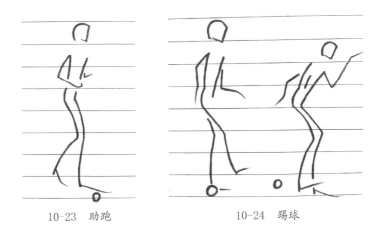

10-23 助跑　　　　　　10-24 踢球

3. 比例

(1)比例横线：九线八格。(2)头高比例约为1：8。头高1.0，颈0.5，躯干长2.5，腿长4.0，大腿长2.0，小腿长2.0，脚长1.0，手臂长3.0，上臂长1.0，前臂长1.0，手长1.0。

4.画图顺序

先画右侧单线图,再画左侧单线图。按头、右侧躯干、下肢、脚、左侧躯干、下肢、脚、上肢、眼睛、辫子的顺序绘图。

5.注意事项

整体重心在支撑面的中点上,前后不偏离。整体结构优美。线实,两点之间一笔完成,忌多次描画。用力均匀,忌粗细不均。指尖、脚尖、辫尖勿钝,留尖。画出人体的曲线:注意胸、臀、大腿、小腿的弧线方向。透视变形:近大远小。俯视透视图的特点:近低远高。注意交叉时先画近肢,远肢断开。

第二节　停球动作简图的画法

一、脚掌停球
1.定义

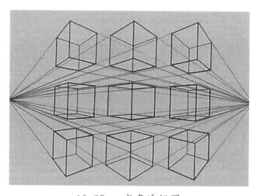

10-25　成角透视图

俯视是被观察物体低于地平线,或视点高于被观察物体,如上图最下方三个正方体。纵深方向线段的延长线向上消失在远处地平线的两侧。正方体上等长的两条线段在假设平面上的投影呈现出近大远小的规律。正方体上等高的两个点在假设平面上的投影呈现近低远高的透视特点。根据这一透视规律人体脚掌停球俯视斜面图的画法如下。

2. 图例

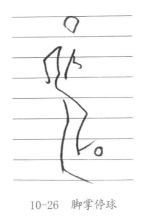

10-26　脚掌停球

3. 比例

（1）比例横线：九线八格。（2）头高比例约为 1 : 8。头高 1.0，颈 0.5，躯干长 2.5，腿长 4.0，大腿长 2.0，小腿长 2.0，脚长 1.0，手臂长 3.0，上臂长 1.0，前臂长 1.0，手长 1.0。

4. 画图顺序

先画右侧单线图，再画左侧单线图。按头、右侧躯干、下肢、脚、左侧躯干、下肢、脚、上肢、眼睛、辫子的顺序绘图。

5. 注意事项

整体重心在支撑面的中点上，前后不偏离。整体结构优美。线实，两点之间一笔完成，忌多次描画。用力均匀，忌粗细不均。指尖、脚尖、辫尖勿钝，留尖。画出人体的曲线：注意胸、臀、大腿、小腿的弧线方向。透视变形：近大远小。俯视透视图的特点：近低远高。注意交叉时先画近肢，远肢断开。

二、脚内侧停球

1.定义

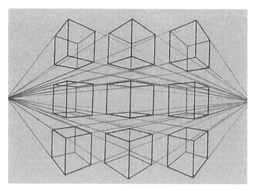

10-27 成角透视图

　　俯视是被观察物体低于地平线,或视点高于被观察物体,如上图最下方三个正方体。纵深方向线段的延长线向上消失在远处地平线的两侧。正方体上等长的两条线段在假设平面上的投影呈现出近大远小的规律。正方体上等高的两个点在假设平面上的投影呈现近低远高的透视特点。根据这一透视规律人体脚内侧停球俯视斜面图的画法如下。

2.图例

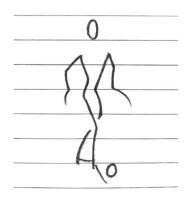

10-28 脚内侧停球

3.比例

　　(1)比例横线:八线七格。(2)头高比例约为1:8。头高1.0,颈0.5,

躯干长 2.5,腿长 4.0,大腿长 2.0,小腿长 2.0,脚长 1.0,手臂长 3.0,上臂长 1.0,前臂长 1.0,手长 1.0。

4.画图顺序

先画右侧单线图,再画左侧单线图。按头、右侧躯干、下肢、脚、左侧躯干、下肢、脚、上肢、眼睛、辫子的顺序绘图。

5.注意事项

整体重心在支撑面的中点上,前后不偏离。整体结构优美。线实,两点之间一笔完成,忌多次描画。用力均匀,忌粗细不均。指尖、脚尖、辫尖勿钝,留尖。画出人体的曲线:注意胸、臀、大腿、小腿的弧线方向。透视变形:近大远小。俯视透视图的特点:近低远高。注意交叉时先画近肢,远肢断开。

三、脚背外侧停球
1.定义

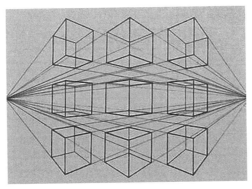

10-29 成角透视图

俯视是被观察物体低于地平线,或视点高于被观察物体,如上图最下方三个正方体。纵深方向线段的延长线向上消失在远处地平线的两侧。正方体上等长的两条线段在假设平面上的投影呈现出近大远小的规律。正方体上等高的两个点在假设平面上的投影呈现近低远高的透视特点。根据这一透视规律人体脚背外侧停球俯视斜面图的画法如下。

2. 图例

10-30　脚背外侧停球

3. 比例

(1)比例横线: 八线七格。(2)头高比例约为 1:8。头高 1.0,颈 0.5,躯干长 2.5,腿长 4.0,大腿长 2.0,小腿长 2.0,脚长 1.0,手臂长 3.0,上臂长 1.0,前臂长 1.0,手长 1.0。

4. 画图顺序

先画右侧单线图,再画左侧单线图。按头、右侧躯干、下肢、脚、左侧躯干、下肢、脚、上肢、眼睛、辫子的顺序绘图。

5. 注意事项

整体重心在支撑面的中点上,前后不偏离。整体结构优美。线实,两点之间一笔完成,忌多次描画。用力均匀,忌粗细不均。指尖、脚尖、辫尖勿钝,留尖。画出人体的曲线:注意胸、臀、大腿、小腿的弧线方向。透视变形:近大远小。俯视透视图的特点:近低远高。注意交叉时先画近肢,远肢断开。

四、脚背正面停球
1. 定义

俯视是被观察物体低于地平线,或视点高于被观察物体,如上图

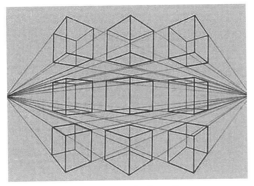

10-31　成角透视图

最下方三个正方体。纵深方向线段的延长线向上消失在远处地平线
的两侧。正方体上等长的两条线段在假设平面上的投影呈现出近大
远小的规律。正方体上等高的两个点在假设平面上的投影呈现近低
远高的透视特点。根据这一透视规律人体脚背正面停球俯视斜面图的
画法如下。

2. 图例

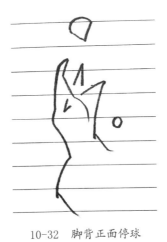

10-32　脚背正面停球

3. 比例

(1)比例横线：九线八格。(2)头高比例约为1:8。头高1.0,颈0.5,
躯干长2.5,腿长4.0,大腿长2.0,小腿长2.0,脚长1.0,手臂长3.0,上
臂长1.0,前臂长1.0,手长1.0。

4.画图顺序

先画右侧单线图,再画左侧单线图。按头、右侧躯干、下肢、脚、左侧躯干、下肢、脚、上肢、眼睛、辫子的顺序绘图。

5.注意事项

整体重心在支撑面的中点上,前后不偏离。整体结构优美。线实,两点之间一笔完成,忌多次描画。用力均匀,忌粗细不均。指尖、脚尖、辫尖勿钝,留尖。画出人体的曲线:注意胸、臀、大腿、小腿的弧线方向。透视变形:近大远小。俯视透视图的特点:近低远高。注意交叉时先画近肢,远肢断开。

五、胸部停球

1.定义

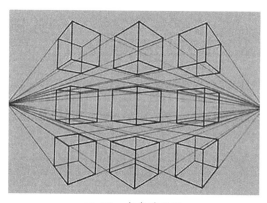

10-33　成角透视图

俯视是被观察物体低于地平线,或视点高于被观察物体,如上图最下方三个正方体。纵深方向线段的延长线向上消失在远处地平线的两侧。正方体上等长的两条线段在假设平面上的投影呈现出近大远小的规律。正方体上等高的两个点在假设平面上的投影呈现近低远高的透视特点。根据这一透视规律人体胸部停球俯视斜面图的画法如下。

2.图例

10-34　胸部停球

3.比例

（1）比例横线：八线七格。（2）头高比例 1：8。头高 1.0，颈 0.5，躯干长 2.5，腿长 4.0，大腿长 2.0，小腿长 2.0，脚长 1.0，手臂长 3.0，上臂长 1.0，前臂长 1.0，手长 1.0。

4.画图顺序

先画右侧单线图，再画左侧单线图。按头、右侧躯干、下肢、脚、左侧躯干、下肢、脚、上肢、眼睛、辫子的顺序绘图。

5.注意事项

整体重心在支撑面的中点上，前后不偏离。整体结构优美。线实，两点之间一笔完成，忌多次描画。用力均匀，忌粗细不均。指尖、脚尖、辫尖勿钝，留尖。画出人体的曲线：注意胸、臀、大腿、小腿的弧线方向。透视变形：近大远小。俯视透视图的特点：近低远高。注意交叉时先画近肢，远肢断开。

六、大腿停球
1.定义

俯视是被观察物体低于地平线，或视点高于被观察物体，如上图

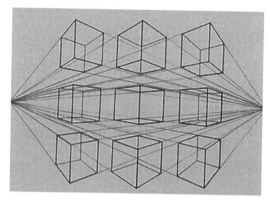

10-35 成角透视图

最下方三个正方体。纵深方向线段的延长线向上消失在远处地平线的两侧。正方体上等长的两条线段在假设平面上的投影呈现出近大远小的规律。正方体上等高的两个点在假设平面上的投影呈现近低远高的透视特点。根据这一透视规律人体大腿停球俯视斜面图的画法如下。

2. 图例

10-36 大腿停球

3. 比例

（1）比例横线：八线七格。（2）头高比例1∶8。头高1.0,颈0.5,躯干长2.5,腿长4.0,大腿长2.0,小腿长2.0,脚长1.0,手臂长3.0,上臂长1.0,前臂长1.0,手长1.0。

4.画图顺序

先画右侧单线图,再画左侧单线图。按头、右侧躯干、下肢、脚、左侧躯干、下肢、脚、上肢、眼睛、辫子的顺序绘图。

5.注意事项

整体重心在支撑面的中点上,前后不偏离。整体结构优美。线实,两点之间一笔完成,忌多次描画。用力均匀,忌粗细不均。指尖、脚尖、辫尖勿钝,留尖。画出人体的曲线:注意胸、臀、大腿、小腿的弧线方向。透视变形:近大远小。俯视透视图的特点:近低远高。注意交叉时先画近肢,远肢断开。

七、头部停球
1.定义

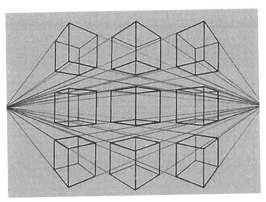

10-37　成角透视图

俯视是被观察物体低于地平线,或视点高于被观察物休,如上图最下方三个正方体。纵深方向线段的延长线向上消失在远处地平线的两侧。正方体上等长的两条线段在假设平面上的投影呈现出近大远小的规律。正方体上等高的两个点在假设平面上的投影呈现近低远高的透视特点。根据这一透视规律人体头部停球俯视斜面图的画法如下。

2. 图例

10-38　头部停球

3. 比例

（1）比例横线：九线八格。（2）头高比例约为 1 : 8。头高 1.0，颈 0.5，躯干长 2.5，腿长 4.0，大腿长 2.0，小腿长 2.0，脚长 1.0，手臂长 3.0，上臂长 1.0，前臂长 1.0，手长 1.0。

4. 画图顺序

先画右侧单线图，再画左侧单线图。按头、右侧躯干、下肢、脚、左侧躯干、下肢、脚、上肢、眼睛、辫子的顺序绘图。

5. 注意事项

整体重心在支撑面的中点上，前后不偏离。整体结构优美。线实，两点之间一笔完成，忌多次描画。用力均匀，忌粗细不均。指尖、脚尖、辫尖勿钝，留尖。画出人体的曲线：注意胸、臀、大腿、小腿的弧线方向。透视变形：近大远小。俯视透视图的特点：近低远高。注意交叉时先画近肢，远肢断开。

八、接球假动作

1. 定义

俯视是被观察物体低于地平线，或视点高于被观察物体，如上图最

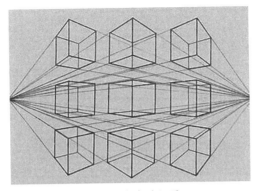

10-39　成角透视图

下方三个正方体。纵深方向线段的延长线向上消失在远处地平线的两侧。正方体上等长的两条线段在假设平面上的投影呈现出近大远小的规律。正方体上等高的两个点在假设平面上的投影呈现近低远高的透视特点。根据这一透视规律人体俯视斜面图的画法如下。

2.图例

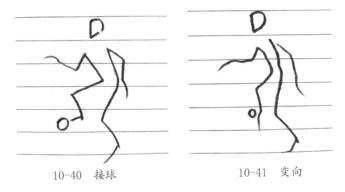

10-40　接球　　　　　　　　　10-41　变向

3.比例

（1）比例横线：七线六格。（2）头高比例约为1∶8。头高1.0,颈0.5,躯干长2.5,腿长4.0,大腿长2.0,小腿长2.0,脚长1.0,手臂长3.0,上臂长1.0,前臂长1.0,手长1.0。

4.画图顺序

先画右侧单线图,再画左侧单线图。按头、右侧躯干、下肢、脚、左侧躯干、下肢、脚、上肢、眼睛、辫子的顺序绘图。

5.注意事项

整体重心在支撑面的中点上,前后不偏离。整体结构优美。线实,两点之间一笔完成,忌多次描画。用力均匀,忌粗细不均。指尖、脚尖、辫尖勿钝,留尖。画出人体的曲线:注意胸、臀、大腿、小腿的弧线方向。透视变形:近大远小。俯视透视图的特点:近低远高。注意交叉时先画近肢,远肢断开。

第三节　运球动作简图的画法

一、脚背外侧运球
1.定义

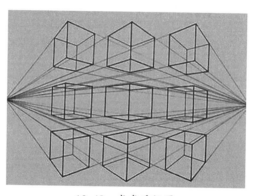

10-42　成角透视图

俯视是被观察物体低于地平线,或视点高于被观察物体,如上图最下方三个正方体。纵深方向线段的延长线向上消失在远处地平线的两侧。正方体上等长的两条线段在假设平面上的投影呈现出近大远小的规律。正方体上等高的两个点在假设平面上的投影呈现近低远高的透视特点。根据这一透视规律人体脚背外侧运球俯视斜面图的画法如下。

2.图例

10-43　脚背外侧运球

3.比例

（1）比例横线：八线七格。（2）头高比例 1∶8。头高 1.0，颈 0.5，躯干长 2.5，腿长 4.0，大腿长 2.0，小腿长 2.0，脚长 1.0，手臂长 3.0，上臂长 1.0，前臂长 1.0，手长 1.0。

4.画图顺序

先画右侧单线图，再画左侧单线图。按头、右侧躯干、下肢、脚、左侧躯干、下肢、脚、上肢、眼睛、辫子的顺序绘图。

5.注意事项

整体重心在支撑面的中点上，前后不偏离。整体结构优美。线实，两点之间一笔完成，忌多次描画。用力均匀，忌粗细不均。指尖、脚尖、辫尖勿钝，留尖。画出人体的曲线：注意胸、臀、大腿、小腿的弧线方向。透视变形：近大远小。俯视透视图的特点：近低远高。注意交叉时先画近肢，远肢断开。

二、脚背内侧运球
1.定义

俯视是被观察物体低于地平线，或视点高于被观察物体，如上图

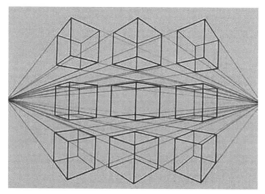

10-44 成角透视图

最下方三个正方体。纵深方向线段的延长线向上消失在远处地平线的两侧。正方体上等长的两条线段在假设平面上的投影呈现出近大远小的规律。正方体上等高的两个点在假设平面上的投影呈现近低远高的透视特点。根据这一透视规律人体脚背内侧运球俯视斜面图的画法如下。

2. 图例

10-45 脚背内侧运球

3. 比例

(1)比例横线: 七线六格。(2)头高比例约为 1∶8。头高 1.0,颈 0.5,躯干长 2.5,腿长 4.0,大腿长 2.0,小腿长 2.0,脚长 1.0,手臂长 3.0,上臂长 1.0,前臂长 1.0,手长 1.0。

4.画图顺序

先画右侧单线图,再画左侧单线图。按头、右侧躯干、下肢、脚、左侧躯干、下肢、脚、上肢、眼睛、辫子的顺序绘图。

5.注意事项

整体重心在支撑面的中点上,前后不偏离。整体结构优美。线实,两点之间一笔完成,忌多次描画。用力均匀,忌粗细不均。指尖、脚尖、辫尖勿钝,留尖。画出人体的曲线:注意胸、臀、大腿、小腿的弧线方向。透视变形:近大远小。俯视透视图的特点:近低远高。注意交叉时先画近肢,远肢断开。

三、脚背正面运球

1.定义

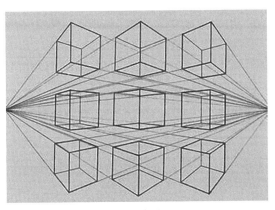

10-46　成角透视图

俯视是被观察物体低于地平线,或视点高于被观察物体,如上图最下方三个正方体。纵深方向线段的延长线向上消失在远处地平线的两侧。正方体上等长的两条线段在假设平面上的投影呈现出近大远小的规律。正方体上等高的两个点在假设平面上的投影呈现近低远高的透视特点。根据这一透视规律人体俯视斜面图的画法如下。

2. 图例

10-47 脚背正面运球

3. 比例

（1）比例横线：八线七格。（2）头高比例 1∶8。头高 1.0，颈 0.5，躯干长 2.5，腿长 4.0，大腿长 2.0，小腿长 2.0，脚长 1.0，手臂长 3.0，上臂长 1.0，前臂长 1.0，手长 1.0。

4. 画图顺序

先画右侧单线图，再画左侧单线图。按头、右侧躯干、下肢、脚、左侧躯干、下肢、脚、上肢、眼睛、辫子的顺序绘图。

5. 注意事项

整体重心在支撑面的中点上，前后不偏离。整体结构优美。线实，两点之间一笔完成，忌多次描画。用力均匀，忌粗细不均。指尖、脚尖、辫尖勿钝，留尖。画出人体的曲线：注意胸、臀、大腿、小腿的弧线方向。透视变形：近大远小。俯视透视图的特点：近低远高。注意交叉时先画近肢，远肢断开。

四、有球假动作

1. 定义

俯视是被观察物体低于地平线，或视点高于被观察物体，如上图

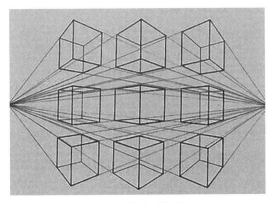

10-48　成角透视图

最下方三个正方体。纵深方向线段的延长线向上消失在远处地平线的两侧。正方体上等长的两条线段在假设平面上的投影呈现出近大远小的规律。正方体上等高的两个点在假设平面上的投影呈现近低远高的透视特点。根据这一透视规律人体有球假动作俯视斜面图的画法如下。

2. 图例

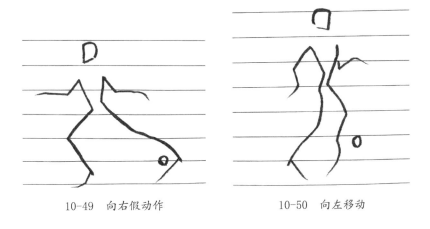

10-49　向右假动作　　　　　　　10-50　向左移动

3. 比例

（1）比例横线：七线六格、八线七格。（2）头高比例 1:8。头高 1.0,颈 0.5,躯干长 2.5,腿长 4.0,大腿长 2.0,小腿长 2.0,脚长 1.0,手臂长 3.0,上臂长 1.0,前臂长 1.0, 手长 1.0。

4. 画图顺序

先画右侧单线图,再画左侧单线图。按头、右侧躯干、下肢、脚、左侧躯干、下肢、脚、上肢、眼睛、辫子的顺序绘图。

5. 注意事项

整体重心在支撑面的中点上,前后不偏离。整体结构优美。线实,两点之间一笔完成,忌多次描画。用力均匀,忌粗细不均。指尖、脚尖、辫尖勿钝,留尖。画出人体的曲线:注意胸、臀、大腿、小腿的弧线方向。透视变形:近大远小。俯视透视图的特点:近低远高。注意交叉时先画近肢,远肢断开。

五、传球假动作
1. 定义

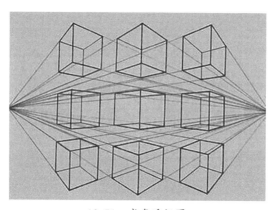

10-51　成角透视图

俯视是被观察物体低于地平线,或视点高于被观察物体,如上图最下方三个正方体。纵深方向线段的延长线向上消失在远处地平线的两侧。正方体上等长的两条线段在假设平面上的投影呈现出近大远小的规律。正方体上等高的两个点在假设平面上的投影呈现近低远高的透视特点。根据这一透视规律人体传球假动作俯视斜面图的画法如下。

2. 图例

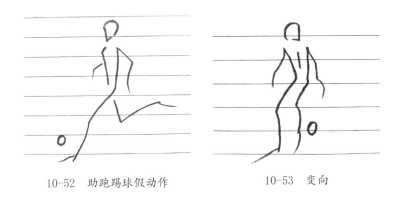

10-52　助跑踢球假动作　　　　　10-53　变向

3. 比例

（1）比例横线：八线七格、七线六格。（2）头高比例 1∶8。头高 1.0，颈 0.5，躯干长 2.5，腿长 4.0，大腿长 2.0，小腿长 2.0，脚长 1.0，手臂长 3.0，上臂长 1.0，前臂长 1.0，手长 1.0。

4. 画图顺序

先画右侧单线图，再画左侧单线图。按头、右侧躯干、下肢、脚、左侧躯干、下肢、脚、上肢、眼睛、辫子的顺序绘图。

5. 注意事项

整体重心在支撑面的中点上，前后不偏离。整体结构优美。线实，两点之间一笔完成，忌多次描画。用力均匀，忌粗细不均。指尖、脚尖、辫尖勿钝，留尖。画出人体的曲线：注意胸、臀、大腿、小腿的弧线方向。透视变形：近大远小。俯视透视图的特点：近低远高。注意交叉时先画近肢，远肢断开。

第四节 顶球动作简图的画法

一、前额正面顶球

1.定义

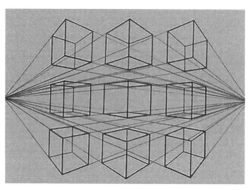

10-54　成角透视图

俯视是被观察物体低于地平线,或视点高于被观察物体,如上图最下方三个正方体。纵深方向线段的延长线向上消失在远处地平线的两侧。正方体上等长的两条线段在假设平面上的投影呈现出近大远小的规律。正方体上等高的两个点在假设平面上的投影呈现近低远高的透视特点。根据这一透视规律人体前额正面顶球俯视斜面图的画法如下。

2.图例

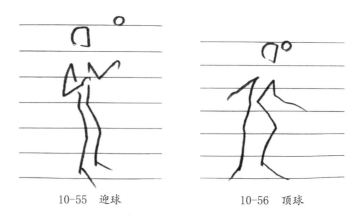

10-55　迎球　　　　　　　　　10-56　顶球

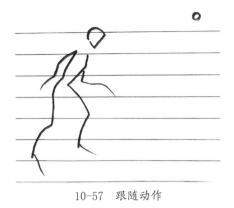

10-57 跟随动作

3. 比例

（1）比例横线：七线六格。（2）头高比例 1:8。头高 1.0，颈 0.5，躯干长 2.5，腿长 4.0，大腿长 2.0，小腿长 2.0，脚长 1.0，手臂长 3.0，上臂长 1.0，前臂长 1.0，手长 1.0。

4. 画图顺序

先画右侧单线图，再画左侧单线图。按头、右侧躯干、下肢、脚、左侧躯干、下肢、脚、上肢、眼睛、辫子的顺序绘图。

5. 注意事项

整体重心在支撑面的中点上，前后不偏离。整体结构优美。线实，两点之间一笔完成，忌多次描画。用力均匀，忌粗细不均。指尖、脚尖、辫尖勿钝，留尖。画出人体的曲线：注意胸、臀、大腿、小腿的弧线方向。透视变形：近大远小。俯视透视图的特点：近低远高。注意交叉时先画近肢，远肢断开。

二、前额侧面顶球

1. 定义

俯视是被观察物体低于地平线，或视点高于被观察物体，如上图最下方三个正方体。纵深方向线段的延长线向上消失在远处地平线的两

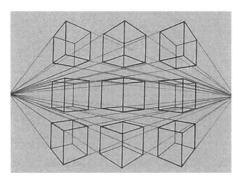

10-58　成角透视图

侧。正方体上等长的两条线段在假设平面上的投影呈现出近大远小的
规律。正方体上等高的两个点在假设平面上的投影呈现近低远高的透
视特点。根据这一透视规律人体前额侧面顶球俯视斜面图的画法如下。

2. 图例

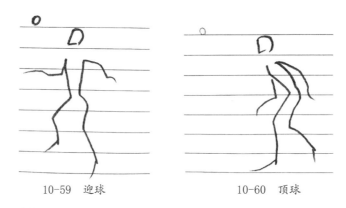

10-59　迎球　　　　　　　　　　　10-60　顶球

3. 比例

（1）比例横线：八线七格。（2）头高比例1：8。头高1.0，颈0.5，
躯干长2.5，腿长4.0，大腿长2.0，小腿长2.0，脚长1.0，手臂长3.0，上
臂长1.0，前臂长1.0，手长1.0。

4. 画图顺序

先画右侧单线图，再画左侧单线图。按头、右侧躯干、下肢、脚、左
侧躯干、下肢、脚、上肢、眼睛、辫子的顺序绘图。

5.注意事项

整体重心在支撑面的中点上,前后不偏离。整体结构优美。线实,两点之间一笔完成,忌多次描画。用力均匀,忌粗细不均。指尖、脚尖、辫尖勿钝,留尖。画出人体的曲线:注意胸、臀、大腿、小腿的弧线方向。透视变形:近大远小。俯视透视图的特点:近低远高。注意交叉时先画近肢,远肢断开。

三、鱼跃顶球
1.定义

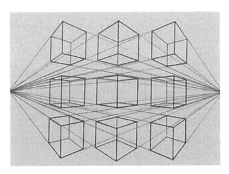

10-61　成角透视图

俯视是被观察物体低于地平线,或视点高于被观察物体,如上图最下方三个正方体。纵深方向线段的延长线向上消失在远处地平线的两侧。正方体上等长的两条线段在假设平面上的投影呈现出近大远小的规律。正方体上等高的两个点在假设平面上的投影呈现近低远高的透视特点。根据这一透视规律人体鱼跃顶球俯视斜面图的画法如下。

2.图例

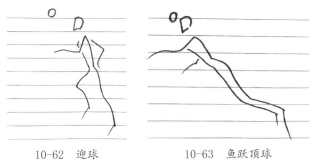

10-62　迎球　　　　　　10-63　鱼跃顶球

3.比例

(1)比例横线:十一线十格、八线七格。(2)头高比例约为1:8。头高1.0,颈0.5,躯干长2.5,腿长4.0,大腿长2.0,小腿长2.0,脚长1.0,手臂长3.0,上臂长1.0,前臂长1.0,手长1.0。

4.画图顺序

先画右侧单线图,再画左侧单线图。按头、右侧躯干、下肢、脚、左侧躯干、下肢、脚、上肢、眼睛、辫子的顺序绘图。

5.注意事项

整体重心在支撑面的中点上,前后不偏离。整体结构优美。线实,两点之间一笔完成,忌多次描画。用力均匀,忌粗细不均。指尖、脚尖、辫尖勿钝,留尖。画出人体的曲线:注意胸、臀、大腿、小腿的弧线方向。透视变形:近大远小。俯视透视图的特点:近低远高。注意交叉时先画近肢,远肢断开。

四、顶球假动作
1.定义

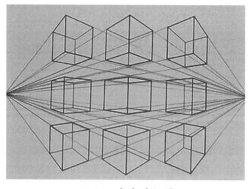

10-64　成角透视图

俯视是被观察物体低于地平线,或视点高于被观察物体,如上图最下方三个正方体。纵深方向线段的延长线向上消失在远处地平线的两侧。正方体上等长的两条线段在假设平面上的投影呈现出近大远小的规律。正方体上等高的两个点在假设平面上的投影呈现近低远高的透视特点。根据这一透视规律人体顶球假动作俯视斜面图的画法如下。

2. 图例

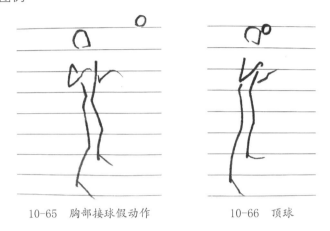

10-65　胸部接球假动作　　　　　10-66　顶球

3. 比例

(1)比例横线：十线九格、九线八格。(2)头高比例1：8。头高1.0,颈0.5,躯干长2.5,腿长4.0,大腿长2.0,小腿长2.0,脚长1.0,手臂长3.0,上臂长1.0,前臂长1.0,手长1.0。

4. 画图顺序

先画右侧单线图,再画左侧单线图。按头、右侧躯干、下肢、脚、左侧躯干、下肢、脚、上肢、眼睛、辫子的顺序绘图。

5. 注意事项

整体重心在支撑面的中点上,前后不偏离。整体结构优美。线实,两点之间一笔完成,忌多次描画。用力均匀,忌粗细不均。指尖、脚尖、辫尖勿钝,留尖。画出人体的曲线：注意胸、臀、大腿、小腿的弧线方向。透视变形:近大远小。俯视透视图的特点：近低远高。注意交叉时先画近肢,远肢断开。

第五节　抢球动作简图的画法

一、正面抢截

1.定义

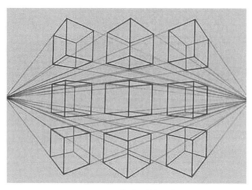

10-67　成角透视图

俯视是被观察物体低于地平线,或视点高于被观察物体,如上图最下方三个正方体。纵深方向线段的延长线向上消失在远处地平线的两侧。正方体上等长的两条线段在假设平面上的投影呈现出近大远小的规律。正方体上等高的两个点在假设平面上的投影呈现近低远高的透视特点。根据这一透视规律人体正面抢截俯视斜面图的画法如下。

2.图例

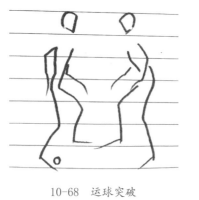

10-68　运球突破

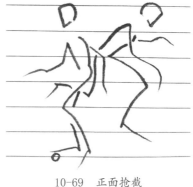

10-69　正面抢截

3. 比例

（1）比例横线：八线七格、七线六格。（2）头高比例1∶8。头高1.0，颈0.5，躯干长2.5，腿长4.0，大腿长2.0，小腿长2.0，脚长1.0，手臂长3.0，上臂长1.0，前臂长1.0，手长1.0。

4. 画图顺序

先画右侧单线图，再画左侧单线图。按头、右侧躯干、下肢、脚、左侧躯干、下肢、脚、上肢、眼睛、辫子的顺序绘图。

5. 注意事项

整体重心在支撑面的中点上，前后不偏离。整体结构优美。线实，两点之间一笔完成，忌多次描画。用力均匀，忌粗细不均。指尖、脚尖、辫尖勿钝，留尖。画出人体的曲线：注意胸、臀、大腿、小腿的弧线方向。透视变形：近大远小。俯视透视图的特点：近低远高。注意交叉时先画近肢，远肢断开。

二、侧面抢截
1. 定义

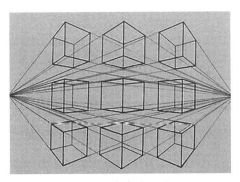

10-70　成角透视图

俯视是被观察物体低于地平线，或视点高于被观察物体，如上图最下方三个正方体。纵深方向线段的延长线向上消失在远处地平线的两侧。正方体上等长的两条线段在假设平面上的投影呈现出近大远小的规律。正方体上等高的两个点在假设平面上的投影呈现近低远高的透视特点。根据这一透视规律人体俯视斜面图的画法如下。

2. 图例

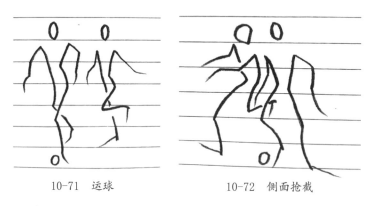

10-71 运球　　　　　　　10-72 侧面抢截

3. 比例

（1）比例横线：八线七格、七线六格。（2）头高比例1:8。头高1.0，颈0.5，躯干长2.5，腿长4.0，大腿长2.0，小腿长2.0，脚长1.0，手臂长3.0，上臂长1.0，前臂长1.0，手长1.0。

4. 画图顺序

先画右侧单线图，再画左侧单线图。按头、右侧躯干、下肢、脚、左侧躯干、下肢、脚、上肢、眼睛、辫子的顺序绘图。

5. 注意事项

整体重心在支撑面的中点上，前后不偏离。整体结构优美。线实，两点之间一笔完成，忌多次描画。用力均匀，忌粗细不均。指尖、脚尖、辫尖勿钝，留尖。画出人体的曲线：注意胸、臀、大腿、小腿的弧线方向。透视变形：近大远小。俯视透视图的特点：近低远高。注意交叉时先画近肢，远肢断开。

三、铲球

1.定义

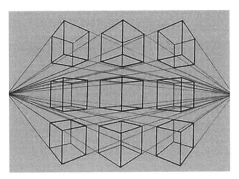

10-73　成角透视图

俯视是被观察物体低于地平线,或视点高于被观察物体,如上图最下方三个正方体。纵深方向线段的延长线向上消失在远处地平线的两侧。正方体上等长的两条线段在假设平面上的投影呈现出近大远小的规律。正方体上等高的两个点在假设平面上的投影呈现近低远高的透视特点。根据这一透视规律人体俯视斜面图的画法如下。

2.图例

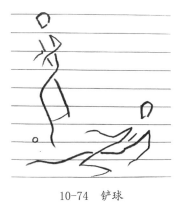

10-74　铲球

3.比例

(1)比例横线:十线九格。(2)头高比例约为1:8。头高1.0,颈0.5,躯干长2.5,腿长4.0,大腿长2.0,小腿长2.0,脚长1.0,手臂长3.0,上臂长1.0,前臂长1.0,手长1.0。

4. 画图顺序

先画右侧单线图,再画左侧单线图。按头、右侧躯干、下肢、脚、左侧躯干、下肢、脚、上肢、眼睛、辫子的顺序绘图。

5. 注意事项

整体重心在支撑面的中点上,前后不偏离。整体结构优美。线实,两点之间一笔完成,忌多次描画。用力均匀,忌粗细不均。指尖、脚尖、辫尖勿钝,留尖。画出人体的曲线:注意胸、臀、大腿、小腿的弧线方向。透视变形:近大远小。俯视透视图的特点:近低远高。注意交叉时先画近肢,远肢断开。

第六节　传接球动作简图的画法

一、掷界外球

1. 掷界外球侧面平面图

掷界外球侧面平面图是指人体做掷界外球时侧面的轮廓与假设平面平行,并且当被观察人体侧面的轮廓距离观察者的眼睛足够远时,被观察人体侧面的轮廓在假设平面上的投影。此时被观察人体侧面轮廓上每一个点发出的光线到观察者眼睛的距离可以近似地认为是相等的,画成平面图。

2. 图例

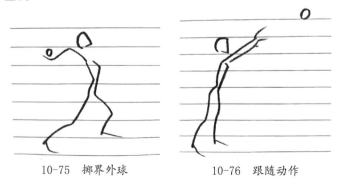

10-75　掷界外球　　　　10-76　跟随动作

3.比例

(1)比例横线:八线七格、十线九格。(2)头高比例约为1:8。头高 1.0,颈 0.5,躯干长 2.5,腿长 4.0,大腿长 2.0,小腿长 2.0,脚长 1.0,手臂长 3.0,上臂长 1.0,前臂长 1.0,手长 1.0。

4.画图顺序

按头、躯干、下肢、上肢的顺序绘图。

5.注意事项

整体重心在支撑面的中点上前后不偏离。线实用力均匀指尖脚尖、辫尖勿钝,留尖。画出人体的曲线:注意胸、臀、大腿、小腿的弧线方向。注意交叉时先画近肢,远肢断开。

二、肩上单手掷球
1.定义

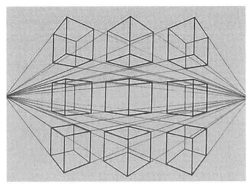

10-77　成角透视图

俯视是被观察物体低于地平线,或视点高于被观察物体,如上图最下方三个正方体。纵深方向线段的延长线向上消失在远处地平线的两侧。正方体上等长的两条线段在假设平面上的投影呈现出近大远小的规律。正方体上等高的两个点在假设平面上的投影呈现近低远高的透视特点。根据这一透视规律人体俯视斜面图的画法如下。

2. 图例

10-78   肩上单手掷球

3. 比例

（1）比例横线：九线八格。（2）头高比例约为 1∶8。头高 1.0，颈 0.5，躯干长 2.5，腿长 4.0，大腿长 2.0，小腿长 2.0，脚长 1.0，手臂长 3.0，上臂长 1.0，前臂长 1.0，手长 1.0。

4. 画图顺序

先画右侧单线图，再画左侧单线图。按头、右侧躯干、下肢、脚、左侧躯干、下肢、脚、上肢、眼睛、辫子的顺序绘图。

5. 注意事项

整体重心在支撑面的中点上，前后不偏离。整体结构优美。线实，两点之间一笔完成，忌多次描画。用力均匀，忌粗细不均。指尖、脚尖、辫尖勿钝，留尖。画出人体的曲线：注意胸、臀、大腿、小腿的弧线方向。透视变形：近大远小。俯视透视图的特点：近低远高。注意交叉时先画近肢，远肢断开。

三、地滚掷球
1. 定义

俯视是被观察物体低于地平线，或视点高于被观察物体，如上图最

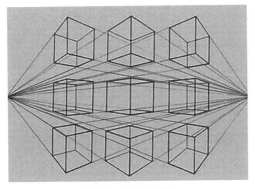

10-79 成角透视图

下方三个正方体。纵深方向线段的延长线向上消失在远处地平线的两侧。正方体上等长的两条线段在假设平面上的投影呈现出近大远小的规律。正方体上等高的两个点在假设平面上的投影呈现近低远高的透视特点。根据这一透视规律人体守门员地滚掷球俯视斜面图的画法如下。

2. 图例

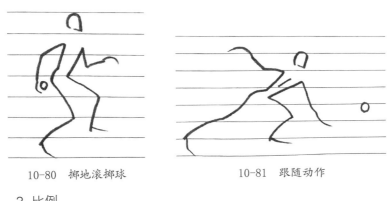

10-80 掷地滚掷球   10-81 跟随动作

3. 比例

（1）比例横线：八线七格。（2）头高比例1∶8。头高1.0，颈0.5，躯干长2.5，腿长4.0，大腿长2.0，小腿长2.0，脚长1.0，手臂长3.0，上臂长1.0，前臂长1.0，手长1.0。

4. 画图顺序

先画右侧单线图，再画左侧单线图。按头、右侧躯干、下肢、脚、左

侧躯干、下肢、脚、上肢、眼睛、辫子的顺序绘图。

5.注意事项

　　整体重心在支撑面的中点上,前后不偏离。整体结构优美。线实,两点之间一笔完成,忌多次描画。用力均匀,忌粗细不均。指尖、脚尖、辫尖勿钝,留尖。画出人体的曲线:注意胸、臀、大腿、小腿的弧线方向。透视变形:近大远小。俯视透视图的特点:近低远高。注意交叉时先画近肢,远肢断开。

四、接地滚球
1.接地滚球侧面平面图

　　接地滚球侧面平面图是指人体做接地滚球时侧面的轮廓与假设平面平行,并且当被观察人体侧面的轮廓距离观察者的眼睛足够远时,被观察人体侧面的轮廓在假设平面上的投影。此时被观察人体侧面轮廓上每一个点发出的光线到观察者眼睛的距离可以近似地认为是相等的,画成平面图。

2.图例

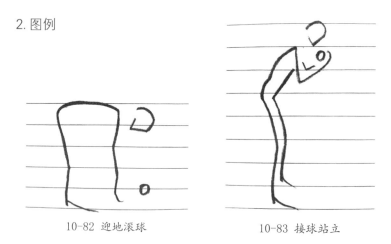

10-82 迎地滚球　　　　　　　　10-83 接球站立

3.比例

　　(1)比例横线:六线五格、九线八格。(2)头高比例1:8。头高1.0,

颈 0.5, 躯干长 2.5, 腿长 4.0, 大腿长 2.0, 小腿长 2.0, 脚长 1.0, 手臂长 3.0, 上臂长 1.0, 前臂长 1.0, 手长 1.0。

4. 画图顺序

按头、躯干、下肢、上肢的顺序绘图。

5. 注意事项

整体重心在支撑面的中点上, 前后不偏离。线实, 用力均匀, 指尖、脚尖、辫尖勿钝, 留尖。画出人体的曲线: 注意胸、臀、大腿、小腿的弧线方向。注意交叉时先画近肢, 远肢断开。

五、跪接地滚球

1. 地滚跪接侧面平面图

地滚跪接侧面平面图是指人体做地滚跪接时侧面的轮廓与假设平面平行, 并且当被观察人体侧面的轮廓距离观察者的眼睛足够远时, 被观察人体侧面的轮廓在假设平面上的投影。此时被观察人体侧面轮廓上每一个点发出的光线到观察者眼睛的距离可以近似地认为是相等的, 画成平面图。

2. 图例

10-84 跪接地滚球

3. 比例

(1) 比例横线: 六线五格。(2) 头高比例 1:8。头高 1.0, 颈 0.5,

躯干长 2.5, 腿长 4.0, 大腿长 2.0, 小腿长 2.0, 脚长 1.0, 手臂长 3.0, 上臂长 1.0, 前臂长 1.0, 手长 1.0。

4.画图顺序

按头、躯干、下肢、上肢的顺序绘图。

5.注意事项

整体重心在支撑面的中点上前后不偏离。线实用力均匀指尖脚尖、辫尖勿钝, 留尖。画出人体的曲线: 注意胸、臀、大腿、小腿的弧线方向。注意交叉时先画近肢, 远肢断开。

六、平接球
1.平接球侧面平面图

平接球侧面平面图是指人体做平接球时侧面的轮廓与假设平面平行, 并且当被观察人体侧面的轮廓距离观察者的眼睛足够远时, 被观察人体侧面的轮廓在假设平面上的投影。此时被观察人体侧面轮廓上每一个点发出的光线到观察者眼睛的距离可以近似地认为是相等的, 画成平面图。

2.图例

10-85   平接球

3. 比例

（1）比例横线：八线七格。（2）头高比例约为 1：8。头高 1.0，颈 0.5，躯干长 2.5，腿长 4.0，大腿长 2.0，小腿长 2.0，脚长 1.0，手臂长 3.0，上臂长 1.0，前臂长 1.0，手长 1.0。

4. 画图顺序

按头、躯干、下肢、上肢的顺序绘图。

5. 注意事项

整体重心在支撑面的中点上前后不偏离。线实用力均匀指尖脚尖、辫尖勿钝，留尖。画出人体的曲线：注意胸、臀、大腿、小腿的弧线方向。注意交叉时先画近肢，远肢断开。

七、高接球

1. 高接球正面平面图

高接球正面平面图是指人体做高接球时前面的轮廓与假设平面平行，并且当被观察人体前面的轮廓距离观察者的眼睛足够远时，被观察人体前面的轮廓在假设平面上的投影。此时被观察人体前面轮廓上每一个点发出的光线到观察者眼睛的距离可以近似地认为是相等的，画成平面图。

2. 图例

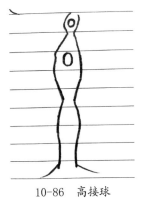

10-86　高接球

3.比例

（1）比例横线：十线九格。（2）头高比例约为 1：8。头高 1.0，颈 0.5，肩宽 1.5，腰宽 0.5，髋宽 1.0，躯干长 2.5，腿长 4.0，大腿长 2.0，小腿长 2.0，脚长 1.0，手臂长 3.0，上臂长 1.0，前臂长 1.0，手长 1.0。

4.画图顺序

按头、躯干、下肢、上肢的顺序绘图。

5.注意事项

整体左右对称，重心在中线上，左右不偏离。线实，用力均匀，指尖、脚尖勿钝，留尖。注意交叉时先画近肢，远肢断开。

八、跳接高球
1.定义

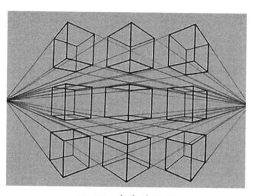

10-87　成角透视图

俯视是被观察物体低于地平线，或视点高于被观察物体，如上图最下方三个正方体。纵深方向线段的延长线向上消失在远处地平线的两侧。正方体上等长的两条线段在假设平面上的投影呈现出近大远小的规律。正方体上等高的两个点在假设平面上的投影呈现近低远高的透视特点。根据这一透视规律人体跳接高球俯视斜面图的画法如下。

2.图例

10-88 跳接高球

3.比例

（1）比例横线：十一线十格。（2）头高比例约为 1：8。头高 1.0，颈 0.5，躯干长 2.5，腿长 4.0，大腿长 2.0，小腿长 2.0，脚长 1.0，手臂长 3.0，上臂长 1.0，前臂长 1.0，手长 1.0。

4.画图顺序

先画右侧单线图，再画左侧单线图。按头、右侧躯干、下肢、脚、左侧躯干、下肢、脚、上肢、眼睛、辫子的顺序绘图。

5.注意事项

整体重心在支撑面的中点上，前后不偏离。整体结构优美。线实，两点之间一笔完成，忌多次描画。用力均匀，忌粗细不均。指尖、脚尖、辫尖勿钝，留尖。画出人体的曲线：注意胸、臀、大腿、小腿的弧线方向。透视变形：近人远小。俯视透视图的特点：近低远高。注意交叉时先画近肢，远肢断开。

九、扑接地滚球
1.定义

俯视是被观察物体低于地平线，或视点高于被观察物体，如上图最

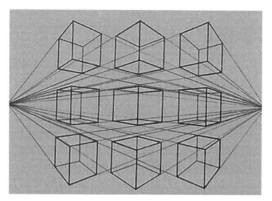

10-89　成角透视图

下方三个正方体。纵深方向线段的延长线向上消失在远处地平线的两侧。正方体上等长的两条线段在假设平面上的投影呈现出近大远小的规律。正方体上等高的两个点在假设平面上的投影呈现近低远高的透视特点。根据这一透视规律人体俯视斜面图的画法如下。

2. 图例

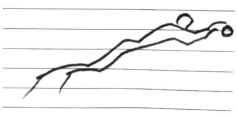

10-90　扑接地滚球

3. 比例

（1）比例横线：六线五格。（2）头高比例约为1∶8。头高1.0,颈0.5,躯干长2.5,腿长4.0,大腿长2.0,小腿长2.0,脚长1.0,手臂长3.0,上臂长1.0,前臂长1.0,手长1.0。

4. 画图顺序

先画右侧单线图,再画左侧单线图。按头、右侧躯干、下肢、脚、左侧躯干、下肢、脚、上肢、眼睛、辫子的顺序绘图。

5. 注意事项

整体重心在支撑面的中点上,前后不偏离。整体结构优美。线实,两点之间一笔完成,忌多次描画。用力均匀,忌粗细不均。指尖、脚尖、辫尖勿钝,留尖。画出人体的曲线:注意胸、臀、大腿、小腿的弧线方向。透视变形:近大远小。俯视透视图的特点:近低远高。注意交叉时先画近肢,远肢断开。

十、扑接高球
1. 定义

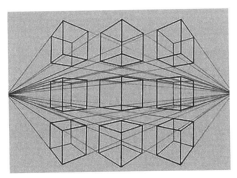

10-91　成角透视图

俯视是被观察物体低于地平线,或视点高于被观察物体,如上图最下方三个正方体。纵深方向线段的延长线向上消失在远处地平线的两侧。正方体上等长的两条线段在假设平面上的投影呈现出近大远小的规律。正方体上等高的两个点在假设平面上的投影呈现近低远高的透视特点。根据这一透视规律人体扑接高球俯视斜面图的画法如下。

2. 图例

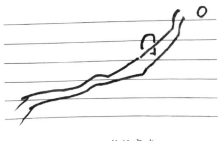

10-92　扑接高球

3. 比例

（1）比例横线：六线五格。（2）头高比例 1:8。头高 1.0, 颈 0.5, 躯干长 2.5, 腿长 4.0, 大腿长 2.0, 小腿长 2.0, 脚长 1.0, 手臂长 3.0, 上臂长 1.0, 前臂长 1.0, 手长 1.0。

4. 画图顺序

先画右侧单线图，再画左侧单线图。按头、右侧躯干、下肢、脚、左侧躯干、下肢、脚、上肢、眼睛、辫子的顺序绘图。

5. 注意事项

整体重心在支撑面的中点上，前后不偏离。整体结构优美。线实，两点之间一笔完成，忌多次描画。用力均匀，忌粗细不均。指尖、脚尖、辫尖勿钝，留尖。画出人体的曲线：注意胸、臀、大腿、小腿的弧线方向。透视变形：近大远小。俯视透视图的特点：近低远高。注意交叉时先画近肢，远肢断开。

十一、双拳击球
1. 定义

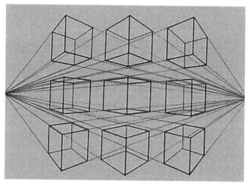

10-93 成角透视图

俯视是被观察物体低于地平线，或视点高于被观察物体，如上图最下方三个正方体。纵深方向线段的延长线向上消失在远处地平线的两侧。正方体上等长的两条线段在假设平面上的投影呈现出近大远小的规律。正方体上等高的两个点在假设平面上的投影呈现近低远高的透视特点。根据这一透视规律人体俯视斜面图的画法如下。

2.图例

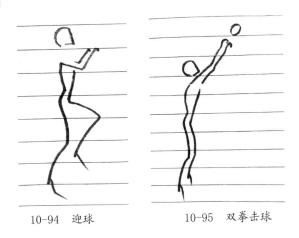

10-94 迎球   10-95 双拳击球

3.比例

(1)比例横线:九线八格、十一线十格。(2)头高比例1:8。头高1.0,颈0.5,躯干长2.5,腿长4.0,大腿长2.0,小腿长2.0,脚长1.0,手臂长3.0,上臂长1.0,前臂长1.0,手长1.0。

4.画图顺序

先画右侧单线图,再画左侧单线图。按头、右侧躯干、下肢、脚、左侧躯干、下肢、脚、上肢、眼睛、辫子的顺序绘图。

5.注意事项

整体重心在支撑面的中点上,前后不偏离。整体结构优美。线实,两点之间一笔完成,忌多次描画。用力均匀,忌粗细不均。指尖、脚尖、辫尖勿钝,留尖。画出人体的曲线:注意胸、臀、大腿、小腿的弧线方向。透视变形:近大远小。俯视透视图的特点:近低远高。注意交叉时先画近肢,远肢断开。

十二、单拳击球

1.定义

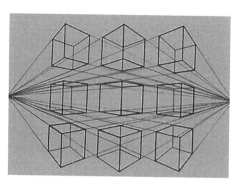

10-96　成角透视图

　　俯视是被观察物体低于地平线,或视点高于被观察物体,如上图最下方三个正方体。纵深方向线段的延长线向上消失在远处地平线的两侧。正方体上等长的两条线段在假设平面上的投影呈现出近大远小的规律。正方体上等高的两个点在假设平面上的投影呈现近低远高的透视特点。根据这一透视规律人体俯视斜面图的画法如下。

2.图例

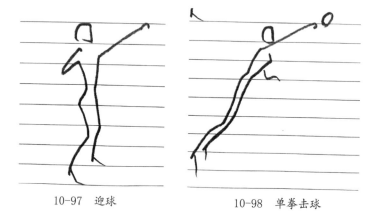

10-97　迎球　　　　　　　　　　10-98　单拳击球

3.比例

　　(1)比例横线:九线八格、十一线十格。(2)头高比例1:8。头高1.0,颈0.5,躯干长2.5,腿长4.0,大腿长2.0,小腿长2.0,

脚长 1.0，手臂长 3.0，上臂长 1.0，前臂长 1.0，手长 1.0。

4.画图顺序

先画右侧单线图，再画左侧单线图。按头、右侧躯干、下肢、脚、左侧躯干、下肢、脚、上肢、眼睛、辫子的顺序绘图。

5.注意事项

整体重心在支撑面的中点上，前后不偏离。整体结构优美。线实，两点之间一笔完成，忌多次描画。用力均匀，忌粗细不均。指尖、脚尖、辫尖勿钝，留尖。画出人体的曲线：注意胸、臀、大腿、小腿的弧线方向。透视变形：近大远小。俯视透视图的特点：近低远高。注意交叉时先画近肢，远肢断开。

思考问题

1.请回答足球踢球各动作简图的头高比例、绘图顺序和注意事项？

2.请回答足球停球各动作简图的头高比例、绘图顺序和注意事项？

3.请回答足球运篮各动作简图的头高比例、绘图顺序和注意事项？

4.请回答足球顶球各动作简图的头高比例、绘图顺序和注意事项？

5.请回答足球抢球各动作简图的头高比例、绘图顺序和注意事项？

6.请回答足球传接球各动作简图的头高比例、绘图顺序和注意事项？

参考文献

[1] 陆仲元 . 足球 [M]. 北京：人民体育出版社 ,1997.

附录1　第九套广播操图例

预备节:原地踏步(2×8)

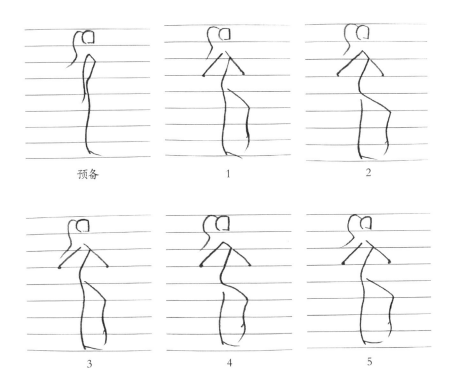

预备　　　　　　　1　　　　　　　2

3　　　　　　　4　　　　　　　5

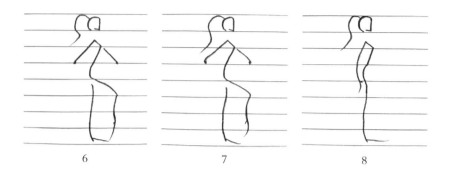

6   7   8

第一节: 伸展运动 (4×8)

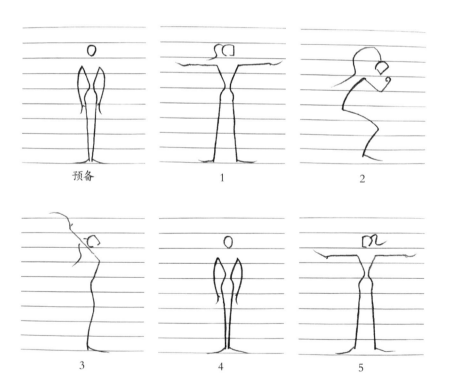

预备   1   2

3   4   5

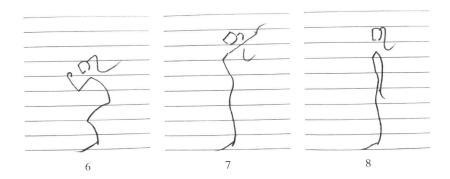

6　　　　　　7　　　　　　8

第二节:扩胸运动(4×8)

预备　　　　　　1　　　　　　2

3　　　　　　4　　　　　　5

6   7   8

第三节: 踢腿运动(4×8)

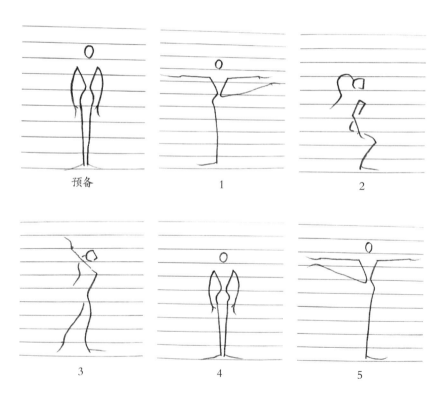

预备   1   2

3   4   5

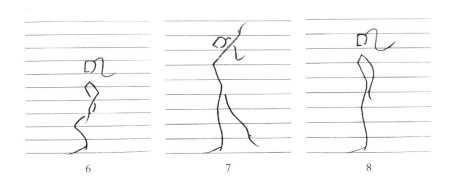

6　　　　　7　　　　　8

第四节：体侧运动（4×8）

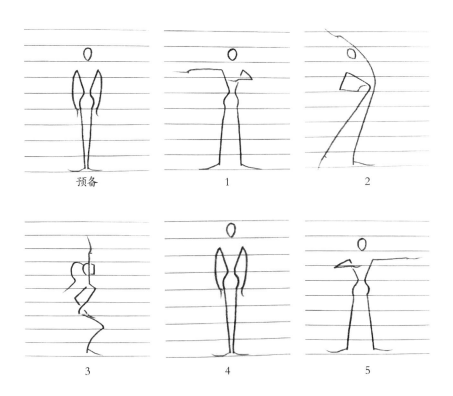

预备　　　　　1　　　　　2

3　　　　　4　　　　　5

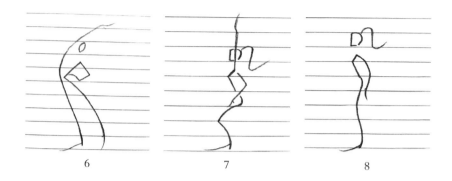

6   7   8

第五节:体转运动(4×8)

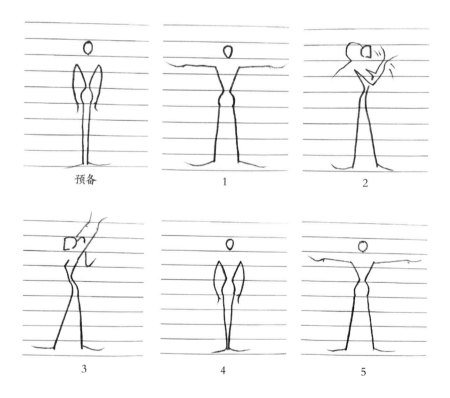

预备   1   2

3   4   5

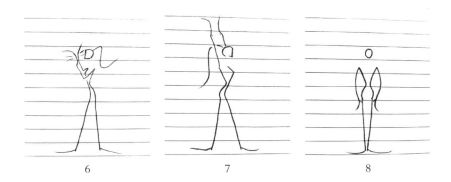

6   7   8

第六节:全身运动(4×8)

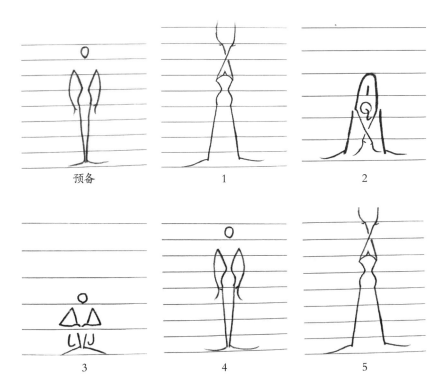

预备   1   2

3   4   5

6

7

8

第七节：跳跃运动（4×8）

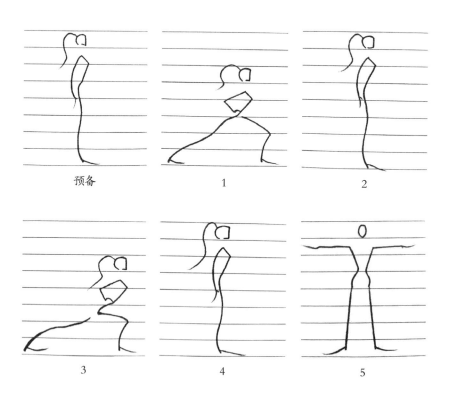

预备

1

2

3

4

5

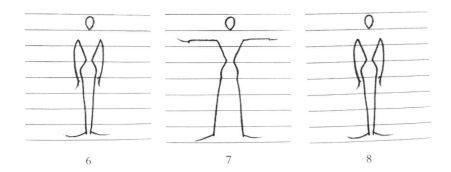

6　　　　　　　　7　　　　　　　　8

第八节：整理运动（2×8）

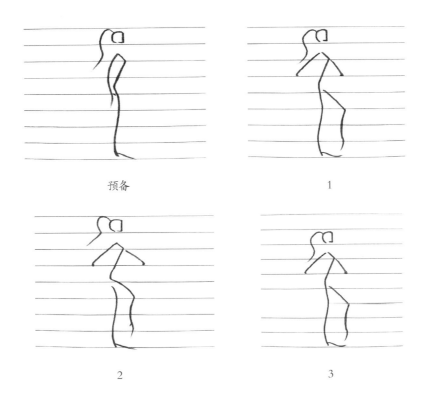

预备　　　　　　　　　　　　　　1

2　　　　　　　　　　　　　　3

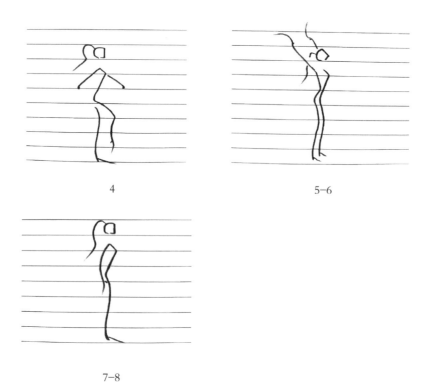

4

5—6

7—8

附录 2　竞技体操三级动作图例

一、自由体操

1. 挺身式趋步

2. 前手翻

3. 前滚翻

4. 头手翻

5. 扳腿平衡

6. 转体 180 度

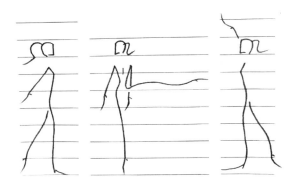

7. 前后劈腿

8. 左右劈腿

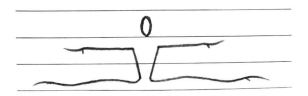

9. 转体前后劈腿

10. 并腿体前屈

11. 后倒肩肘倒立

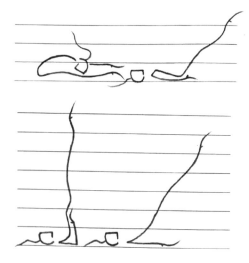

12. 前倒分腿直角支撑

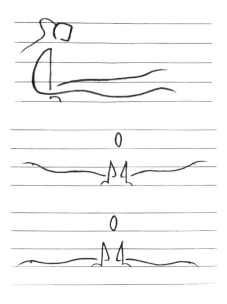

13. 落下俯卧侧举

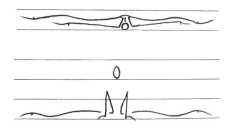

14. 并腿屈体后滚翻

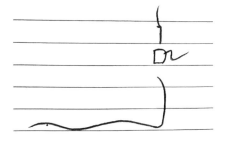

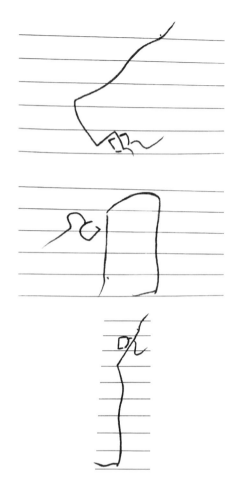

15. 侧手翻向前转体 90 度

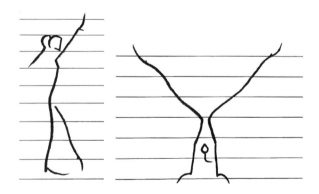

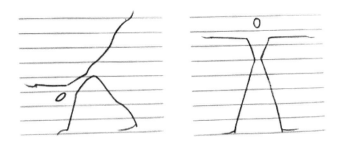

16. 手倒立前滚翻

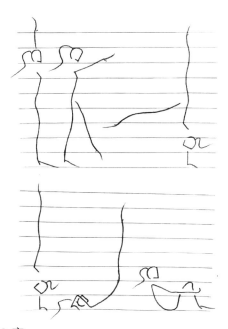

17. 跳转 180 度

18. 助跑

19. 挺身式趄步

20. 踺子

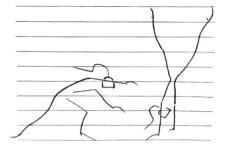

21. 后手翻

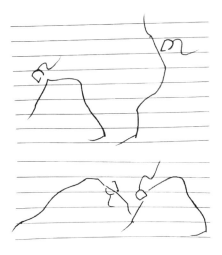

22. 挺身跳

二、鞍马

1. 正立

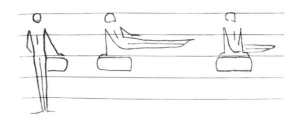

2. 正撑全旋三次

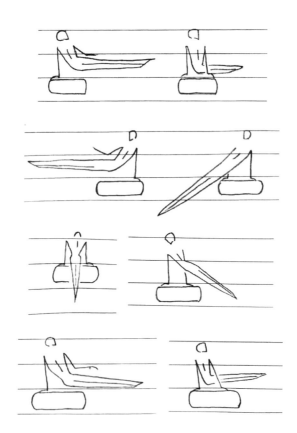

3. 转体 90 度侧撑

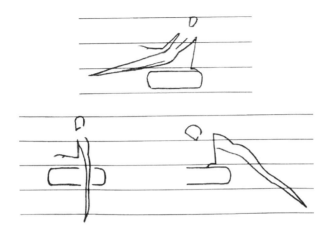

4. 侧撑全旋两次

5. 俯撑转体 90 度

6. 侧腾越下

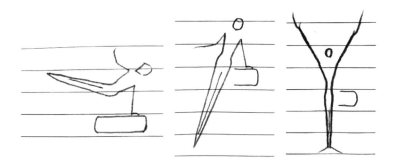

三、跳马

1. 助跑

2. 上板

3. 起跳

4. 第一腾空

5. 推手

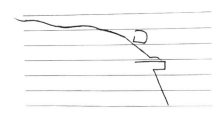

6. 第二腾空

7. 落地

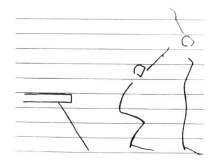

四、单杠

1. 预备

2. 经直角悬垂摆动屈伸上

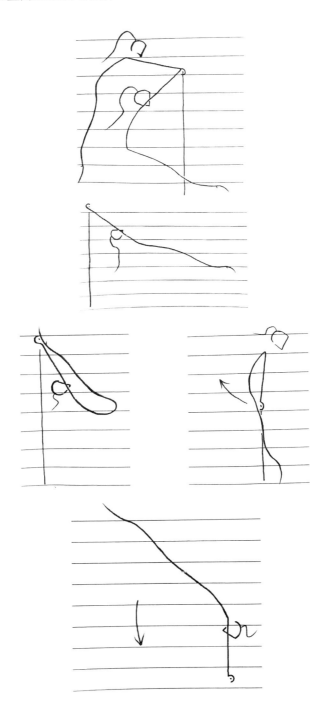

3. 支撑后回环

4. 腾身回环

5. 支撑后摆屈体蹬杠后回环

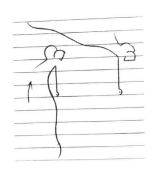 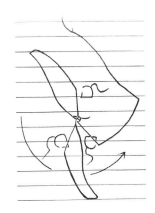

6. 转体 180 度下

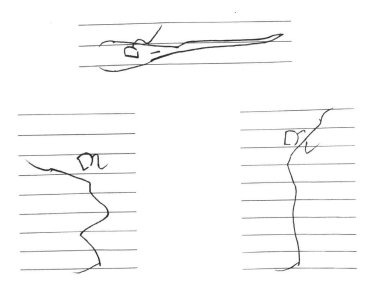

附录3 竞技体操二级动作图例

一、自由体操

1. 预备

2. 交换腿跳

3. 侧并腿跳转体 180 度

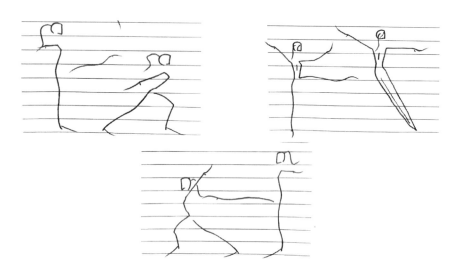

4. 向前一步举腿

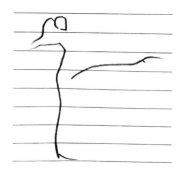

5. 助跑挺身式趋步

6. 前手翻

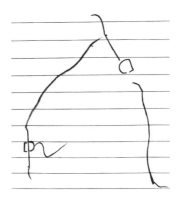

7. 团身前空翻

8. 前滚翻

9. 头手翻

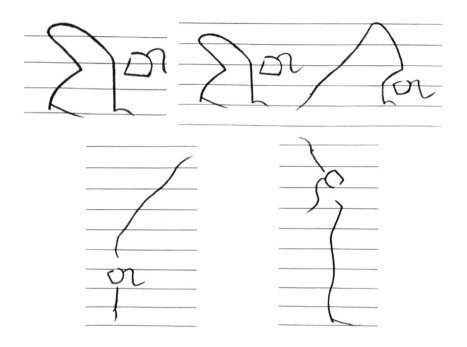

10. 俯平衡

11. 转体 180 度

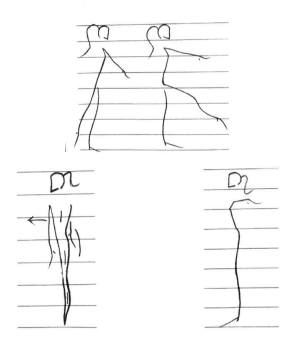

12. 挺身式趋步

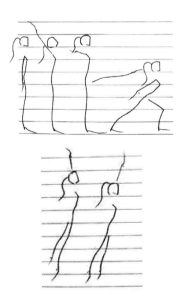

13. 前手翻单脚落

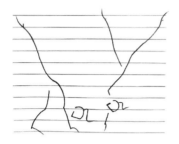

14. 踺子

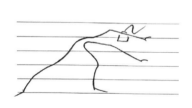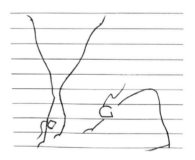

15. 后手翻单脚落

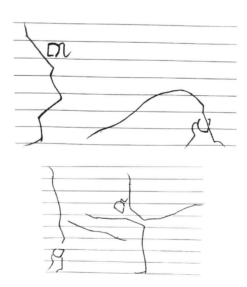

16. 转体 90 度侧手翻

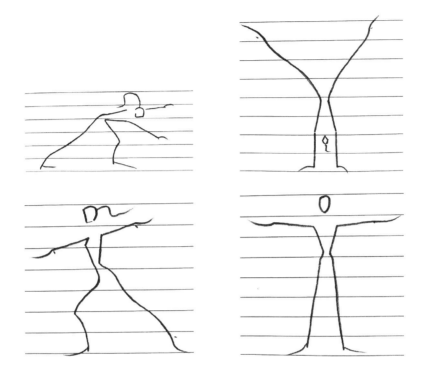

17. 侧起倒立内转 90 度

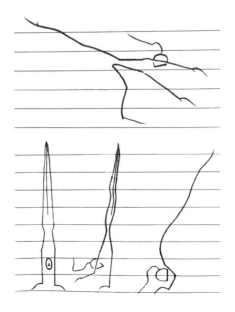

18. 前滚成分腿直角支撑

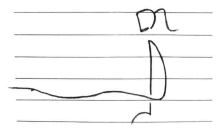

19. 慢起分腿倒立

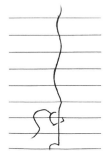

20. 分腿落下左右劈腿俯卧侧举

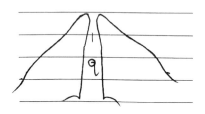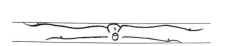

21. 分腿前切并腿

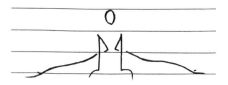

22. 屈体后翻手倒立屈体落下

23. 助跑

24. 挺身式趋步

25. 踺子

26. 后手翻

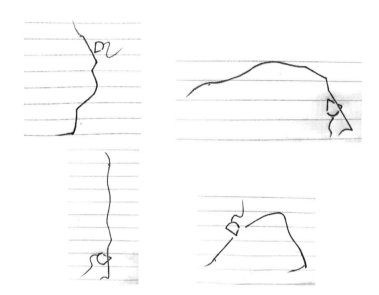

27. 团身后空翻

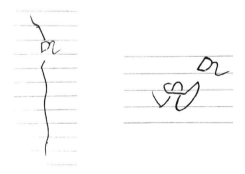

28. 结束

二、鞍马

1. 正立

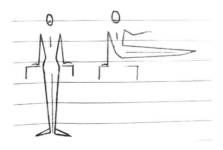

2. 正撑全旋 1 次

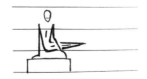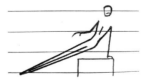

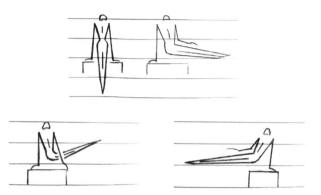

3. 转体 180 度

4. 转体 360 度

5. 转体 90 度侧撑

6. 侧撑全旋 1 次

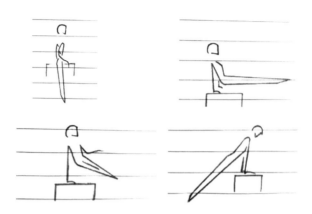

7. 俯撑转体 180 度越马下

三、吊环

1. 悬垂

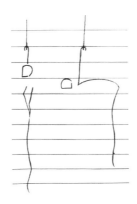

2. 前翻成屈体悬垂

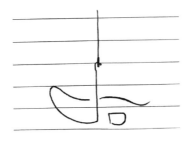

3. 摆荡 1 次

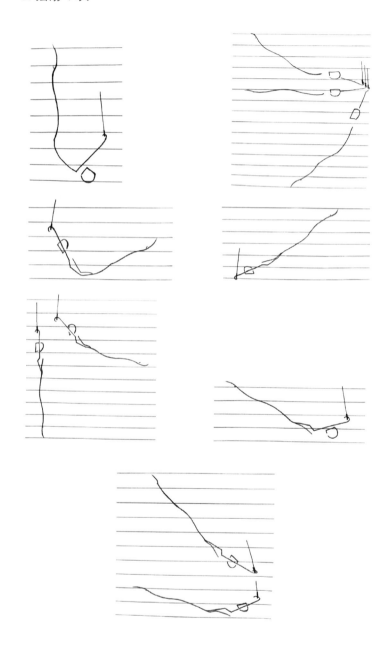

4. 后摆向前高转肩

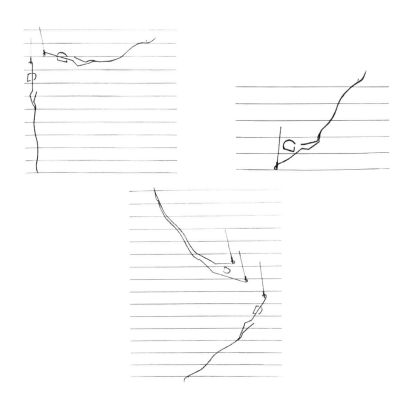

5. 后摆上成支撑

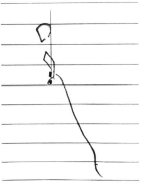

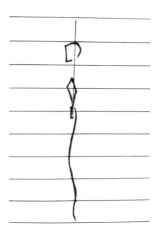

6. 后倒经屈伸后转肩

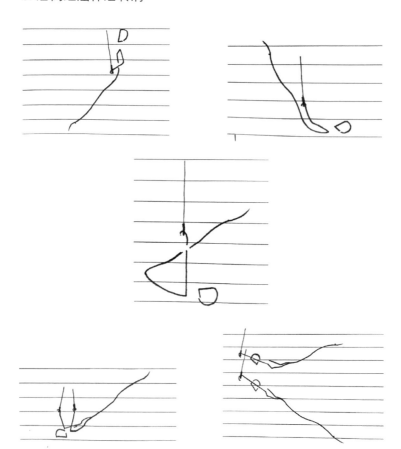

7. 前摆向后高转肩前摆

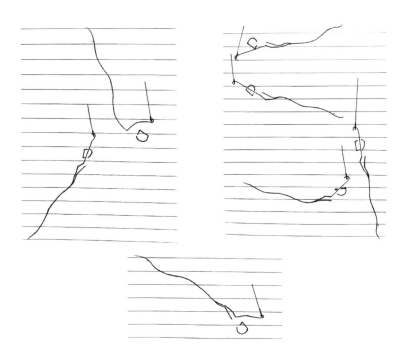

8. 直体后空翻下

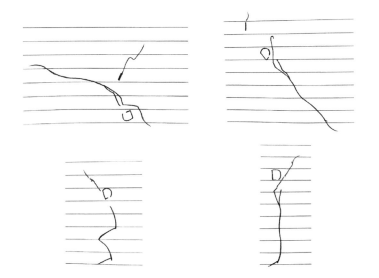

四、跳马

1. 助跑

2. 上板

3. 起跳

4. 第一腾空

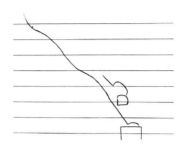

5. 推手

6. 第二腾空

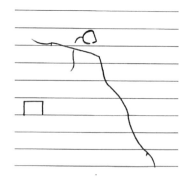

7. 落地

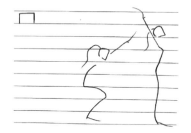

五、双杠

1. 预备

2. 经直角悬垂摆动屈伸上

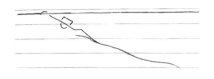

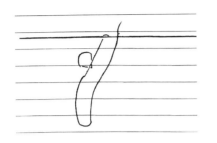
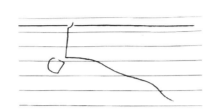

3. 支撑后摆成手倒立

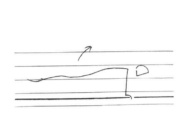

4. 支撑前摆

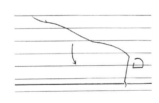

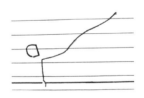

5. 后摆落下经悬垂前摆振浪成支撑后摆

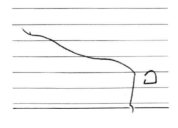

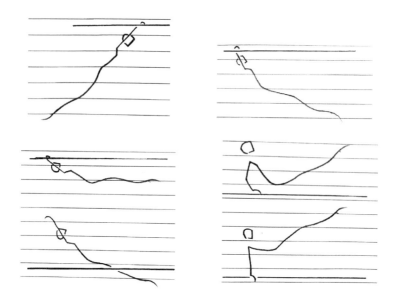

6. 支撑后摆双腿向前侧摆越成直角支撑

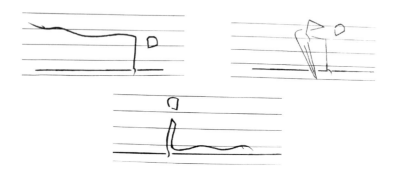

7. 分腿慢起手倒立

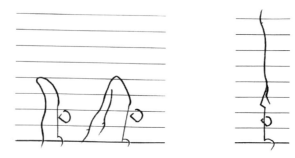

8. 落下经直臂悬垂前摆团身后空翻下

六、单杠

1. 悬垂

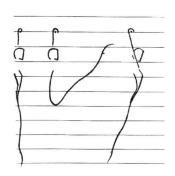

2. 举腿前摆后摆成手倒立

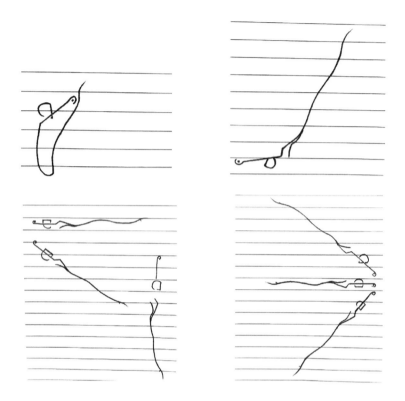

3. 向后大回环

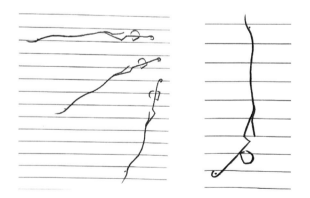

4. 向后大回环转体 180 度

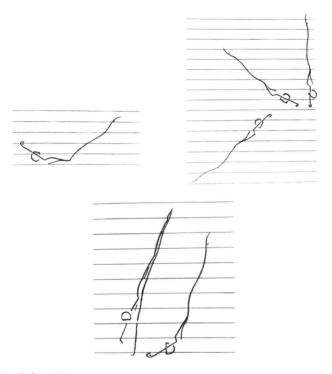

5. 向前大回环

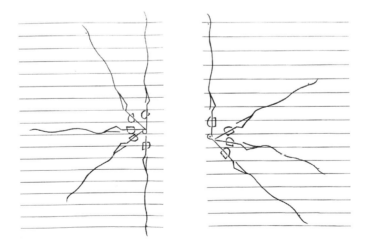

6. 向前大回环转体 180

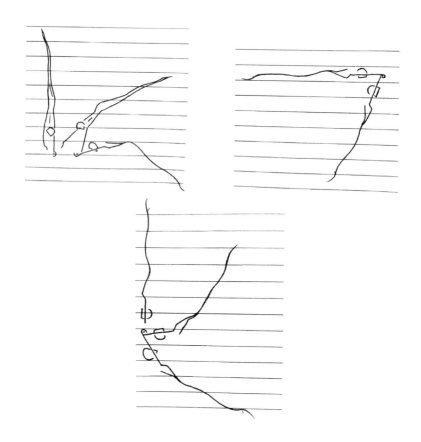

7. 向后大回环两周

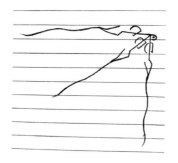

8. 前摆直体后空翻下

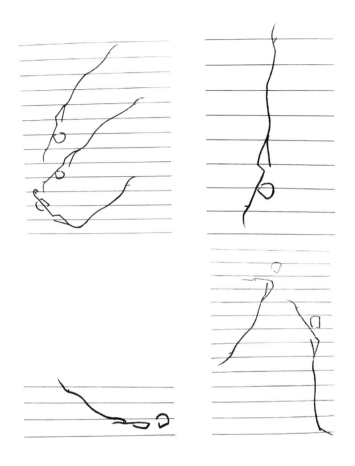

附录 4 竞技体操一级动作图例

一、自由体操

1. 助跑

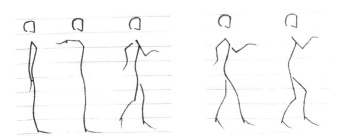

2. 前空翻

3. 踺子

4. 后手翻

5. 挺身跳

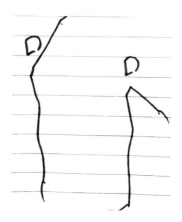

6. 屈体后滚

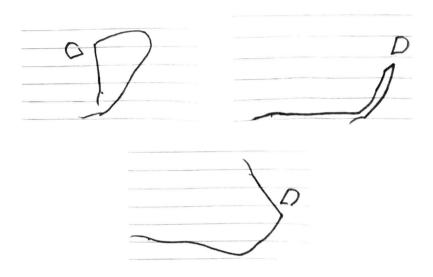

7. 直臂手倒立屈体落下站立

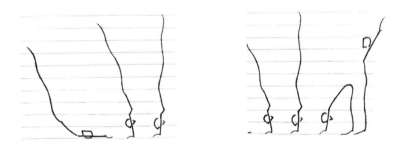

8. 挺身式趋步

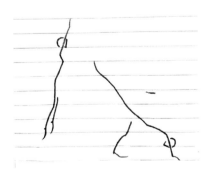

9. 前手翻

10. 前滚翻

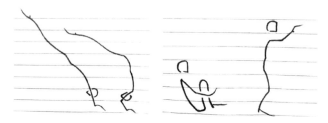

11. 跳转 90 度

12. 后手翻

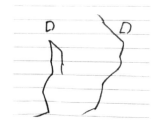

13. 后手翻

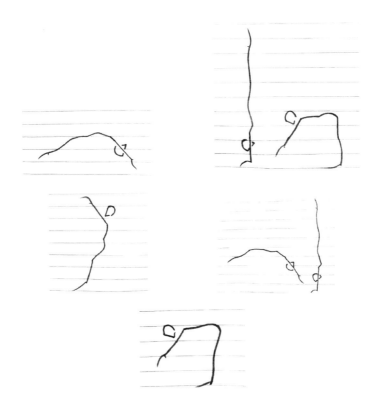

14. 跳转 180 度

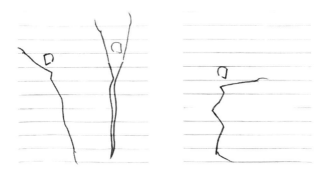

15. 前滚翻

16. 头手翻分腿坐

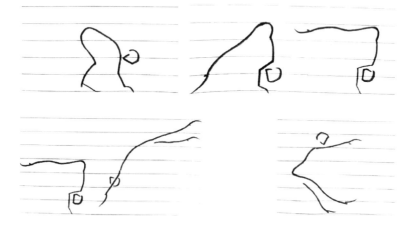

17. 分腿体前屈两腿后摆成俯卧

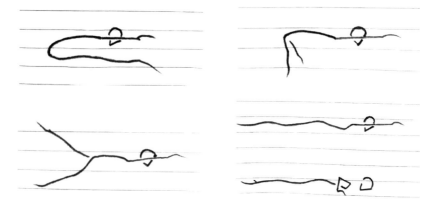

18. 直臂屈体起倒立

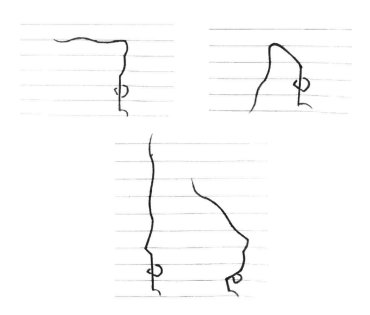

19. 落下头手翻转体 180 度成俯撑后摆经蹲立站立

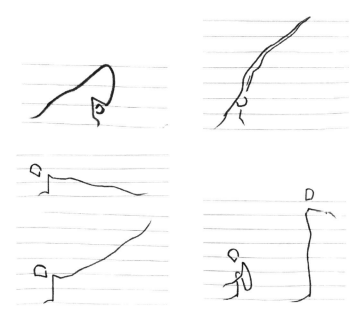

20. 扳腿平衡落下

21. 助跑挺身式趋步

22. 踺子

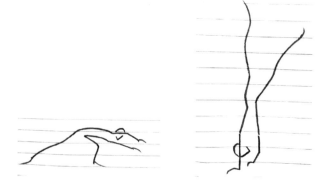

23. 后手翻

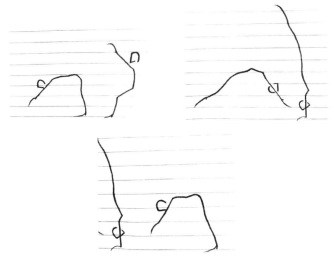

24. 直体后空翻

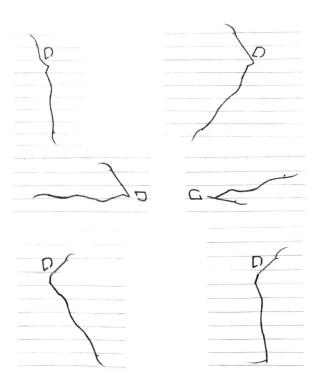

二、鞍马

1. 马端跳上全旋转体 180

2. 右腿异侧摆越

3. 左腿向后摆越同时移位至两环

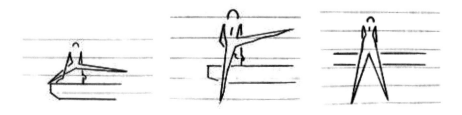

4. 左腿异侧全旋

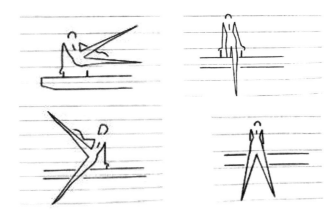

5. 右腿同侧全旋同时正交叉

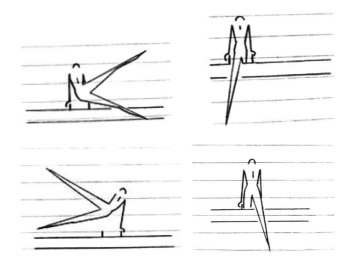

6. 右腿摆越并腿全旋两次

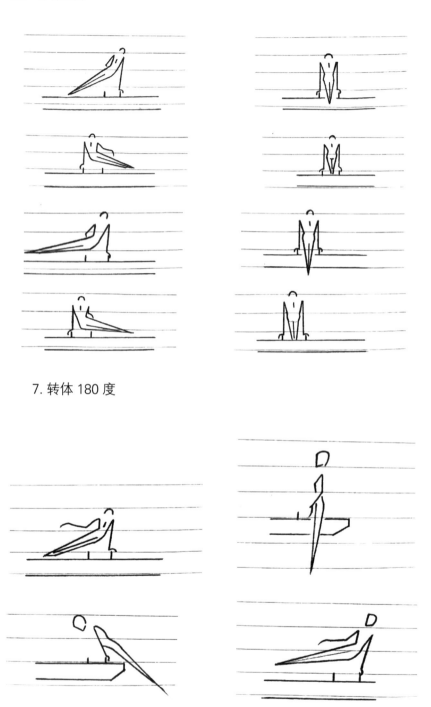

7. 转体 180 度

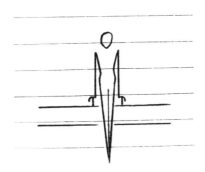

8. 全旋两周

9. 移位至环外

10. 转体 270 度背腾越下

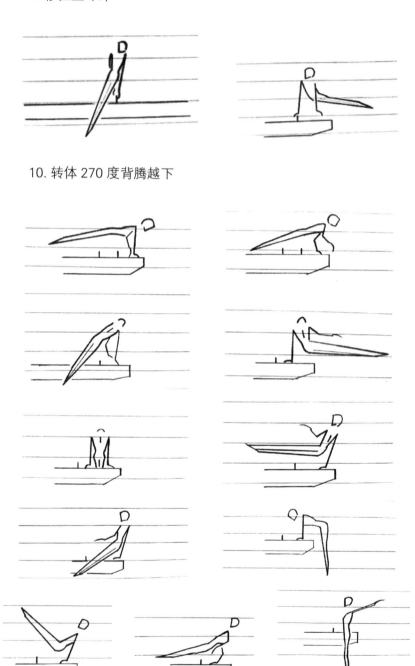

三、吊环

1. 引体后翻至倒悬垂

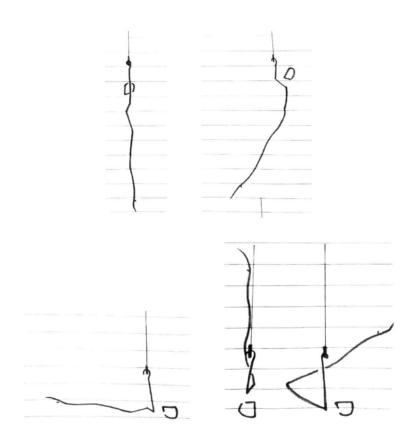

2. 屈伸送髋前摆

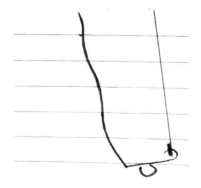

3. 后摆向前高转肩

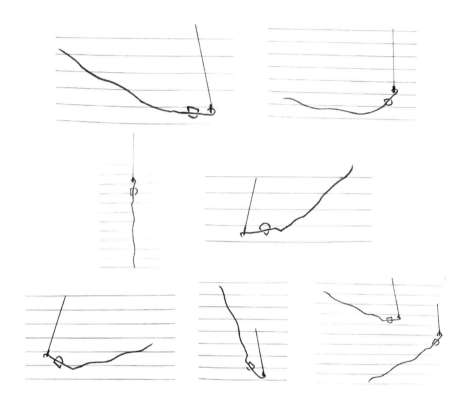

4. 后摆上成分腿水平支撑

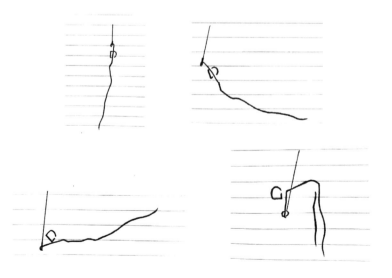

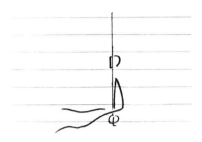

5. 慢起手倒立

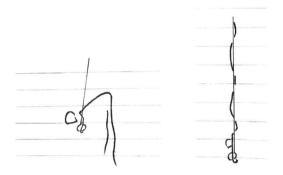

6. 后摆前摆向后高转肩

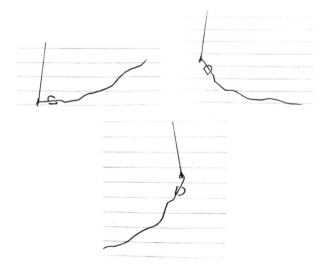

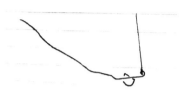

7. 后摆前摆向后高转肩

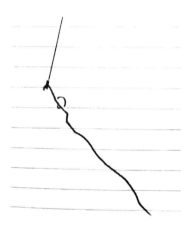
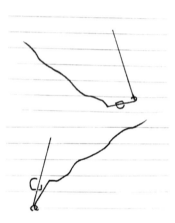

8. 直体后空翻转体 360 度下

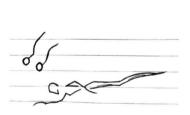

四、跳马

1. 助跑

2. 上板

3. 起跳

4. 第一腾空

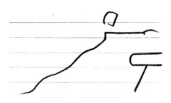

5. 推手

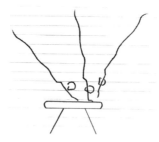

6. 第二腾空

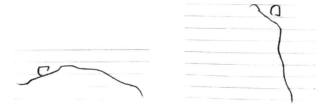

7. 落地

五、双杠

1. 助跑跳上支撑

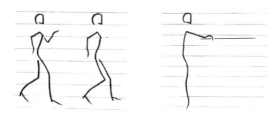

2. 后倒经屈体悬垂摆动后上成悬垂

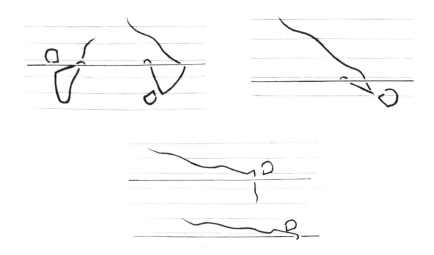

3. 经直角悬垂摆动屈伸上成支撑

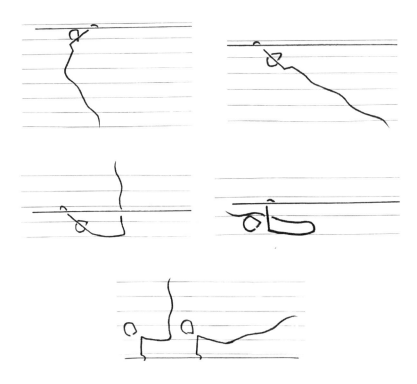

4.后摆成倒立向前转体 180 度

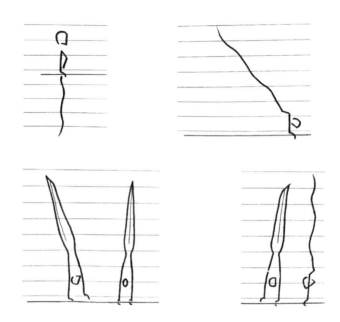

5.支撑前摆转体 180 度

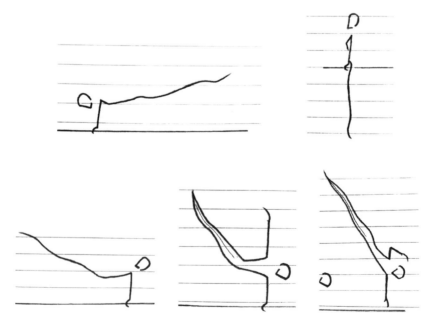

6. 悬垂前摆振浪成支撑

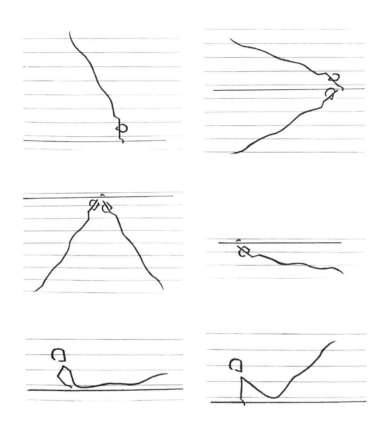

7. 后摆双腿经侧向前摆越成直角支撑

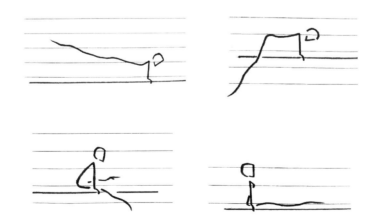

8. 分腿慢起手倒立

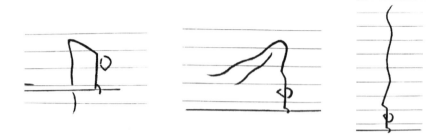

9. 前摆直体后空翻下

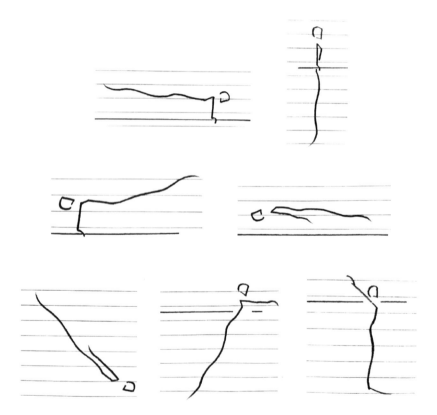

六、单杠

1. 举腿后振屈髋前送起浪后摆

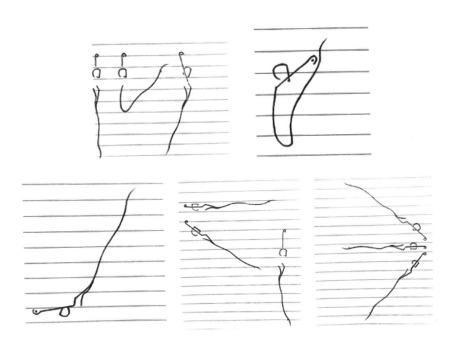

2. 正掏（分腿屈体后回环成倒立）

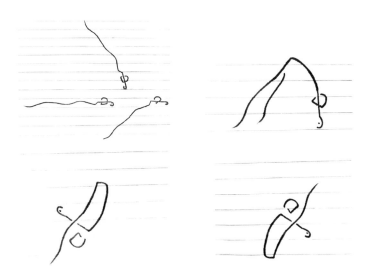

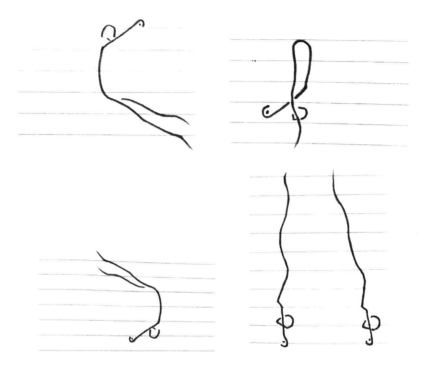

3. 向后大回环转体 180 度

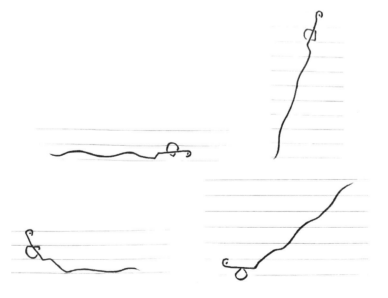

4. 向前大回环

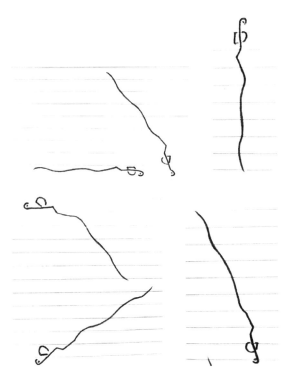

5. 中穿（并腿屈体前回环伸髋成后悬垂向前大回环转肩成支撑）

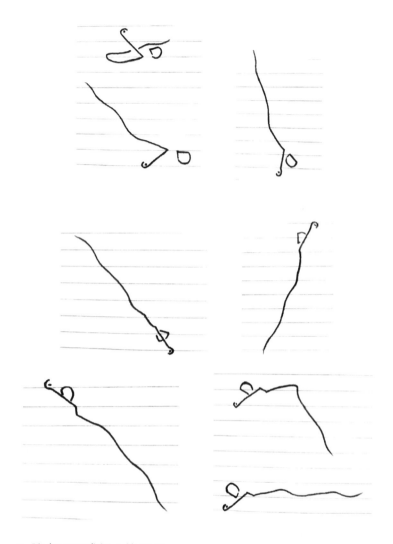

6. 腾身回环成倒立换正握

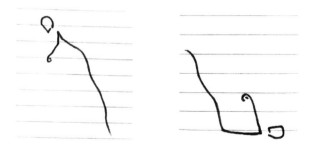

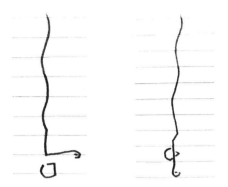

7. 向后大回环两周

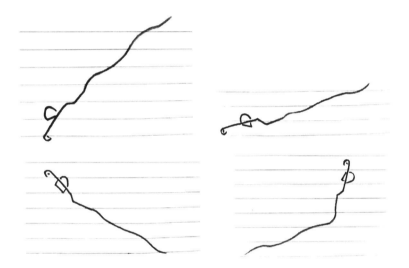

8. 前摆直体后空翻转体 360 度下

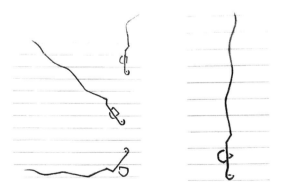

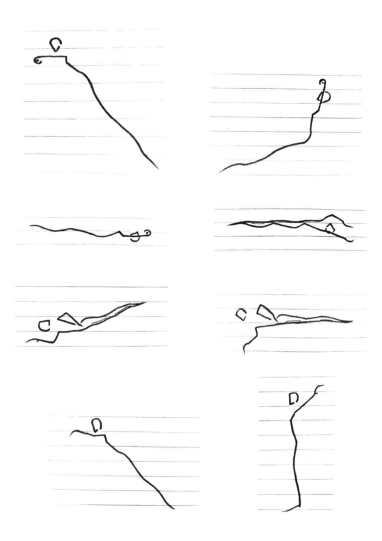

附录5　队列队形图

队列队形练习包括队列练习和队形练习。体育教学常用队列队形如下。

一、队列图

1. 整队报告人数

举手, 全体注意, 成二列横队, 集合, 放手, 立正。

稍息, 立正, 向右看齐, 向前看, 第一列, 报数, 满伍或缺伍。

报告老师,我班应到二十五人,实到二十五人,报告完毕,请老师上课。

i

i i i i i i i i i i i

i i i i i i i i i i i

2. 原地转法

向左转, 向左转, 向后转, 向右转, 向右转, 向后转。

半面, 向左转, 半面, 向左转, 半面, 向右转, 半面, 向右转。

面对面,向左向右转,面向指挥员,向左向右转。(纵队)

背对背,向左向右转,背向指挥员,向左向右转。(纵队)

i i i i i i i i i i i

                                  i

i i i i i i i i i i i

3. 前后左右移动

向前一步走,向前三步走。(单数步)

后退一步走,后退两步走。

向左横跨一步走,向左横跨两步走。

向右横跨一步走,向右横跨两步走。(或者左跨几步走、右跨几步走)

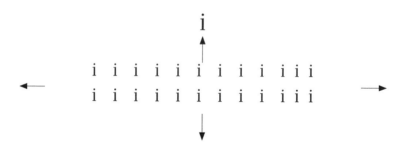

4. 散开靠拢(看齐)

横队:以右翼排头为基准,两臂间隔,两步距离,散开。以右翼排头为基准,向右看齐,向前看。以左翼排尾为基准,两臂间隔,两步距离,散开。以左翼排尾为基准,向左看齐,向前看。以中间同学为基准,两臂间隔,两步距离,散开。以中间同学为基准,向中看齐,向前看。(间隔指左右,距离指前后)

i

i i i i i i i i i i i i i

i i i i i i i i i i i i i

纵队：以左翼排头为基准，两臂间隔，两步距离，散开。以左翼排头为基准，向前看齐，向前看。（或向前对正）

i i i i i i i i i i i i

i

i i i i i i i i i i i i

5. 报数

横队：报数、满伍或缺伍。

i

i_{12} i i_{11} i i_{10} i i_9 i i_8 i i_7 i i_6 i i_5 i i_4 i i_3 i i_2 i i_1

i_{12} i i_{11} i i_{10} i i_9 i i_8 i i_7 i i_6 i i_5 i i_4 i i_3 i i_2 i i_1

横队：一至二报数。

i

i_2 i i_1 i i_2 i i_1 i i_2 i i_1 i i_2 i i_1 i i_2 i i_1 i i_2 i i_1

i_2 i i_1 i i_2 i i_1 i i_2 i i_1 i i_2 i i_1 i i_2 i i_1 i i_2 i i_1

横队：一至三报数。

i

i_3 i i_2 i i_1 i i_3 i i_2 i i_1 i i_3 i i_2 i i_1 i i_3 i i_2 i i_1

i_3 i i_2 i i_1 i i_3 i i_2 i i_1 i i_3 i i_2 i i_1 i i_3 i i_2 i i_1

纵队：报数。（向左转头）

i_{12} i i_{11} i i_{10} i i_9 i i_8 i i_7 i i_6 i i_5 i i_4 i i_3 i i_2 i i_1

i

i_{12} i i_{11} i i_{10} i i_9 i i_8 i i_7 i i_6 i i_5 i i_4 i i_3 i i_2 i i_1

纵队:一至二报数。

$i_2\ i_1\ i_2\ i_1\ i_1\ i_2\ i_1\ i_1\ i_2\ i_1\ i_1\ i_2\ i_1\ i_1\ i_2\ i_1\ i_1$

i

$i_2\ i_1\ i_2\ i_1\ i_1\ i_2\ i_1\ i_1\ i_2\ i_1\ i_1\ i_2\ i_1\ i_1\ i_2\ i_1\ i_1$

纵队:一至三报数。

$i_3\ i_2\ i_1\ i_1\ i_3\ i_2\ i_1\ i_1\ i_3\ i_2\ i_1\ i_1\ i_3\ i_2\ i_1\ i_1$

i

$i_3\ i_2\ i_1\ i_1\ i_3\ i_2\ i_1\ i_1\ i_3\ i_2\ i_1\ i_1\ i_3\ i_2\ i_1\ i_1$

6. 一列变二列(二列变四列)

(1)以右翼排头为基准,两步距离,散开。

(2)两列一至二报数。

(3)一数同学不动,二数同学往右后方迈一步,自动看齐。

(4)成四列横队走。

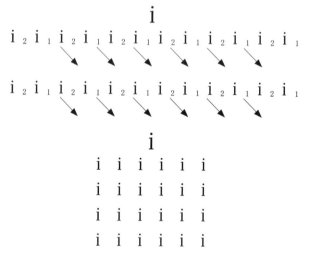

还原(四列变二列)

(1)以右翼排头为基准,一臂间隔,散开。

(2)一三列不动,二四列同学往左前方迈一步,自动看齐。

(3)成二列横队走。

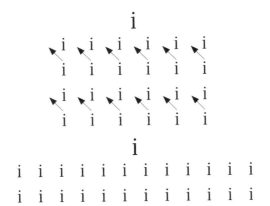

7. 一列变三列（二列变六列）

（1）以右翼排头为基准，三步距离，散开。

（2）一至三报数。

（3）一数往左前方迈一步，二数不动，三数往右后方迈一步，自动看齐。

（4）成六列横队走。

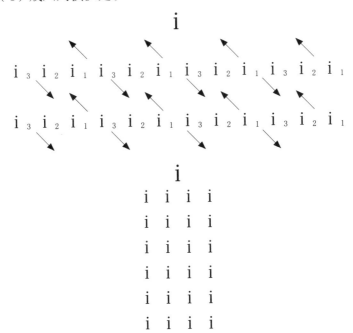

还原（六列变二列）

（1）以右翼排头为基准，两臂间隔，散开。

（2）二五列不动，一四列往右后方迈一步，三六列往左前方迈一步，自动看齐。

（3）成二列横队走。

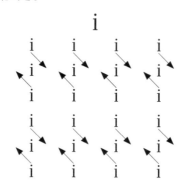

8. 二列变三列

（1）以右翼排头为基准，两步距离，散开。

（2）一至三报数。

（3）两列一三数不动，第一列二数同学往右后方迈一步，第二列二数同学往左前方迈一步，自动看齐。

（4）成三列横队走。

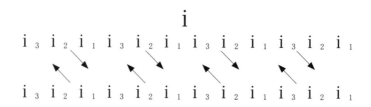

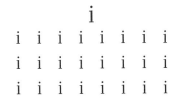

还原（三列变二列）

（1）以右翼排头为基准,一臂间隔,散开。

（2）第二列一至二报数。

（3）一三列不动,第二列一数同学往左前方迈一步,第二列二数同学往右后方迈一步。自动看齐。

（4）成二列横队走。

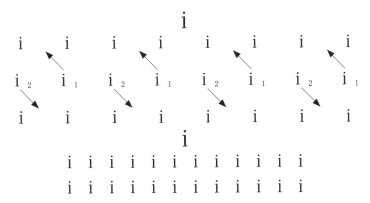

9.一路变二路（二路变四路）

（1）以左翼排头为基准,两臂间隔,散开。

（2）一至二报数。

（3）一数不动,二数往右前方迈一步,自动看齐。

（4）成四路纵队走。

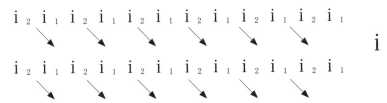

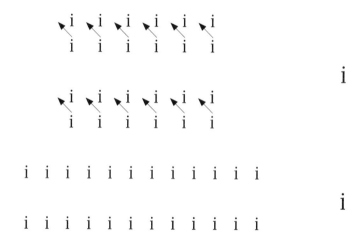

还原（四路变二路）

（1）以左翼排头为基准，两步距离，散开。

（2）一三路不动，二四路往左后方迈一步，自动看齐。

（3）成二路纵队走。

10. 一路变三路（二路变六路）

（1）以左翼排头为基准，三臂间隔，散开。

（2）两路一至三报数。

（3）一数往左后方迈一步。二数不动，三数往右前方迈一步，自动看齐。

（4）成六路纵队走。

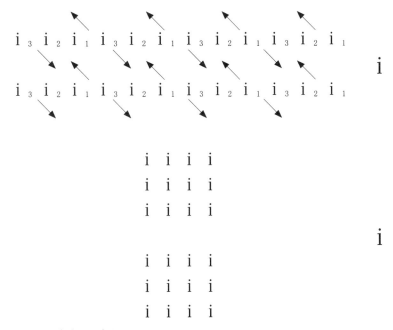

还原（六路变二路）

（1）以左翼排头为基准,三步距离,散开

（2）一四路往右前方迈一步,二五路不动,三六路往左后方迈一步,自动看齐。

（3）成二路纵队走。

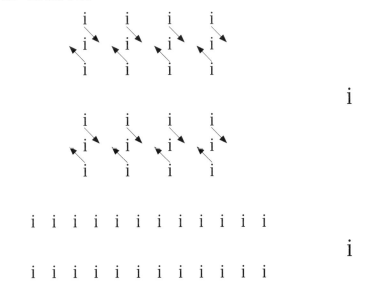

11. 二路变三路

（1）以左翼排头为基准,两臂间隔,散开。

（2）一至三报数。

（3）两路一三不动,左路二数往右前方迈一步,右路二数往左后方迈一步,自动看齐。

（4）成三路纵队走。

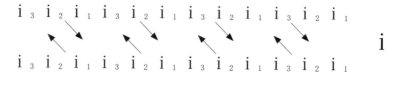

还原（三路变二路）

（1）以左翼排头有基准,两步距离,散开。

（2）二路一至二报数。

（3）一三路不动,二路一数往左后方迈一步,二路二数往右前方迈一步,自动看齐。

（4）成二路纵队走。

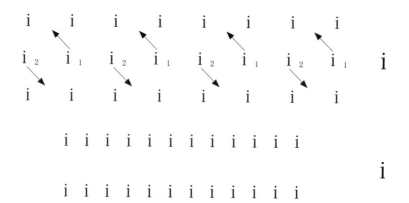

12. 一列变二路及还原（二列变四路）

（1）以右翼排头为基准，两步距离，散开。

（2）两列一至二报数。

（3）一数同学不动，二数同学往右后方迈一步，然后全体向右转，自动看齐。

（4）向右成四路纵队走。

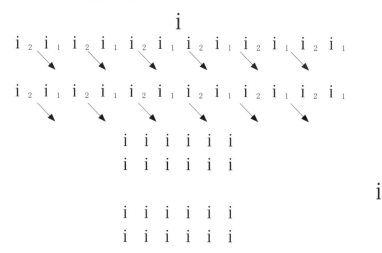

还原（四路变二列）

（1）以左翼排头为基准，两步距离，散开。

（2）一三路不动，二四路同学往左后方迈一步，然后全体向左转，自动看齐。

（3）向左成二列横队走。

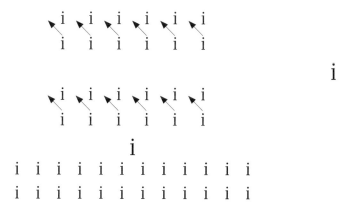

13. 一列变三路及还原（二列变六路）

（1）以右翼排头为基准，三步距离，散开。

（2）一至三报数。

（3）一数往左前方迈一步，二数不动，三数往右后方迈一步，然后全体向右转，自动看齐。

（4）向右成六路纵队走。

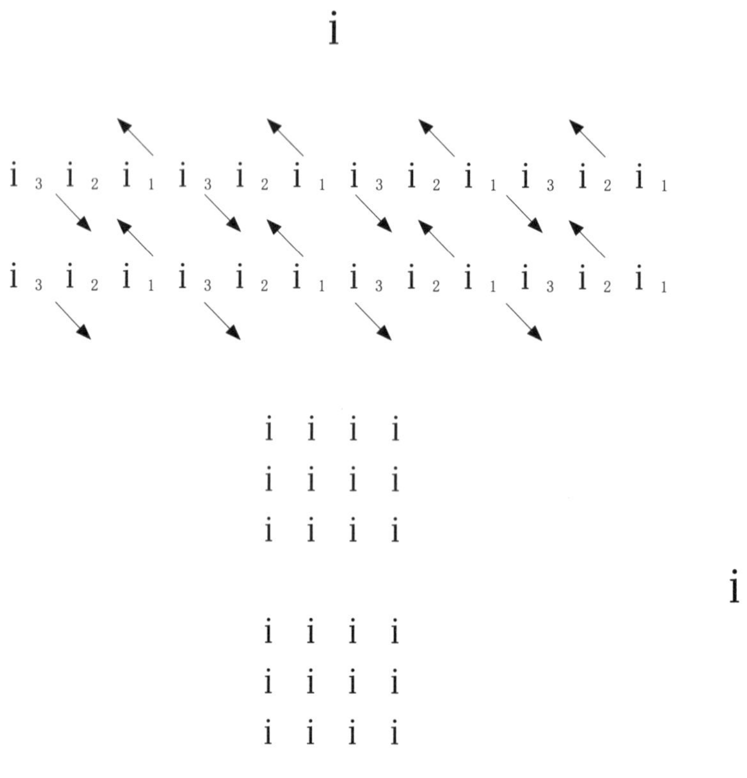

还原（六路变二列）

（1）以左翼排头为基准，三步距离，散开。

（2）二五路不动，一四往右前方迈一步，三六列往左后方迈一步，然后全体向左转，自动看齐。

（3）向左成二列横队走。

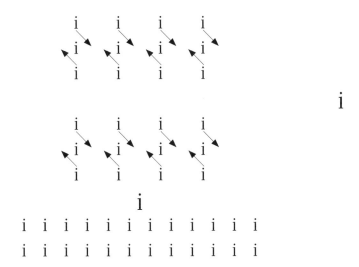

14. 二列变三路及还原

（1）以右翼排头为基准，两步距离，散开。

（2）一至三报数。

（3）两列一三数不动，第一列二数同学往右后方迈一步，第二列二数同学往左前方迈一步，然后全体向右转，自动看齐。

（4）向右成三路纵队走。

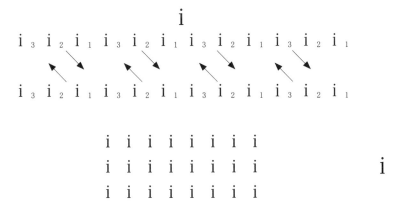

还原（三路变二列）

（1）以左翼排头为基准，两步距离，散开。

（2）第二路一至二报数。

（3）一三路不动,第二路一数同学往左后方迈一步,第二路二数同学右前方迈一步。然后全体向左转,自动看齐。

（4）向左成二列横队走。

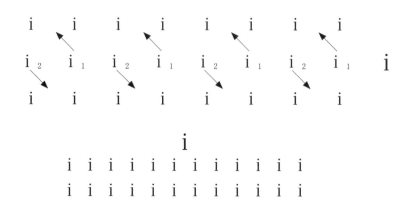

15. 一路变二列及还原（二路变四列）

（1）以左翼排头为基准,两臂间隔,散开。

（2）一至二报数。

（3）一数不动,二数往右前方迈一步,然后全体向左转,自动看齐。

（4）向左成四列横队走。

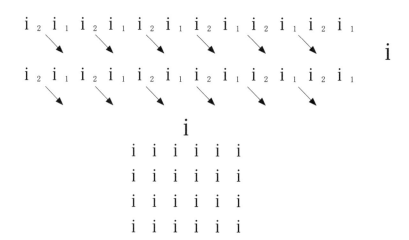

还原（四列变二路）

（1）以右翼排头为基准，一臂间隔，散开。

（2）一三列不动，二四列往左前方迈一步，然后全体向右转，自动看齐。

（3）向右成二路纵队走。

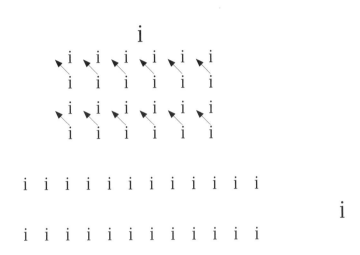

16. 一路变三列及还原（二路变六列）

（1）以左翼排头为基准，三臂间隔，散开。

（2）两路一至三报数。

（3）一数往左后方迈一步。二数不动，三数往右前方迈一步，然后全体向左转，自动看齐。

（4）向左成六列横队走。

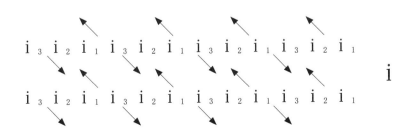

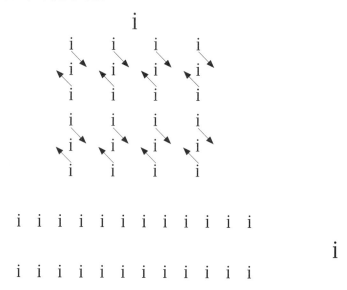

还原（六列变二路）

（1）以右翼排头为基准，两臂间隔，散开

（2）一四列往右后方迈一步，二五列不动，三六列往左前方迈一步，然后全体向右转，自动看齐。

（3）向右成二路纵队走。

17. 二路变三列及还原

（1）以左翼排头为基准，两臂间隔，散开。

（2）一至三报数。

（3）两路一三不动，左路二数往右前方迈一步，右路二数往左后方迈一步,然后全体向左转,自动看齐。

（4）向左成三列横队走。

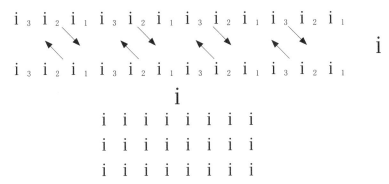

还原（三列变二路）

（1）以右翼排头为基准,一臂间隔,散开。

（2）二列一至二报数。

（3）一三列不动,第二列一数往左前方迈一步,第二列二数往右后方迈一步,然后全体向右转,自动看齐。

（4）向右成二路纵队走。

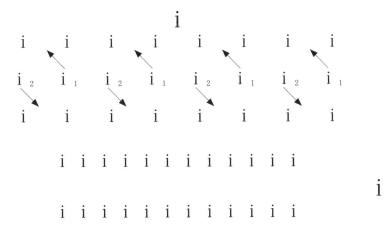

18. 行进与停止

踏步走,121,1234（1234 都下在左脚）,1234（123 下在左右左,然后空一拍右脚,4 下在左脚）,立定。

齐步走,121,1234(1234 都下在左脚),1234(123 下在左右左,然后空一拍右脚,4 下在左脚),立定。

跑步走,121,1234(1234 都下在左脚),1234(123 下在左右左,然后空一拍右脚,4 下在左脚),立定。(立定后三步,四拍停止)

正步走,121,1234(1234 都下在左脚),1234(123 下在左右左,然后空一拍脚,4 下在左脚),立定。

横队:指挥员在队伍的右前方,根据排头的脚步下口令。

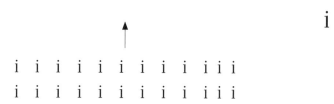

纵队:指挥员在队伍的左侧靠前的位置,根据排头的脚步下口令。

齐步跑步互换,预令、动令都下在右脚。

齐步与正步互换,预令下在左脚,拖音空一拍右脚,动令下在左脚,右脚迈一步,然后左脚开始踢正步。

19. 行进间转法

行进间向左转走,动令下在左脚。向右、向后转走,动令下在右脚。

向左转走:121衔接预令方法,121后,空1拍右脚,向左下在左脚。向右、向后转走:121衔接预令方法,121后,向右、向后直接下在右脚。

组合:向左转走两次,向后转走一次,向右转走两次,向后转走一次。

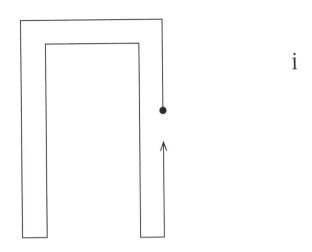

　　行进间转法应用：一路纵队变多路纵队，多路纵队变一路纵队。

　　两列横队，向右转，变成纵队。左路左转弯，右路左转弯，并依次插入左路同学的后面，成一路纵队，绕场行进，齐步走。121,......，立定,1-4,报数,齐步走,成四路纵队,向左转走,121,踏步,前进,成一路纵队,向右转走,121,.......,成二路纵队,向右转走,踏步,立定,向左转,变成开始队形,回到开始的位置。

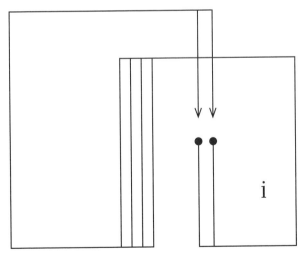

20.齐步跑步互换（绕场行进）

　　一列横队,向右转,变成一路纵队。左转弯或左后转弯,绕场行

进,齐步走,121,1234,1234,121,跑步走(预令动令下在右脚),121,
1234,1234,121,齐步走(预令动令下在右脚),121,左转弯或左后转弯,
踏步,121,立定,向左转,变成开始队形,回到开始的位置。

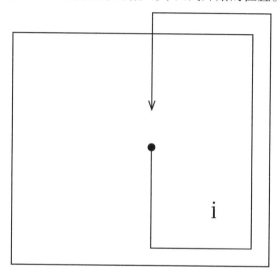

二、队形图
1.绕场行进

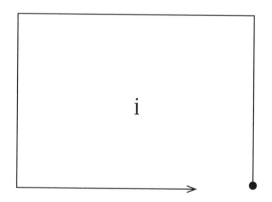

停止间:横队靠近边线站立,先向右转,变成纵队,下达绕场行行进——
走,队伍按方形行进。或者下达左转弯,绕场行进,齐步走或跑步走,队
伍按方形行进。

行进间：齐步走或跑步走，当到达场地边线时，下达提示性口令绕场行进，队伍按方形行进。

2. 错肩行进

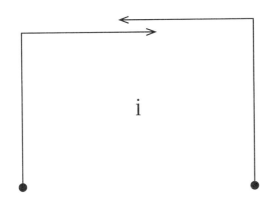

两路纵队绕场相对行进，当队伍相遇时，下达提示性口令错肩行进，两路纵队都靠右行进，错左肩，继续绕场行进。

3. 对角线行进

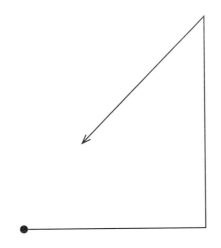

一路纵队绕场行进，当队伍到达方形场地的角时，下达提示性口令对角线行进，排头带领队伍左转 135 度，沿对角线行进。

4. 交叉行进

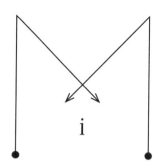

　　两路纵队沿对角线行进,当队伍到达场地的中心相遇时,下达提示性口令交叉行进,左路纵队第一名队员先通过中心,然后右路纵队第一名队员通过中心,后面队员依次交叉通过,继续沿对角线行进。

5. 三角形行进

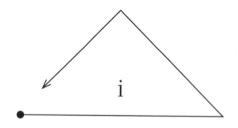

　　一路纵队绕场行进,当队伍到达方形场地的角时,下达提示性口令三角形行进,排头带领队伍左转120度,到第二个标志点自动左转120度,成三角形行进。

6. 蛇形行进

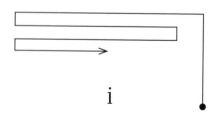

　　一路纵队绕场行进，当队伍到达方形场地的边线时，下达提示性口令蛇形行进，排头带领队伍左后转弯，沿直线行进，当队伍到达方形场地的另一边线时，排头带领队伍右后转弯，沿直线行进，成蛇形行进。

　　7. 圆形行进

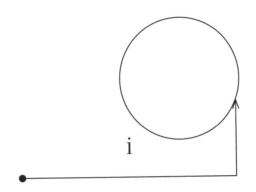

　　一路纵队绕场行进，当听到提示性口令圆形行进后，排头带领队伍左转弯，沿圆形行进。

　　8. ∞ 字形行进

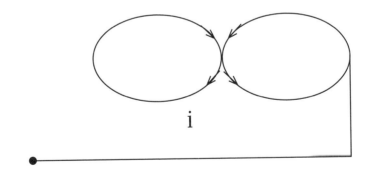

　　一路纵队绕场行进，当听到提示性口令 ∞ 字形行进后，排头带领队伍左转弯，沿弧形行进。当到达场地的中心时，排头带领队伍右转弯，沿弧形行进。当再次到达场地的中心时，交叉依次通过，排头带领队伍左转弯，沿弧形行进。

9. 螺旋形行进

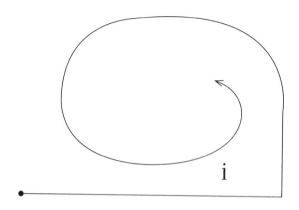

　　一路纵队绕场行进,当听到提示性口令螺旋形行进后,排头带领队伍左转弯,沿圆形行进。当形成圆后,排头带领队伍沿圆的内侧继续行进。当到达圆心时,下达立定口令,全体向后转,排尾变排头,带领队伍按相反的方向行进。或者当到达圆心时,排头带领队伍自动右后转弯,沿圆的外侧按相反的方向行进。

10. 裂队走

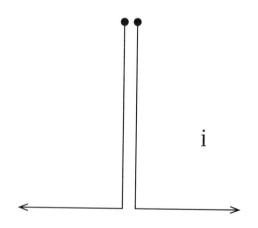

　　两路纵队中场行进,到达边线时,听到提示性口令裂队后,左路左转弯,右路右转弯,成两路纵队,绕场行进。

11. 并队走

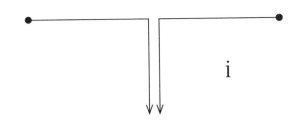

　　两路纵队绕场行进, 到达中线时, 听到提示性口令并队后, 左路左转弯, 右路右转弯, 成两路纵队, 中场并肩行进。

12. 分队走

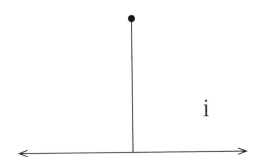

　　一路纵队中场行进, 到达边线时, 听到提示性口令分队后, 单数左转弯, 双数右转弯, 成两路纵队, 绕场行进。

13. 合队走

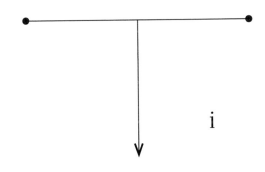

两路纵队绕场行进,到达中线时,听到提示性口令合队后,左路左转弯,右路右转弯,依次插入左路同学的后面,成一路纵队,中场行进。

14. 一路纵队变多路纵队

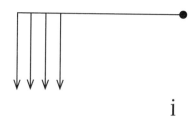

一路纵队绕场行进,听到成四路纵队,向左转走的口令后,前四名队员按向左转走的要领转体,成四路纵队,中场行进,后面四名队员与前面四名队员对正后,转体跟进。

15. 多路纵队变一路纵队

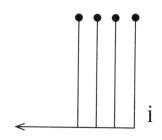

四路纵队中场行进,听到成一路纵队,向右转走的口令后,前四名队员按向右转走的要领转体,成一路纵队,绕场行进,后面四名队员到前面四名队员转体的位置后,转体跟进。

16. 正步散开靠拢

指挥员举手,全体注意,成二列横队,集合,放手,立正。稍息,立正,向右看齐,向前看,第一列,报数,满伍或缺伍。指挥员转向裁判长,报告裁判长，我班应到二十五人，实到二十五人，报告完毕，请指示。听到开始后，转体面向队伍。

　　全体注意从左到右报数。全体向右转所到分列式，正步走的口令后，第一列踢 2 步后第 2 列开始踢正步，后面每列都是前一列踢 2 步后开始踢正步。每列向前踢正步的步数为报数 $*2-1$。最后一步喊 12 立定，34 向左转。每列继续向前踢正步（步数为列数 $*2-1$）。最后一步喊 12 立定。

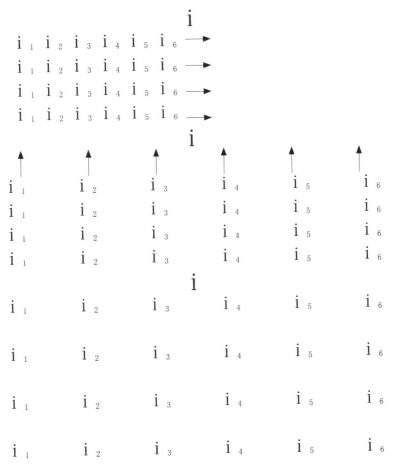

参考文献

　　[1] 邵斌, 黄玉斌. 体操 [M]. 北京：人民体育出版社, 2014.

附录6 场地器械图

一、体操场地器械图

1. 自由体操

2. 鞍马

3. 吊环

4. 跳马

5. 双杠

6. 单杠

7. 高低杠

8. 平衡木

二、田径场地器械图

1. 田径场地俯视平面图

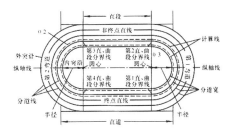

2. 铅球场地俯视平面图

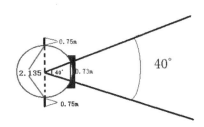

3. 铁饼场地俯视平面图

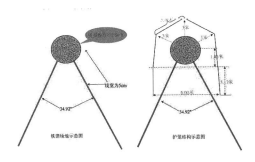

4. 标枪场地俯视平面图

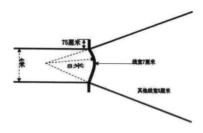

5. 跳远场地俯视平面图

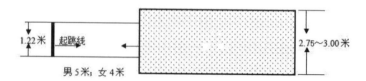

6. 跳高俯视平面图

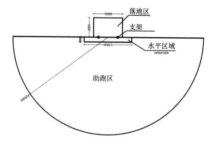

7. 跨栏

8. 铅球

9. 铁饼

10. 标枪

三、武术场地器械图

1. 武术场地俯视平面图

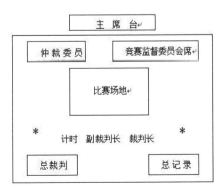

2. 刀

3. 枪

4. 棍

5. 剑

四、篮球场地器械图

1. 篮球场地俯视平面图

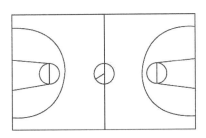

2. 篮球

五、排球场地器械图

1. 排球场地俯视平面图

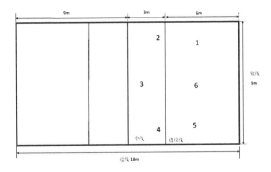

2. 排球

六、足球场地器械图

1.足球场地俯视平面图

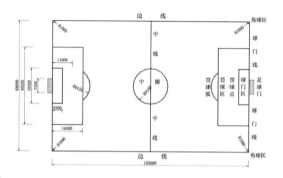

2.足球

参考文献

[1] 百度.泰山器械 [BD/OL].https://www.taishansports.com/.

[2] 百度图片.体育 [BD/OL].https://baike.baidu.com/.

附录 7 教学组织图

1. 传切配合

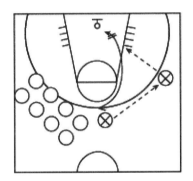

2. 掩护配合

参考文献

[1] 百度图片 . 篮球 [BD/OL].https://baike.baidu.com/.

附录8 绘图应用范例

体操教案

(第 _11_ 次课)

年级专业: _体育教育_ 人数: _15_

上课时间: _2021_ 年 _4_ 月 _19_ 日 星期 _一_ 下午 第 _5-6_ 节课 _80_ 分钟

<table>
<tr><td rowspan="2">教学内容</td><td colspan="4">1. 复习第九套广播操
2. 学习经直角悬垂摆动屈伸上动作
3. 力量练习:靠墙倒立、悬垂举腿</td></tr>
<tr><td colspan="4"></td></tr>
<tr><td>教学目标</td><td colspan="4">1. 大部分学生能正确示范第九套广播操动作,并能正确说出各拍的动作名称动作要求。
2. 大部分学生能正确地示范经直角悬垂摆动动作以及在帮助下能够完成屈伸上动作。大部分学生能提高上肢支撑力量和腹肌力量。
3. 培养团结互助的品德。</td></tr>
<tr><td>教学重点</td><td colspan="2">1. 教师要正确示范动作过程和准确划分动作阶段。
2. 教师要正确指出悬垂摆动的要领、屈伸的时机及原因。</td><td>教学难点</td><td>1. 理解直角悬垂摆动的要领及原因。
2. 准确把握屈、伸的时机。</td></tr>
<tr><td>场地</td><td colspan="2">1. 单杠
2. 肋木</td><td>课型</td><td>1. 复习课
2. 新授课</td></tr>
<tr><td>结构</td><td>课的内容</td><td>教学方法与程序</td><td>教学组织</td><td>教学目的</td></tr>
<tr><td>准备部分</td><td>一 课堂常规</td><td>一 教法与程序(约2min)
1 值日生整队,报告出勤人数
2 登记考勤,师生互相问好
3 宣布本次课的内容和任务
4 安排见习生</td><td>一 队形与要求
1 队形:
　　　　i
i i i i i i i i
i i i i i i i i
2 要求:快、静、齐</td><td>一 目的
明确学习内容和目标</td></tr>
</table>

（续表）

	二 快速反应跑跳类游戏	二 教法与程序（约5min）	二 队形与要求	二 目的
准备部分	1 名称：叫号赛跑 2 做法：报数后学生记住自己的号，听到指挥员喊到自己的号时，迅速从前面跑向排尾，绕过队尾跑向排头，绕过排头，回到原来位置。 3 规则：必须按规定路线跑；两列横队比赛，速度慢的学生做两个俯卧撑，或者速度慢的学生所代表的横队，集体做两个俯卧撑。	1 调整好队形 2 示范做法和讲解规则 3 练习2-3次 4 执行游戏规则 5 小结	1 队形： ⅰ ⅰⅰⅰⅰⅰⅰⅰ ⅰⅰⅰⅰⅰⅰⅰ 2 要求： 跑完的同学要保持纵队队形	热身和活跃课堂气氛
基本部分	三 第九套广播操 第一节：伸展运动（8拍×1） 1 动作图示： 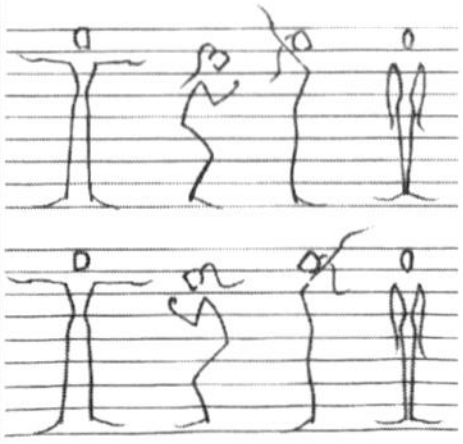 2 动作术语：侧举、开立、屈肘、半蹲、侧上举 3 规格要求：有力度、侧举伸直、肩平等 4 易犯错误：无力度、侧举不直、没有肩平等	三 教法与程序（约5min） 1 教师完整示范 2 教师边师范边讲解术语和要求 3 教师领做 4 学生练习 5 教师抽查纠正错误 6 小结	三 队形与要求 1 队形： ⅰ ⅰⅰⅰⅰⅰⅰⅰ ⅰⅰⅰⅰⅰⅰⅰ 2 要求： 前后左右间隔2米，对正看齐。	三 目的 提高动作质量
	四 第九套广播操 第二节：扩胸运动（8拍×1） 1 动作图示：  2 动作术语：前举、弓步、侧举、后振、胸前平屈等 3 规格要求：前举、侧举、胸前平屈肩平，弓步后腿伸直、后振有力等 4 易犯错误：前举、侧举、胸前平屈没有肩平，弓步后腿不直、抬脚后跟、后振无力等	四 教法与程序（约5min） 1 教师完整示范 2 教师边师范边讲解术语和要求 3 教师领做 4 学生练习 5 教师抽查纠正错误 6 小结	四 队形与要求 1 队形： ⅰ ⅰⅰⅰⅰⅰⅰⅰ ⅰⅰⅰⅰⅰⅰⅰ 2 要求： 前后左右间隔2米，对正看齐。	四 目的 提高动作质量

五 经直角悬垂摆动屈伸上	五 教法与程序（约40min）	五 队形与要求	五 目的
1 动作图示 	A 完整动作的教法与程序（约5min） 1 教师完整示范动作 2 教师讲解动作术语 3 教师使用两根体操棍演示动作过程 4 教师划分动作过程 5 教师讲解摆动技术原理	A 完整动作教学 1 队形： i i i i i i i i i i i i i i i i i 2 要求：注意老师的示范和讲解	A 完整动作教学 让学生掌握术语、正确划分动作过程理解摆动技术原理
2 动作术语 正握： 直角： 悬垂： 支撑： 摆动： 转动： 屈： 伸： 上：	B 分解－左图①的教法与程序（约5min） 1 教师示范左图① 2 教师讲解左图①的动作要领 3 分组练习 4 抽查纠正错误	B 分解动作教学 1 队形： i i i i i i i i i i i i i i i i i 2 要求：注意老师的示范和讲解，练习有序进行	B 分解动作教学 让学生体会如何获得初始的最大势能
3 过程划分 三个上摆 两个下摆	C 分解－左图①②③的教法与程序（约5min） 1 教师示范左图①②③ 2 教师讲解左图①②③的动作要领 3 分组练习 4 抽查纠正错误	C 分解动作教学 1 队形： i i i i i i i i i i i i i i i i i 2 要求：注意老师的示范和讲解，练习有序进行	C 分解动作教学 让学生体会如何握杠、收放腹肌及重力矩的作用
4 技术原理 　力矩是物体产生转动的原因。 　重力矩 = 重力P × 重力臂d 　重力臂d是重力作用线到转轴之间的垂直距离。在摆动的过程中重力是不变的，重力臂d的变化会改变重力矩。	D 分解－左图①②③接④的教法与程序（约10min） 1 教师示范左图①②③接④ 2 教师用两根体操棍演示左图①②③接④ 3 教师讲解左图①②③接④的动作要领 4 教师示范帮助的方法 5 教师讲解帮助的要领 6 分组练习 7 抽查纠正错误	D 分解动作教学 1 队形 i i i i i i i i i i i i i i i i i 2 要求：注意老师的示范和讲解，练习有序进行，注意合作帮助	D 分解动作教学 让学生体会屈的时机
5 动作要领 　后蹬要高，直臂沉肩。 　收腹，形成直角。 　展腹 　最远点快速收腹、翻臀，完成屈 　垂直部位，及时直臂振杠，爆发性伸髋 　重力臂迅速减小，实现悬垂到支撑的变化	E 分解－左图⑤的教法与程序（约10min） 1 教师示范直臂后倒接左图④⑤ 2 教师讲解左图⑤的动作要领 3 教师示范躺在地上双手持棍屈体伸髋动作 4 教师讲解辅助练习的要领和帮助方法	E 分解动作教学 1 队形： i i i i i i i i i i i i i i i i i 2 要求：注意老师的示范和讲解，练习有序进行，注意合作帮助	E 分解动作教学 让学生体会伸的时机和方法

基本部分

	5 分组练习辅助动作 6 抽查纠正辅助动作 7 教师示范在帮助下完成 ①②③④⑤ 8 分组练习在帮助下完成 ①②③④⑤ 9 抽查纠正错误		
6 易犯错误 　后蹬无力, 握杠太紧, 弯臂引体, 肩部紧张 　收腹力量不足, 未形成直角, 脚触地 　未展腹, 导致后续收腹屈髋困难 　没有在最远点快速收腹、翻臀, 而是回摆过程中收腹 　过垂直部位弯臂拉杠, 伸髋关节未爆发性用力 　打腿, 腿未贴杠, 动作不流畅	**F 总结（约 5min）** 1 教师回顾提问动作术语 2 教师使用两根体操棍演示动作过程及划分 3 教师讲解摆动技术原理 4 教师强调动作要领 5 教师总结出现的错误动作	**F 总结** 1 队形: ｉｉｉｉｉｉｉｉ 　　　ｉ ｉｉｉｉｉｉｉｉ 2 要求: 积极思考, 回答问题	**F 总结** 回顾动作术语、过程划分、技术原理、动作要领, 总结出现的错误, 促进学生巩固提高

基本部分

六 力量练习 **1 靠墙倒立** 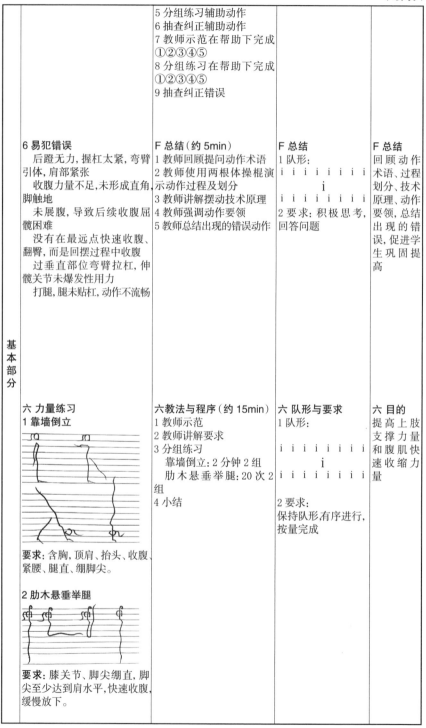 **要求**: 含胸, 顶肩、抬头、收腹、紧腰、腿直、绷脚尖。 **2 肋木悬垂举腿** **要求**: 膝关节、脚尖绷直, 脚尖至少达到肩水平, 快速收腹、缓慢放下。	**六 教法与程序（约 15min）** 1 教师示范 2 教师讲解要求 3 分组练习 　靠墙倒立: 2 分钟 2 组 　肋木悬垂举腿: 20 次 2 组 4 小结	**六 队形与要求** 1 队形: ｉｉｉｉｉｉｉｉ 　　　ｉ ｉｉｉｉｉｉｉｉ 2 要求: 保持队形, 有序进行, 按量完成	**六 目的** 提高上肢支撑力量和腹肌快速收缩力量

	七 放松练习 1 双人放松上肢 2 伸展上肢肌肉练习 3 在跳马或鞍马上拉伸腹肌 4 大腿后肌群伸展 5 拉伸腹股沟韧带 6 伸展股四头肌 7 伸展小腿后肌群 8 放松踢腿	七 教法与程序（约 6min） 1 教师示范 2 讲解要求 3 学生练习 4 教师纠正错误 5 小结	七 队形与要求 1 队形： i i i i i i i i i i i i i i i i i 2 要求：充分伸展、放松肌肉。	七 目的 促进恢复
结束部分	八 课堂常规	八 教法与程序（约 2min） 1 小结本课 2 作业：阅读摆动技术原理相关资料 3 归还器材 4 师生再见	八 队形与要求 1 队形： i i i i i i i i i i i i i i i 2 要求：集合迅速，认真听讲，课后复习	八 目的 巩固提高
课后小结	一 第九套广播操教学存在的问题及改进措施 二 经直角悬垂摆动屈伸上动作教学存在的问题及改进措施 三 力量练习过程中存在的问题及改进措施			

图书在版编目（CIP）数据

体育绘图 / 王建涛，邵　斌，克　峰主编．
-- 上海 : 上海三联书店，2022.3
ISBN 978-7-5426-7686-3

Ⅰ．①体… Ⅱ．①王… ②邵… ③表… Ⅲ．①体育—
绘图技术 Ⅳ．① G8

中国版本图书馆 CIP 数据核字（2022）第 034729 号

体育绘图

主　　编　王建涛

　　　　　邵　斌

　　　　　克　峰

责任编辑　钱震华
装帧设计　陈益平

出版发行：上海三联书店

　　　　　中国上海市漕溪北路 331 号
印　　刷　上海晨熙印刷有限公司

版　　次　2022 年 6 月第 1 版
印　　次　2022 年 6 月第 1 次印刷
开　　本　700×1000　1/16
字　　数　520 千字
印　　张　29.5
书　　号　ISBN 978-7-5426-7686-3/G・1631
定　　价　98.00 元